Der Hildesheimer Mariendom

Kathedrale und Welterbe

Herausgegeben vom Domkapitel Hildesheim

SCHNELL + STEINER

bernward.MEDIEN

Umschlagabbildungen:
Mariendom Hildesheim, Foto: Prof. Manfred Zimmermann, EUROMEDIAHOUSE, Hannover
Blüte vom Tausendjährigen Rosenstock, Foto: Ina Funk

Bibliografische Information der Deutschen Nationalbibliothek:
Die Deutsche Nationalbibliothek verzeichnet diese Publikation
in der Deutschen Nationalbibliografie; detaillierte bibliografische
Daten sind im Internet über http://dnb.dnb.de abrufbar.

1. Auflage 2014

in Zusammenarbeit mit der Bernward Mediengesellschaft mbH, Hildesheim 2014
Konzeption: Verlag Schnell & Steiner GmbH, Regensburg
Redaktion: Dr. Simone Buckreus, Regensburg, und Dr. Petra Meschede, Hildesheim
Umschlaggestaltung: Anna Braungart, Tübingen
Satz: typegerecht, Berlin
Druck: Erhardi Druck GmbH, Regensburg
ISBN 978-3-7954-2917-1

Weitere Informationen zum Verlagsprogramm erhalten Sie unter:
www.schnell-und-steiner.de

Inhalt

Vorwort des Bischofs

Liebe Leserin, lieber Leser!
Haben Sie schon einen Platz im Dom? Vielleicht sitzen Sie ja bei Gottesdiensten immer schon gern an einer bestimmten Stelle. Oder Sie kommen gern für einen kurzen Besuch in den Mariendom. Der eine sucht vor der Pietà im Gebet Ruhe und Trost, die andere wird von der Ausdruckskraft der Christussäule angezogen. Von vielen habe ich gehört, dass die Krypta ihnen das Gefühl von Geborgenheit vermittelt. Es ist ein besonderes Phänomen, dass im weiten Raum des Mariendomes beinahe jeder Besucher einen Ort findet, an dem er verweilen kann und zu sich findet. Die verschiedenen Orte spiegeln die Individualität der Menschen, die den Dom aufsuchen, und deuten die jeweils eigenen Lebenssituationen an – geprägt von persönlichen Fragen und Nöten, von Freude und Dankbarkeit jedes einzelnen.

So unterschiedlich diese persönlichen Orte, die unser Mariendom anbietet, auch sein mögen, ist seine Gesamtarchitektur doch keineswegs zufällig gestaltet. Der alten christlichen Tradition entsprechend, ist der Dom so gebaut, dass die Menschen, die sich in ihm zum Gottesdienst versammeln, in Richtung der aufgehenden Sonne – des »Orients« also – beten. Mit dieser Ausrichtung auf das Licht des Morgens stellt der Bau in seiner Architektur die Frage nach dem Grund und dem Ziel unseres Lebens. So ordnet er die individuellen Orte seiner Besucher, vom Licht geführt, einander zu und gibt ihnen eine Richtung.

Wer den Dom durch die weltberühmte Bernwardtür betritt, die für sich genommen schon ein beeindruckendes Zeugnis von der Feinsinnigkeit des christlichen Glaubens und der unbändigen Hoffnung ungezählter Generationen ist, dem begegnen deutlicher als zuvor zwei schlanke Säulen, die vom Mauerwerk der tragenden Pfeiler umgeben sind. Ohne eine Last stützen zu müssen, sind diese beiden Säulen ein Zitat aus der Architektur des Jerusalemer Tempels, in dem eben solche Säulen den heiligen Bezirk des Tempelinneren markierten. Die Schwelle, die sie andeuten, grenzt den inneren Bereich des Domes ab und öffnet zugleich einen bemerkenswerten Raum: Der Besucher wird hineingenommen in eine kraftvolle und lichtdurchflutete Atmosphäre, die eine gleichermaßen bergende wie aufstrebende Wirkung entfaltet. Derselbe Raum, der den Menschen des Mittelalters Geborgenheit und leibhaftigen Schutz vor den Widerständigkeiten des Lebens gab, lässt auch heute Menschen – an ganz unterschiedlichen Orten – Ruhe finden in der Aufgeregtheit und Gehetztheit unserer Tage. So wird die hier empfundene Zeitlosigkeit zu einem ausdrucksstarken Verweis auf die Ewigkeit Gottes.

In den Jahrhunderten seit der Grundsteinlegung des Domes hat jede Generation versucht, die christliche Botschaft in eine ihr gemäße, verständliche Sprache zu übersetzen. Die bedeutsamen Kunstschätze vergangener Zeitalter – die erwähnte Bernwardtür, das Taufbecken, der Heziloleuchter etc. – sind kunstvolle Glaubenszeugnisse höchsten Ranges und treten in der Klarheit des neu gestalteten Domes nun deutlich hervor. Das Licht der Obergadenfenster führt den Blick des Betrachters in Richtung Osten auf die jahrhundertealte Irmensäule, auf der sich nun ein von Gold umfasstes Kreuz aus Bergkristall erhebt. Die aufgehende und sich erhebende Sonne – seit ältester Zeit das Symbol für den auferstehenden und am Ende der Zeit wiederkehrenden Christus – spielt darin und lässt ihren Glanz in den Raum des Domes hineintreten.

In unserem Zeitalter, in dem es anders als in vorigen Generationen keinen Konsens über die Heilsgewissheit des Menschen mehr gibt und die Kontingenzfrage womöglich schwerer wiegt als je zuvor, bietet der Dom den Menschen, die nach einer »Orientierung« im Leben suchen, in der schlichten und klaren Formensprache unserer Zeit eine Antwort an: »Tu solus Dominus!« – »Du allein bist der Herr!« Der ganze Dom nimmt diesen Ruf des Gloriahymnus auf, der in jedem feierlichen Gottesdienst angestimmt wird, und verweist auf eine Hoffnung, die über den Tod hinaus Gültigkeit hat: Das Kreuz erstrahlt im Licht. Nicht Leid und Tod haben das letzte Wort, sondern das Licht und das Leben.

Der vorliegende Band lädt dazu ein, sich in die Botschaft und in die Geschichte des Mariendomes zu vertiefen. Allen, die an diesem Buch mitgearbeitet haben und auf diese Weise dazu beitragen haben, dass vielen Menschen unser Mariendom erschlossen wird, gilt mein herzlicher Dank. In den vergangenen fünf Jahren haben viele Menschen mit unterschiedlichsten Berufen für die Umgestaltung und Sanierung unseres Domes geplant und gearbeitet. Auch ihnen sage ich von Herzen: »Vergelt's Gott!«

Am Hochfest der Aufnahme Marias in den Himmel, dem 15. August 2014, werden wir zum ersten Mal wieder Gottesdienst im Dom feiern können. In der Liturgie dieses Tages wird lebendig erfahrbar, was die Architektur des Domes in Steinen bezeugt: Der Mensch ist bei Gott für immer geborgen. Die Hoffnung darauf, dass Gott den Menschen ewiges Leben schenken wird, ist an Maria schon erfüllt. Wenn der Dom am Patronatsfest unseres Domes, unserer Stadt und unseres Bistums eröffnet wird, können alle, die zum Gottesdienst, zur Wallfahrt und zu einem Besuch eintreten, wieder erfahren, was seit jeher gilt:

Der Dom gibt Orientierung!

Ihr + Norbert Trelle

+ Norbert Trelle

Bischof von Hildesheim

Vorwort

Erbaut und umgebaut, neugestaltet und angebaut, abgebrannt und wieder aufgebaut – der Hildesheimer Mariendom hat eine reiche Baugeschichte. Die äußere und innere Gestalt des Domes hat sich immer wieder verändert. Jede Zeit hat ihre eigenen Vorstellungen verwirklicht.

Heute zeigt sich der renovierte Dom in einer schlichten Grundform. Hell und weit spricht die Architektur selbst und rückt die großen geistlichen Kunstwerke ins Zentrum. Die älteren Hildesheimer Katholiken haben den Dom noch aus der Zeit vor der Zerstörung am Ende des Zweiten Weltkriegs in Erinnerung. Das in seiner Grundform romanische Gebäude war innen vollständig barockisiert. Nach dem Wiederaufbau und der Neueröffnung im Jahr 1960 wurde das Innere des Domes funktional und wertig gestaltet. Man wollte ihm mit einem marmornen Fußboden und Altar eine edle Gestalt geben.

Die Baugeschichte des Domes ist auch eine Stein gewordene Glaubensgeschichte. Der Wiederaufbau nach dem Krieg hat nicht mehr an die barocke Lebens- und Glaubensfreude anknüpfen können, in der Gott in jedem Winkel anzutreffen war. Die Grausamkeit des Krieges hatte Glaubensfragen aufgeworfen, die nicht mehr mit der Darstellung der göttlichen Herrlichkeit in üppiger Prachtentfaltung mit einer Vielzahl von Bildern, Figuren und Ornamenten beantwortet werden konnten.

Aber dass der Glaube dem Leben in all seinen Fährnissen eine Grundlinie geben kann, war gerade nach dem Krieg eine Grundüberzeugung der Zeit. So war der Dom zwar zerstört, aber nicht untergegangen. Sein Wiederaufbau war wie ein Beweis, dass Gott sein Volk nicht verlässt. Der Dom bekam nun eine nüchternere Innengestalt, die vorwegnahm, was das Zweite Vatikanische Konzil bald fordern würde: eine Liturgie von »edler Einfachheit«, die von allem Überladenen befreit ist. In dieser edlen Einfachheit sollten die Grundelemente des christlichen Glaubens und Gottesdienstes klar und mitvollziehbar hervortreten.

Mehr als 50 Jahre nach dem Wiederaufbau des Domes war nun eine gründliche Sanierung notwendig. Mit ihr verband sich erneut die Frage nach der Gestaltung des Innenraumes.

In unserer Zeit sind die Grundüberzeugungen des Christentums nicht mehr selbstverständlich. Weder dogmatische Vorgaben noch ein festliegender Moralkodex, noch künstlerische Überwältigung ergeben ein feststehendes Gerüst. So will der sanierte Mariendom ein Raum sein, der nicht bedrängt und nichts aufdrängt. Nicht Enge, sondern Weite, nicht Halbdunkel, sondern Helle, nicht viele, sondern wenige Akzente empfangen den Besucher. Der Raum selber gewinnt Bedeutung. Er ist offen für das, womit er gefüllt wird: für den Glauben, zu dem er einlädt, für die Liturgie, die gefeiert wird, für die Fragen und die Zweifel des heutigen Menschen. Die in den großen Kunstwerken – Bernwardtür, Christussäule, Taufbecken, Heziloleuchter – gespeicherte Glaubenserfahrung der Früheren ist Einladung und Angebot.

Wer den Dom betritt, soll sich willkommen wissen. Willkommen auch von Gott, dem der Besucher im sanierten Mariendom vielleicht etwas näher kommen kann.

Weihbischof Hans-Georg Koitz
Domdechant

Prälat Dr. Werner Schreer
Projektleiter der Domsanierung

Der Mariendom – geistliches Zentrum des Bistums Hildesheim

Der Dom – geistliches Zentrum der Diözese

Die Gründung des Bistums Hildesheim erfolgte im Jahre 815 im Zuge der Eingliederung Sachsens in das Frankenreich.[1] Lange hatten die Sachsen dem Streben der karolingischen Herrscher nach einer umfassenden Einheit aller germanischen Stämme in einem Reichsverband Widerstand geleistet; erst Karl dem Großen gelang es in einer langen kriegerischen Auseinandersetzung, den sächsischen Widerstand zu brechen.[2]

Karl der Große hatte zunächst Elze als Bischofssitz für ein ostfälisches Bistum vorgesehen. Zu seiner Zeit war dort schon mit dem Bau einer Kirche begonnen worden, die dem heiligen Petrus geweiht werden sollte.[3] Es wurde eine Missionsstation eingerichtet, von der aus ein Missionsbischof tätig war; ein fester Bischofssitz wurde allerdings noch nicht eingerichtet. Die formelle Gründung eines Bistums erfolgte dann unter dem Nachfolger Karls, Kaiser Ludwig d. Frommen,[4] im Verlaufe der Reichsversammlung in Paderborn im Sommer 815. Als Sitz des Bischofs wurde abweichend von den bisherigen Plänen Hildesheim ausgewählt. Der Domhügel in Hildesheim lag verkehrsgünstig und wird zu Beginn des 9. Jahrhunderts schon besiedelt gewesen sein, auch wenn die *Fundatio Ecclesiae Hildensemensis*, die Gründungslegende des Bistums Hildesheim, etwas anderes nahelegt.[5]

Schon 815 wurde vermutlich mit dem Bau einer ersten Kapelle auf dem Domhügel begonnen, deren Fundamente im Zuge der umfassenden Sanierungsarbeiten an der Domkirche in den Jahren 2010 bis 2014 unter der heutigen Krypta eindeutig identifiziert werden konnten.

1200 Jahre Bistum Hildesheim bedeuten daher gleichzeitig: Auf dem Domhügel in Hildesheim wird seit zwölfhundert Jahren Gottesdienst gefeiert[6] – ein beeindruckend langer Zeitraum. Und dennoch: Es ist nicht alleine diese lange Tradition gottesdienstlicher Feiern auf dem Domhof bzw. in der Domkirche, es sind nicht allein historische Gegebenheiten, die den Hildesheimer Mariendom zu einem Gebäude mit einer ganz besonderen Bedeutung für das kirchliche Leben im Bistum Hildesheim machen. Vielmehr gibt es neben den historischen auch theologische und (auf Letzteren basierend) kirchenrechtliche Gründe, die diese Bedeutung ausmachen und es rechtfertigen, von einem geistlichen Zentrum des Bistums zu sprechen. Welche Gründe sind dies? Was also ist eigentlich ein Dom? – Auf diese Fragen wollen die nachfolgenden Ausführungen eine Antwort geben.

Wie alle Kirchen ist auch eine Domkirche erbaut, damit in ihr Gottesdienst gefeiert wird. Kirchengebäude haben eine besondere Zweckbestimmung oder Widmung, welche in der katholischen Kirche durch die Vornahme einer Weihe oder Segnung festgelegt und zum Ausdruck gebracht wird. Weihe oder Segnung einer Kirche[7] bedeutet, dass dieser Raum ausgesondert ist aus dem alltäglichen Gebrauch von Gebäuden (Wohnort, Konferenzraum, Speiselokal, Konzertsaal etc.), dass er nicht mehr profan genutzt wird, sondern für den Gottesdienst bestimmt ist.[8]

Aus der Festlegung des Kirchengebäudes als Raum für Gottesdienst und Liturgie ergibt sich, dass eine Kirche eine besondere Raumausstattung hat, bestimmte Ausstattungsgegenstände, die für den Gottesdienst benötigt werden und (teilweise) auch als liturgische Orte bezeichnet werden.[9] Allen voran ist hier der Altar zu nennen, auch »Tisch des Herrn« genannt, an dem das eucharistische Mahl gefeiert wird, in Erinnerung an das letzte Abendmahl und als Gedächtnis des Leidens, Sterbens und der Auferstehung Jesu Christi. Auch der Altar, der in christlichem Verständnis nichts mit den Opferaltären anderer Kulte zu tun hat, weil die Eucharistiefeier kein Opferritus, sondern Danksagung ist, ist ein »heiliger Ort« und entsprechend für seine besondere Nutzung zu weihen.

Zu den liturgischen Orten gehört ferner der Ambo als Ort der Verkündigung des Wortes Gottes. Ebenso sind dazu zu zählen der Tabernakel für die Aufbewahrung der Eucharistie, das Taufbecken und der Beichtstuhl (oder das Beichtzimmer).

Zusätzlich zu den genannten Ausstattungsstücken gibt es in einer Domkirche zwei Gegenstände, die es z.B. in einer Pfarrkirche nicht gibt: die Kathedra als den Sitz des Bischofs und – zumindest in vielen Domkirchen – das Chorgestühl, in dem die Mitglieder des Dom- oder Kathedralkapitels bei der Feier der Liturgie ihren Platz haben.

Die Kathedra,[10] der Sitz des Bischofs in seiner *Kathedral*kirche, die davon abgeleitet ihre Bezeichnung hat, geht in ihrer Bedeutung zurück auf den Amtsstuhl des hohen Regierungsbeamten, des Richters und Lehrers in der griechischen Antike; das Sitzen auf der Kathedra ist Ausdruck für amtliche, autoritative Tätigkeit. Schon in vorkonstantinischer Zeit erfolgte die Einführung eines Bischofs in sein Amt symbolisch durch das Geleit zur Kathedra. Die Kathedra ist allein dem Ortsbischof (Diözesanbischof) vorbehalten und Symbol seines bischöflichen Amtes.

Das Domkapitel ist nach den kirchenrechtlichen Bestimmungen ein Kollegium von Priestern, dessen Aufgabe es ist, feierliche liturgische Funktionen an der Kathedralkirche wahrzunehmen.[11] Für diese Aufgabe hat das Domkapitel im Chorgestühl[12] einen festen Ort, von dem aus es die Liturgie (mit-)feiert. Oft befindet sich das Chorgestühl in räumlicher Verbindung zur Kathedra des Bischofs; so symbolisiert das Domkapitel, auch wenn es nach dem jetzigen Kirchenrecht nicht mehr die Funktion des »Senats des Bischofs« innehat, das Presbyterium der Diözese, mit dem gemeinsam der Bischof das Bistum leitet (siehe dazu unten).

Was feiert die Kirche, wenn sie in einem solchermaßen ausgestatteten Raum Gottesdienst begeht?[13] In der Feier des Gottesdienstes, für die das Kirchengebäude errichtet und durch Weihe bestimmt worden ist, treten die Gläubigen in einen Dialog mit Gott.[14] Sie hören das Wort Gottes, sie erfahren von den Heilstaten Gottes, wie sie in der Heiligen Schrift beschrieben sind, und wenden sich in Lobpreis, Dank

und Bitte an den Gott und Vater Jesu Christi. Immer geht dabei menschlichem Tun das Handeln Gottes voraus. Aber das Wort Gottes, das der zum Gottesdienst versammelten Gemeinschaft der Gläubigen verkündet wird und die befreiende Zuwendung Gottes zu den Menschen verdeutlicht, fordert den Menschen zur Antwort heraus und bewegt in jeder Eucharistiefeier die Gläubigen wieder aufs Neue, ihr Leben und die ganze Schöpfung dankbar und vertrauensvoll vor Gott zu tragen, symbolisiert durch die Gaben von Brot und Wein. Mit dieser vertrauensvollen Hinwendung zu Gott lassen sich die Gläubigen hineinnehmen in die Lebenshingabe Jesu, der am Kreuz ebenfalls sein Leben Gott übereignet hat: »Vater, in deine Hände gebe ich meinen Geist.« (Lk 23,46) Das Zweite Vatikanische Konzil (1962–1965), welches auch die Liturgie der Kirche grundlegend erneuert hat, bezeichnet das Heilshandeln Gottes, welches wir in der Liturgie feiern, als Pascha-Mysterium:

> »Dieses Werk der Erlösung der Menschen und der vollendeten Verherrlichung Gottes, dessen Vorspiel die göttlichen Machterweise am Volk des Alten Bundes waren, hat Christus, der Herr erfüllt, besonders durch das Pascha-Mysterium: sein seliges Leiden, seine Auferstehung von den Toten und sei-

Altar und Altarraum nach der Sanierung

ne glorreiche Himmelfahrt.« (Liturgiekonstitution *Sacrosanctum Concilium*, Art. 5).[15]

In der Eucharistie feiert die Kirche das Gedächtnis des Pascha-Mysteriums; sie dankt Gott für das Heilshandeln in Jesus Christus, wie es das zentrale Gebet der Eucharistiefeier, das Hochgebet zum Ausdruck bringt:

> »Darum, gütiger Vater, feiern wir das Gedächtnis des Todes und der Auferstehung deines Sohnes und bringen dir so das Brot des Lebens und den Kelch des Heiles dar. Wir danken dir, dass du uns berufen hast, vor dir zu stehen und dir zu dienen. Wir bitten dich: Schenke uns Anteil an Christi Leib und Blut, und lass uns eins werden durch den Heiligen Geist« (Hochgebet II).[16]

Ein weiterer Text des Zweiten Vatikanischen Konzils, nämlich aus der Konstitution *Lumen Gentium* Nr. 3, bringt den bedeutsamen Zusammenhang von Eucharistie und Kirche als Gemeinschaft der Glaubenden zum Ausdruck, der in dem Zitat aus dem eucharistischen Hochgebet ebenfalls anklingt:

> »Sooft das Kreuzesopfer, in dem Christus, unser Osterlamm, dahingegeben wurde (1 Kor 5,7), auf dem Altar gefeiert wird, vollzieht sich das Werk unserer Erlösung. Zugleich wird durch das Sakrament des eucharistischen Brotes die Einheit der Gläubigen, die einen Leib in Christus bilden, dargestellt und verwirklicht (1 Kor 10, 17).«

Die Feier der Eucharistie ist nach dieser Aussage – so hat es Alexander Gerken ausgedrückt – also »Vollzug der Kirche als der um den Herrn versammelten Gemeinde«.[17] Aus der Eucharistie, aus der Feier des Paschamysteriums als Partizipation an Leiden, Tod und Auferstehung des Herrn, entsteht Gemeinschaft, wird die versammelte Gemeinde »ein Leib und ein Geist« in Christus. Deutlicher: Aus der Eucharistie heraus wird Kirche aufgebaut, wird die Gemeinschaft der Glaubenden bewirkt.

Eucharistiefeier und Kirche als Gemeinschaft der Glaubenden stehen somit in einem bedeutsamen, unauflösbaren Zusammenhang. Dies lässt schon erahnen, dass die Liturgie bzw. Eucharistie (unter der Leitung) des Bischofs für die Diözese als Existenz- und Verwirklichungsform der Kirche am Ort (Orts- oder Teilkirche) ebenfalls besondere Bedeutung hat. Das kirchliche Recht beschreibt die Diözese als jenen Teil des Gottesvolkes, der dem Bischof in Zusammenarbeit mit dem Presbyterium zu weiden anvertraut ist.[18] Wenn der Bischof den Gläubigen im Gebiet seiner Diözese das Evangelium verkündet und mit ihnen Eucharistie feiert, erwächst daraus die Diözese als Teilkirche, in der die eine, heilige, katholische und apostolische Kirche Christi gegenwärtig ist.[19] Mit dieser Beschreibung der Diözese im Kirchenrecht, die sich eng anlehnt an die entsprechenden Formulierungen der lehramtlichen Äußerungen des Zweiten Vatikanischen Konzils, wird ein besonderer Fokus auf den Bischof und seine Stellung sowie auf das Verständnis des bischöflichen Amts für die Diözese bzw. Teilkirche gelegt. Um das bischöfliche Amt[20] und seine Funktion zu verdeutlichen, greifen die Texte des Konzils verschiedentlich auf ein altes Schema zurück, dessen Ursprünge theologiegeschichtlich in die Zeit der Entstehung des Neuen Testaments zurückreichen.[21] Der Bischof wird in diesem Schema als Lehrer, Priester und König beschrieben, dessen Aufgabe entsprechend die Verkündigung des Glaubens, die Heiligung der Gläubigen und die Leitung der Kirche ist. In Anlehnung an dieses Schema (»tria-munera-

Schema«), entwickelt das Zweite Vatikanum im Dekret über das Hirtenamt der Bischöfe, *Christus Dominus*, in den Artikeln 12–18 eine Aufgabenbeschreibung für den Diözesanbischof im Verhältnis bzw. im Blick auf seine Diözese, einen sogenannten Bischofsspiegel, den das Kirchenrecht übernimmt. Zwei der drei Aufgabenbereiche, nämlich derjenige der Verkündigung des Glaubens (*munus docendi*)[22] und der des Heiligungsdienstes (*munus sanctificandi*),[23] stehen in einem engeren Zusammenhang zur Liturgie.

Als *ekklesia* (= Herausgerufene) steht die Kirche unter dem Wort Gottes; ihre Aufgabe ist es, das Evangelium zu verkünden.[24] Dieser Grunddienst der *Martyria* ist im Blick auf die Gesamtkirche zunächst dem Papst und dem Bischofskollegium anvertraut. Für die seiner Sorge anvertrauten Gläubigen ist sodann der Diözesanbischof authentischer Lehrer des Glaubens.[25] Er soll dabei diejenigen Mittel anwenden, die zur Verfügung stehen: die Darlegung der christlichen Lehre in der Schule, in Akademien und Versammlungen, durch öffentliche Erklärungen in den Medien; vor allem aber soll er den Glauben verkünden durch katechetische Unterweisung und Predigt. Insbesondere die Predigt hat eine große Bedeutung für die Glaubensverkündigung: Der Bischof ist gehalten, die Glaubenswahrheiten

Eucharistiefeier unter der Leitung von Bischof Norbert Trelle

den Gläubigen vorzutragen und anschaulich zu machen, indem er selbst häufig predigt.

In ihrer besonderen Bedeutung hervorgehoben wird die Predigt in der Form der Homilie,[26] also als Bestandteil der Liturgie. Sie ist für alle Eucharistiefeiern an Sonntagen und gebotenen Feiertagen vorgeschrieben und darf nur aus schwerwiegendem Grunde entfallen. Das Zweite Vatikanische Konzil hatte darauf gedrungen, dass den Gläubigen die Heilige Schrift erklärt und die Geheimnisse des Glaubens dargelegt und bezeugt werden. Das *munus docendi* als Pflicht der Bischöfe korrespondiert so mit dem Recht der Gläubigen auf die Verkündigung des Wortes Gottes, welches auch eingefordert werden kann. Deutlich wird hier die konstitutive Bedeutung der Wortverkündigung für das Entstehen von Kirche: Das Volk Gottes wird durch das Wort Gottes zusammengerufen und geeint zur *communio fidelium*.

Wie keines der anderen bischöflichen *munera* hat das *munus docendi* in der liturgischen Ausstattung der Bischofskirche seinen (liturgischen) Ort in der Kathedra, dem Sitz des Bischofs in seiner Kathedralkirche, von dem aus er die Liturgie leitet und das Wort Gottes verkündet (siehe oben).

Ebenfalls unter Bezugnahme auf die konziliaren Vorgaben beschreibt das kirchliche Recht die Aufgabe des Bischofs im Heiligungsdienst (*munus sanctificandi*). Der Bischof ist als Leiter seiner Diözese der erste Verwalter der Geheimnisse Gottes, der Sakramente.[27] Als solchem kommen ihm zwei Grundaufgaben zu:

- Der Bischof soll die Heiligkeit der Gläubigen fördern. Dies bedeutet, dass der Bischof alle Gläubigen – Kleriker wie Nichtgeweihte – gemäß ihrer je eigenen Berufung in ihrem Bemühen um ein Leben im Glauben und im Dienst für die Kirche, im Bemühen um die Wahrnehmung christlich motivierter Verantwortung für die Mitmenschen und die Gesellschaft, nach Kräften unterstützen soll. Dabei ist neben dem Einsatz im Sinne eines Sorge-Tragens auch die Vorbildfunktion des Bischofs gefordert.

- Der Bischof muss beständig dafür Sorge tragen, dass in seiner Teilkirche die Sakramente gespendet werden und die Eucharistie gefeiert wird. Da er dabei nicht allen Gläubigen seiner Diözese direkt und persönlich zur Verfügung stehen kann, muss er (nicht zuletzt durch die Beauftragung von Priestern und Diakonen) sicherstellen, dass auch die übrigen Gläubigen die Möglichkeit des Eucharistie- und Sakramentenempfangs haben.

Im Mittelpunkt der Wahrnehmung des Heiligungsdienstes steht die Feier der Eucharistie durch den Bischof *pro populo*, also für und mit dem Gottesvolk seiner Diözese. Zu einer solchen Eucharistiefeier ist der Diözesanbischof an allen Sonn- und gebotenen Feiertagen verpflichtet. Diese Verpflichtung trifft den Bischof persönlich; nur in besonderen Fällen, also wohl vor allem bei Abwesenheit von der Diözese, kann der Bischof sich in der Wahrnehmung dieser Pflicht von einem anderen Priester vertreten lassen. Diese Vorschrift verdeutlicht sehr anschaulich die ekklesiologisch bedeutsame Verbindung von Kirche und Eucharistie, wenn sie den Bischof als Leiter der Diözese anhält, möglichst häufig auch als Vorsteher die Eucharistiefeier zu leiten.

Diesen mehr allgemeinen Ausführungen zu den Aufgaben des Diözesanbischofs können und sollen nun konkrete Beispiele liturgischer Feiern des Bischofs in kirchenrechtlicher Betrachtungsweise angefügt werden. Damit wird

die besondere Bedeutung der Domkirche als Mutterkirche des Bistums und Zentrum geistlichen Lebens in der Diözese verdeutlicht.

Allen voran ist die Feier zur Einführung eines Bischofs in sein Amt zu nennen, die das kirchliche Recht als Besitzergreifung (*captio canonicae dioecesis possessionis*) bezeichnet.[28] Diese Amtsübernahme ist an einen liturgischen Akt in der Kathedralkirche gebunden; angesichts der Bedeutung des Bischofsamts verdeutlicht diese liturgische Feier zugleich die Stellung der Domkirche als Mutterkirche des Bistums.

Die Besitzergreifung ist nach der Kandidatenauswahl und der Amtsübertragung der dritte und letzte Schritt der Bischofsbestellung; sofern der zum Bischof ernannte noch nicht die Bischofsweihe empfangen hat, muss dies vorher geschehen. Ohne die Besitzergreifung kann der Bischof auch bei ansonsten korrekter Amtsübertragung sein Amt nicht ausüben, sein Handeln bleibt unwirksam. Amtsübertragung (und -übernahme), Bischofsweihe und Amtsausübung hängen somit eng zusammen.

Ist der zum Diözesanbischof ernannte Priester noch nicht Bischof, muss er vor der Besitzergreifung und innerhalb von drei Monaten nach Erhalt der Ernennungsurkunde zum Bischof geweiht werden.[29] Die Bischofsweihe ist erste und grundlegende Vorausset-

Besitzergreifung – Bischof Norbert Trelle erhält aus den Händen seines Vorgängers das Gründungsreliquiar

zung für die (diözesan-) bischöfliche Amtsausübung. Nur durch die Bischofsweihe werden die Dienste (*munera*) des Heiligens, Lehrens und Leitens empfangen, welche die herausragende Stellung des Bischofs als Leiter einer Teilkirche begründen. Die Feier der Weihespendung hat – im Falle der Bischofsweihe wie auch der anderen Weihen – in der Kathedralkirche zu erfolgen; nur in gut begründeten Ausnahmefällen kann eine Bischofsweihe in einer anderen Kirche erfolgen.

Mit Amtsübertragung (Ernennung) und ggf. Bischofsweihe sind die rechtlichen Voraussetzungen für die Besitzergreifung erfüllt. Diese geschieht, indem der Bischof dem Domkapitel das apostolische Schreiben (die Ernennungsurkunde) vorzeigt. Das Domkapitel hat dabei die Funktion einer repräsentativen Vertretung des diözesanen Presbyteriums. Symbolisch legitimiert sich der Bischof also gegenüber den Vertretern der in seiner neuen Diözese wirkenden Priester, mit denen zusammen er die Sorge für das ihm anvertraute Gottesvolk wahrnehmen soll.

Weiter schreibt das kirchliche Recht vor, dass die Besitzergreifung in einem liturgischen Akt geschehen soll, der in der Kathedralkirche stattfindet und bei dem Klerus und Gläubige der Diözese anwesend sind. Mit dieser Vorschrift wird der gegenseitige Bezug von Bischof und Gottesvolk unterstrichen. Die Gläubigen sind aufgefordert, in tätiger Teilnahme gemeinsam mit dem Bischof Gottesdienst zu feiern. Insofern die Kathedralkirche der genuine Ort für die gemeinsame Feier von Bischof und Volk und damit des gesamten Bistums ist, ist die Besitzergreifung des Bischofs in der Domkirche in Anwesenheit des Gottesvolks die konsequente Verdeutlichung der bedeutsamen Verbindung von Bischof und Volk Gottes. Der Amtsantritt des Bischofs wird nicht wie eine beliebige Verwaltungsangelegenheit behandelt, vielmehr macht die Einbindung in eine liturgische Feier die religiöse Dimension des Geschehens deutlich. Mit der Besitzergreifung lässt sich der Bischof von Gott in die Pflicht nehmen zum Dienst an den ihm anvertrauten Menschen seiner Diözese, die durch das an der Feier teilnehmende Gottesvolk repräsentiert werden. Die Domkirche bekommt damit in der Feier der Amtsübernahme des Diözesanbischofs – oder gewissermaßen aus ihr heraus – die Bedeutung als zentraler liturgischer Raum des Bistums.

Im Bistum Hildesheim gibt es zudem eine Tradition, die im Rahmen der Feier zur Besitzergreifung eines neuen Bischofs dessen Amtsübernahme symbolisch in besonderer Weise zum Ausdruck bringt: Dem neuen Bischof wird das sogenannte Gründungsreliquiar (Heiligtum Unserer Lieben Frau, Lipsanothek), ein historisch wie künstlerisch einmalig gestaltetes Reliquiengefäß, übergeben. Nach der *Fundatio Ecclesiae Hildensemensis* ist das Reliquiar jenes, welches von Kaiser Ludwig dem Frommen zurückgelassen worden war und

sich nicht vom Rosenstock trennen ließ. Mit der Übergabe an den neuen Bischof wird verdeutlicht, dass der Bischof in der langen Tradition der Bischöfe von Hildesheim steht, und damit seine besondere Verbindung mit dem Bistum als Ortskirche zum Ausdruck gebracht.

Mit der Besitzergreifung erlangt der Bischof die volle Amtsgewalt, welche einerseits Rechte, andererseits aber auch bedeutsame Verpflichtungen mit sich bringt. Zu diesen gehört die regelmäßige Feier der Eucharistie in der Kathedralkirche. Von der besonderen Bedeutung der Eucharistiefeier für die Kirche als Gemeinschaft der Glaubenden insgesamt und für die Verwirklichung von Kirche am Ort (Teilkirche) war bereits die Rede. Die Verpflichtung des Bischofs, häufig in seiner Kathedralkirche der Eucharistie vorzustehen, ist die dieser Bedeutung der Eucharistie ekklesiologisch entsprechende Vorschrift. Sie gilt insbesondere an den Feiertagen und anderen feierlichen Anlässen.

Eine Eucharistiefeier von besonderer Bedeutung und Gestalt ist die Chrisammesse,[30] die auch in der Kathedralkriche gefeiert wird und die Bedeutung derselben als geistliches Zentrum der Diözese sehr anschaulich macht.

Als Zeichen der Teilhabe der Gläubigen am königlichen und prophetischen Priestertum Christi ist bei der Spendung verschiedener

Bischof Norbert Trelle bei der Feier der Ölweihen (Chrisammesse)

Sakramente die Salbung mit einem heiligen Öl vorgesehen. Neben dem Katechumenenöl und dem Krankenöl für die Krankensalbung ist dies vor allem das Chrisam, das bei Taufe, Firmung und Priester- und Bischofsweihe Anwendung findet. Nach der liturgischen Ordnung für die Feier der Ölweihen muss dieselbe in der dafür am Vormittag des Gründonnerstag vorgesehenen oder an einem anderen Tag in zeitlicher Nähe zum Osterfest zu feiernden Messe stattfinden.

Die Chrisamweihe ist allein dem Bischof möglich; er feiert die Chrisammesse gemeinsam, also in Konzelebration mit Priestern aus den verschiedenen Regionen seines Bistums; auch die Gläubigen sind dazu einzuladen. Die Chrisammesse ist somit Ausdruck der Verbindung von Bischof und Klerus und Volk Gottes, der noch verstärkt wird dadurch, dass die geweihten Öle nach der Chrisammesse in die Pfarrgemeinden des Bistums verteilt werden, wie es in der Liturgie vorgesehen ist.

Als ein letztes Beispiel einer liturgischen Feier des Bischofs, die dieser in aller Regel in der Kathedralkirche vornimmt, soll die Feier der Zulassung von (erwachsenen) Taufbewerbern zum Katechumenat genannt werden.

Das Kirchenrecht sieht für erwachsene Taufbewerber eine besondere Vorbereitung bzw. Einübung in das christliche Leben vor, welche als Katechumenat bezeichnet wird.[31] Zur Taufe sollen nur solche Bewerber zugelassen werden, die sich im Rahmen eines besonders begleiteten Katechumenats auf die Taufe vorbereitet haben. Diese Vorbereitungszeit ist in mehrere Phasen unterteilt und soll dazu dienen, dass der Taufbewerber in das Glaubensleben eingeführt wird. Im Verlaufe dieser Vorbereitung ist die Zulassung des Bewerbers zur Taufe vorgesehen, die nach den liturgischen Vorschriften in der Regel der Bischof in seiner Kathedralkirche vornimmt.

Ebenfalls in der Regel dem Bischof vorbehalten ist die Spendung der Erwachsenentaufe selbst.[32] Auch hier wird wiederum die besondere Verpflichtung des Diözesanbischofs als Leiter des Heiligungsdienstes in seiner Diözese hervorgehoben.

Der Dom als geistliches Zentrum der Diözese? Führt man sich vor Augen, welch grundlegende Bedeutung die Eucharistiefeier für das Werden von Kirche als Gemeinschaft der Glaubenden hat, insbesondere auch die Eucharistiefeier unter der Leitung des Bischofs, so kann man mit gutem Grund davon sprechen, dass eine Dom- oder Bischofskirche tatsächlich so etwas wie ein Kristallisationspunkt des kirchlich-spirituellen Lebens der Diözese ist. Dies gilt für den Mariendom zu Hildesheim wie für alle Domkirchen gerade in theologisch-systematischer Hinsicht: Er ist der Ort, an dem »die Kirche von Hildesheim« immer wieder neu auferbaut wird, wenn der Bischof in seiner Kathedralkirche mit den Christen seiner Diözese Gottesdienst feiert, wenn er ihnen das Evangelium verkündet und mit ihnen Eucharistie feiert.

Anmerkungen

1 Vgl. Hans-Georg Aschoff, Das Bistum Hildesheim von seiner Gründung bis zur Säkularisation. Ein Überblick, in: Ulrich Knapp (Hg.), Ego sum Hildensemensis. Bischof, Domkapitel und Dom in Hildesheim 815 bis 1810 (= Kataloge des Dom-Museums Hildesheim Bd. 3), S. 11–24, hier S. 11. Siehe auch den Artikel desselben Autors im Lexikon für Theologie und Kirche (nachfolgend LThK), Bd. 5, Freiburg/Basel/Wien 2006 (Sonderausgabe), Sp. 108–110.

2 Zu Karl dem Großen in kirchenhistorischer Sicht siehe Arnold Angenendt, Das Frühmittelalter. Die abendländische Christenheit von 400 bis 900, Stuttgart 1990, S. 292–360.

3 Vgl. Karl-Bernhard Kruse, Die Domburg Hildesheim vom 9. bis zum 11. Jahrhundert. Erste Ergebnisse der Grabung im Hildesheimer Dom, in: Aus der Heimat, Jg. 2010, Sonderdruck der Hildesheimer Allgemeinen Zeitung, S. 83–92, hier S. 84.

4 Zu Ludwig dem Frommen siehe Angenendt, Frühmittelalter (wie Anm. 2), S. 361–386.

5 Vgl. Kruse, Domhügel (wie Anm. 3), S. 84.

6 Vgl. Thomas Scharf-Wrede, Liturgie(n) im Hildesheimer Mariendom. Von der Goldenen Messe zur Chrisam-Messe, in: Ders. (Hg.), Der Hildesheimer Dom. Kraftzentrum des Bistums? (= Hildesheimer Chronik. Beiträge zur Geschichte des Bistums Hildesheim, Bd. 23), S. 32–44, hier S. 32.

7 Zur Begrifflichkeit und dem Unterschied von Weihe und Segnung vgl. den Artikel »Weihe« im LThK X, Sp. 1004–1005; siehe auch Aymans/Mörsdorf, Kanonisches Recht. Lehrbuch aufgrund des Codex Iuris Canonici, Bd. III, Paderborn 2007, S. 568–592, insb. S. 569 f.

8 Vgl. Heinrich J. F. Reinhardt, Geweihte Stätten, in: Handbuch des katholischen Kirchenrechts, hg. von Joseph Listl und Heribert Schmitz, Regensburg ²1999, S. 795–801.

9 Zur theologischen Bedeutung von Kirchengebäuden und deren Ausstattung vgl. Adolf Adam, Wo Gottes Volk sich versammelt. Gestalt und Symbolik des Kirchenbaus, Freiburg/Basel/Wien 1984. Siehe außerdem Klemens Richter, Was die sakramentalen Zeichen bedeuten. Zu Fragen aus der Gemeinde von heute, Freiburg/Basel/Wien ²1991.

10 Vgl. Rupert Berger, in: LThK V, Sp. 1336–1337.

11 Vgl. Richard Puza, Die Dom- und Stiftskapitel, in: Handbuch Kirchenrecht (wie Anm. 8), S. 475–479.

12 Vgl. Heinzgerd Brakmann, in: LThK II, Sp. 1081–1083.

13 Vgl. zum Folgenden Martin Stuflesser/Stephan Winter, Wo zwei oder drei versammelt sind. Was ist Liturgie (= Grundkurs Liturgie Bd. 1), Regensburg 2004, sowie insbesondere zur Theologie der Eucharistie Martin Stuflesser, Eucharistie. Liturgische Feier und theologische Erschließung, Regensburg 2013.

14 Emil Joseph Lengeling, Liturgie – Dialog zwischen Gott und Mensch (hg. von Klemens Richter), Altenberge ²1991.

15 Textausgabe der Dokumente des Konzils: Herders theologischer Kommentar zum Zweiten Vatikanischen Konzil, hg. von Peter Hünermann und Bernd Jochen Hilberath, Band 1: Die Dokumente des Zweiten Vatikanischen Konzils. Konstitutionen, Dekrete, Erklärungen. Lateinisch-deutsche Studienausgabe, hg. von Peter Hünermann, Freiburg/Basel/Wien 2004.

16 Gotteslob Nr. 588, 7.

17 Alexander Gerken, Theologie der Eucharistie, München 1973, S. 217.

18 Vgl. Franz Kalde, Diözesane und quasidiözesane Teilkirchen, in: Handbuch Kirchenrecht (wie Anm. 8), 420–425.

19 Vgl. Aymans/Mörsdorf, Kanonisches Recht. Lehrbuch aufgrund des Codex Iuris Canonici, Bd. II, Paderborn 1997, S. 315–328; außerdem Winfried Aymans, in: LThK III, Sp. 255–256.

20 Ausführlich zum Diözesanbischof siehe Georg Bier, Die Rechtsstellung des Diözesanbischofs nach dem Codex Iuris Canonici von 1983 (= Forschungen zur Kirchenrechtswissenschaft Bd. 32), Würzburg 2001. Siehe auch Heribert Schmitz, Der Diözesanbischof, in: Handbuch Kirchenrecht (wie Anm. 8), S. 425–442.

21 Vgl. Ludwig Schick, Das Dreifache Amt Christi und der Kirche. Zur Entstehung und Entwicklung der Trilogien (= Europäische Hochschulschriften: Reihe 23, Theologie, Bd. 171), Frankfurt 1982.

22 Vgl. Aymans/Mörsdorf, Kanonisches Recht III (wie Anm. 7), S. 3–169.

23 Vgl. ebd., S. 170–601.

24 Vgl. Oskar Stoffel, Die Verkündigung in Predigt und Katechese, in: Handbuch Kirchenrecht (wie Anm. 8), S. 669–677.

25 Vgl. Bier, Rechtsstellung (wie Anm. 20), S. 209–216.

26 Vgl. Ludwig Mödl, in: LThK V, Sp. 249 f.

27 Vgl. Bier, Rechtsstellung (Anm. 20), S. 216–225.

28 Zur Besitzergreifung siehe Bier, Rechtsstellung (Anm. 20), S. 117 f., und Aymans/Mörsdorf, Kanonisches Recht II (Anm. 19), S. 341 und S. 353 f.

29 Zum Weihesakrament vgl. den entsprechenden Artikel im LThK X, Sp. 1006–1015. Siehe auch Aymans/Mörsdorf, Kanonisches Recht III (wie Anm. 7), S. 221–253.

30 Vgl. Peter Maier, in: LThK II, Sp. 1099. Zur besonderen Form der Chrisam-Messe im Bistum Hildesheim vgl. Scharf-Wrede, Liturgie(n) (wie Anm. 6), S. 43.

31 Zur Taufe einschließlich Vorbereitung vgl. Alfred E. Hierold, Taufe und Firmung, in: Handbuch Kirchenrecht (wie Anm. 8), S. 805–818, und Aymans/Mörsdorf, Kanonisches Recht (wie Anm. 7), S. 191–214. Zum Katechumenat vgl. den entsprechenden Artikel im LThK V, Sp. 1318–1323.

32 Vgl. Aymans/Mörsdorf, Kanonisches Recht III (wie Anm. 7), S. 209.

Bildliche Darstellung der Gründung des Bistums Hildesheim, 1652

Der Hildesheimer Dom

Wo alles begann und womit (fast) alles irgendwie zusammenhängt …

Die im ausgehenden 11. Jahrhundert niedergeschriebene und in Abschriften des 17.–19. Jahrhunderts auf uns gekommene *Fundatio ecclesiae Hildensemensis* berichtet in eindrücklicher Weise von der Gründung des Bistums Hildesheim. In ihr heißt es u. a.:

> »Nach dem Ende von Karls Herrschaft und Leben [gem. ist der 814 gestorbene Kaiser Karl der Große] war Ludwig, Erbe der Frömmigkeit und Macht des Vaters, ganz damit beschäftigt, die Elzer Kirche zum Haupt und Sitz eines Bistums zu erheben. Und als er deswegen diesen Ort häufiger besuchte, trug es sich zu, dass er aus Jagdleidenschaft die Leine überschritt und an der Stelle, wo jetzt die Hildesheimer Kirche steht, das Zelt aufschlug und dort die heilige Messe hörte, wohin man die Reliquien der königlichen Kapelle gebracht hatte. Durch göttliche Fügung waren dies aber Reliquien der heiligen Gottesmutter Maria. Als der Kaiser hierauf von der Jagd nach Elze zurückgekehrt war und dort wieder die Messe hören wollte, da erinnerte sich der Kapellan erst, als er die Reliquien auf den Altar stellen wollte, dass er sie dort vergessen hatte, wo tags zuvor die Messe gefeiert worden war. Von Sorge getrieben ging er zurück und fand sie auch dort, wo er sie aufgehängt hatte, nämlich am Ast eines Baumes, der eine sehr klare Quelle beschattete. Froh eilte er darauf zu und – oh große Wunderwerke Gottes, oh tiefer Abgrund göttlicher Fügung – konnte die Reliquien, die er mit leichter Hand aufgehängt hatte, mit keiner Anstrengung abnehmen. Er kehrte zurück, um dem Kaiser das Wunder zu berichten. Dieser war begierig, das Gehörte mit eigenen Augen zu sehen, kam schnell mit vielen Begleitern herbei und sah, dass sich die Reliquien von dem Baum, an dem sie einmal hingen, nicht abnehmen ließen. Belehrt, dass dies der Wille Gottes sei, errichtete er dort schnell eine Kapelle für die Muttergottes, wobei der Altar und die aufgehängten Reliquien ein und denselben Platz bekamen. Diesen Ort, der durch das überraschende Wunder verherrlicht und von dem erwiesen war, dass er der Gottesmutter so sehr gefiel, begann der Kaiser mit allem Eifer besonders zu fördern und verlegte den Hauptsitz des Bistums, den er vorher bei der von seinem Vater gegründeten und von ihm hoch gepriesenen Kirche von Elze dem Apostelfürsten zu Ehren hatte errichten wollen,

an die Kapelle der Gottesmutter und stellte ihr den im Glauben bewährtem Gunthar als ersten Bischof voran.«[1]

Ob es wirklich so war, ob die Gründung des Bistums Hildesheim vor 1.200 Jahren so vonstatten gegangen ist? Ob die Gründung des Bistums Hildesheim wirklich in dieser »Kombination« priesterlicher Vergesslichkeit und göttlichen Einwirkens ihren Ursprung hat? Wohl kaum... Ganz praktische Gründe sprachen für die Verlegung des Bistumssitzes von Elze um etwa 15 km nordostwärts an die Innerste, kreuzten sich doch hier eine West-Ost-Verbindung und Nord-Süd-Verbindung des Frankenreichs, weswegen die »Hildesheimer Mulde« auch zu den bereits lange besiedelten Gebieten zwischen Innerste und Oker gehörte. Hildesheim – das heutige Hildesheim – war einfach die »bessere Wahl«, weswegen Kaiser Ludwig der Fromme in Fortführung der durch seinen Vater Kaiser Karl den Großen begonnenen Herrschaftserweiterung und Christianisierung auf einer Reichsversammlung in Paderborn am 1. Juli 815 das Bistum Hildesheim begründete, dessen Sprengel das »Vakuum« zwischen den Bistümern Verden, Halberstadt, Mainz und Paderborn schloss; eine verlässliche Umschreibung der Hildesheimer Bistumsgrenzen erfolgte 1006/07 im Zusammenhang mit dem »Gandersheimer Streit«.[2]

Als ersten Bischof des Bistums Hildesheim nennt neben der eben zitierten *Fundatio* auch das *Chronicon Hildesheimense*, eine im ausgehenden 12. Jahrhundert begonnene Zusammenstellung der Hildesheimer Bischöfe, den wohl aus Reims stammenden Bischof Gunthar, der dieses Amt bis zu seinem Tod im Jahr 834 innegehabt hat.[3] Über sein Wirken in diesem neuen Bistum wissen wir nur wenig: Lediglich der Bau eines ersten, der heiligen Cäcilia geweihten, Domes neben der durch Kaiser Ludwig den Frommen begründeten Marienkapelle ist durch schriftliche und archäologische Quellen hinreichend gesichert überliefert. Allerdings ist in der *Fundatio* durchaus auch von der Missionierung und Christianisierung der im Bistum Hildesheim lebenden Menschen die Rede: vom Gottesdienst in Elze, in Eldagsen, in Oldendorf und in Wallensen sowie vom Kirchenbesitz in Mahlerten und Heyersum.[4] Insofern wird man Johann Michael Krâtz zustimmen dürfen, der in seiner großen Dom-Monographie Mitte des 19. Jahrhunderts schrieb:

> »Gunthar, ein Mann von bewährter Gottesfurcht, unterzog sich von der ersten Stunde an seinem Amt mit vieler Treue. Von seinem Klerus, mit welchem er unter einem Obdache wohnte und den Gottesdienst versah, eifrig unterstützt, zumal die Glaubensboten durch Lehre und Beispiel die noch umherwohnenden Heiden an sich zu ziehen und sie der Religion und Kirche zu gewinnen suchten, die Christusbekenner aber durch inhaltsschwere Worte im wahren Glauben zu erhalten und zu bestärken.«[5]

Auch wenn Gunthars Dom sicherlich kein Provisorium war, wurde er doch bereits durch Bischof Altfrid – der vierte Bischof in der heute 70 Bischöfe zählenden Hildesheimer Bischofsliste – durch einen Neubau ersetzt: deutlich größer und deutlich stärker auf »Nachhaltigkeit« ausgerichtet, weil man inzwischen um das Gelingen der Bistumsgründung an der Innerste wusste.[6] Die in der *Fundatio* enthaltene ausführliche Beschreibung dieses Dombaus – seine Weihe erfolgte nach rund 20 Jahren Bauzeit am 1. November 872 – gibt Adolf Bertram in seiner Bistumsgeschichte so wieder:

> »Mit seinem frommen Klerus hielt Altfrid ein dreitägiges Fasten und bestürmte mit ständigen Gebeten den Herrn, dass er ihm eine Stätte zeige, welche der Mittler zwischen Gott und den Menschen für würdig einer Kirche erachten würde, die zu seiner und seiner Mutter Ehre erbaut werden sollte. Als das Fasten gehalten und der vierte Tag zu leuchten begann, da erschienen, gleichsam auf den Ruf des Beters, wie mit Frühlingsreif genau gezeichnete Grenzlinien, die in künstlerisch richtigem Winkel die Maße zum Ausgraben der Fundamente einer Kirche absteckten [...] Der erlauchte Oberhirt war erfreut, dass die göttliche Herablassung seiner Absicht huldvoll entgegenkam [...] Diese Kirche nun weihte ihr Erbauer Altfrid selbst ein und schloss an sie einen Klosterbau, der für die kanonische Ordnung und das Leben nach kirchlicher Regel sehr geeignet war.«[7]

Für Bischof Altfrid bildeten der Dom und die ihn umgebenden Einrichtungen – das Kanonikerstift und die Domschule – das »Kraftzentrum« des Bistums Hildesheim,[8] von hier aus sollte das Evangelium weitergetragen und an eben diesem Dom sollten sich die Priester und ihre Gemeinden immer wieder »ausrichten«. Von daher maß er der ordentlichen Feier des Gottesdienstes und dem individuellen Lebenswandel der am Domhof lebenden Kleriker erhebliche Bedeutung zu:

> »Der Klerus Hildesheims verband mit dem Stande der Kanoniker die Strenge der Mönche. Scharf wurde es geahndet, wenn jemand im Chore, bei Tische, im Schlafsaale fehlte oder auch nur etwas zu spät erschien, falls nicht ein Notfall oder Erlaubnis ihn entschuldigte. Täglich mussten sie, was sie geschrieben hatten, dem Dechant vorzeigen; das Evangelium nebst der Lektion, sowie den Gesang, auch die Psalmen mussten sie aufsagen.[...] Um feine Kleidung waren sie wenig besorgt [...] So gaben sie einer bäuerlichen Einfalt den Vorzug vor höfischen Launen. Auf verfeinerte Lebensfreude verzichteten sie«.[9]

Als eine Art »Ergänzung« resp. »Nebenzentren« für die weitere Entwicklung des Bistums Hildesheim intensivierte Bischof Altfrid auch den Auf- und Ausbau der Stifte Lamspringe und Brunshausen/Gandersheim, indem er u.a. deren finanzielle resp. wirtschaftliche Ausstattung nachhaltig unterstützte.

Eine erhebliche »Aufwertung« erfuhr der Hildesheimer Dom im 10. Jahrhundert durch Bischof Othwin (954–984), der 963 von einer Italienreise mit Kaiser Otto I. (936/962–973) Reliquien des heiligen Epiphanius von Pavia mitbrachte, die in Hildesheim rasch Ziel zahlreicher Pilger und Beter wurden; im Mittelalter besaß die Heiligen- und Reliquienverehrung besondere Bedeutung.[10] Ebenso sorgte Bischof Othwin für einen weiteren Ausbau der Hildesheimer Domschule, die sich nach und nach zu einer der angesehensten Ausbildungsstätten im Deutschen Reich entwickelte; zwischen 919 und 1024 gingen aus ihr nicht weniger als 27 Reichsbischöfe hervor, sie war ein wichtiges »Reservoir« für die kirchliche wie kaiserliche Personalpolitik.[11] Auch gab es um das Jahr 1000 herum im Bistum Hildesheim bereits eine nicht unerhebliche Zahl an Kirchen und Kapellen: unterschiedlich fundiert und auch von durchaus differenter »Lebensdauer«, ausgerichtet vor allem an den Möglichkeiten der Besitzer von Grund und Boden sowie am Bedarf der in ihrem Herrschafts- und Einzugsbereich lebenden Menschen – in steter Beziehung zum Hildesheimer Dom.[12]

Die Amtszeit der Hildesheimer Bischöfe Bernward (993–1022) und Godehard (1022–1038) gilt allgemein als eine »Blütezeit« des Bistums Hildesheim: Das Bistum mit seinem Dom nahm in diesen Jahren eine ungemein gute Entwicklung, wie sich dessen Funktion als »Kraftzentrum« des Bistums noch weiter verstärkte – Ergebnisse der Authentizität, Kreativität und Konsequenz von Bischof Bernward und Bischof Godehard.[13]

Bestens ausgebildet an der Hildesheimer Domschule, kam Bernward als junger Mann an den Hof Kaiser Ottos II. (961/ 73–983) und wirkte hier als »aulicus scriba doctus« – also als »Gelehrter Hofschreiber«, dem u.a. das Verfassen von Urkunden zukam – sowie als Erzieher des späteren Kaisers Otto III. (983–1002), ehe er am 15. Januar 993 durch den Mainzer Erzbischof Willigis zum Bischof von Hildesheim geweiht wurde. Gegen die äußeren, teilweise massiven Bedrohungen seines Bistums durch Slawen und Normannen errichtete Bischof Bernward mit königlicher Erlaubnis am Zusammenfluss von Aller und Oker sowie im Raum Gifhorn Befestigungen, die deren Einfall auf Hildesheim Gebiet verhindern sollten, wie er auch den Hildesheimer Domhügel mit einer turmbewehrten Mauer umgab. Parallel zu dieser »Existenzsicherung« des Bistums Hildesheim – zu der auch die Vermehrung des Grundbesitzes der Bischöflichen Kurie gehörte – initiierte Bischof Bernward die Abhaltung regelmäßiger Diözesansynoden zur Weiterbildung und »Harmonisierung« des Diözesanklerus sowie zur Rechtsprechung in weltlichen Angelegenheiten, wie er auch weiterhin diplomatische Aufgaben im Dienst des Kaiserhofes übernahm. Im Blick auf die langfristigen Interessen seines Bistums kam es zu einem Konflikt Bischof Bernwards mit seinem langjährigen Mentor Erzbischof Willigis von Mainz um die landesherrliche wie kirchliche Oberhoheit über das Reichsstift Gandersheim, der letztlich zugunsten des Bistums Hildesheim ausging. Es gehört zu den besonderen Charakteristika Bernwards, dass dieser seinen politisch-diplomatischen Erfolg nicht ausnutzte, sondern die Neuweihe der Gandersheimer Stiftskirche am 5. Januar 1007 nunmehr gemeinsam mit dem Mainzer Erzbischof Willigis vornahm: Zur sachlichen Auseinandersetzung gehörte für Bischof Bernward die Versöhnung dazu.[14]

Bei Weitem nicht nur künstlerischer oder architektonischer oder gar äußerlicher Glanzpunkt des Lebens und Wirkens von Bischof Bernward waren und sind die nach ihm benannte Bronzetür und Bronzesäule im Hildesheimer Dom sowie die durch ihn errichtete St. Michaeliskirche. Die Bernwardtür ist die älteste figürlich geschmückte Bronzetür des Mittelalters mit einem der wahrscheinlich frühesten plastischen Groß-Bildzyklen nördlich der Alpen sowie eines der kühnsten Stücke mittelalterlichen Erzgusses überhaupt. Sie zeigt auf der linken Seite oben beginnend Szenen aus dem Alten Testament, angefangen mit der Erschaffung des Menschen und endend mit dem Brudermord des Kain an Abel, ihr gegenübergestellt sind von unten nach oben Ereignisse aus dem Neuen Testament von der Verkündigung an Maria bis Ostern und Himmelfahrt.[15] Die Bernwardsäule, bis zur Säkularisation zu Beginn des 19. Jahrhunderts in bzw. bei St. Michaelis lokalisiert, steht formal in der Tradition antiker Ehrensäulen und zeigt insgesamt 24 Szenen aus dem öffentlichen Wirken Jesu, vornehmlich Wundertaten wie Totenerweckungen, Krankenheilungen, das Weinwunder bei der Hochzeit zu Kana und die wunderbare Brotvermehrung.[16]

Als »Ergänzung« zum Dom errichtete Bischof Bernward in dessen unmittelbarer Nähe auf einer kleinen Anhöhe die St. Michaelis-Kir-

che und ein Benediktinerkloster: als bewusst nicht direkt mit der Bischofs- und Kathedralkirche verbundenes Zentrum geistig-geistlicher Erneuerung sowie als eigene Grablege. Im Jahr 1010 erfolgte die Grundsteinlegung und am 22. September 1022 weihte Bischof Bernward die in ihrer baulichen Form geradezu idealtypische romanische Kirchen- und Klosteranlage: ein sinnfälliger Ausdruck mittelalterlicher Geistigkeit.[17]

Bischof Godehard, gebürtig aus Bayern und vor seiner Ernennung zum Bischof von Hildesheim in den Benediktinerklöstern Niederaltaich, Tegernsee und Hersfeld tätig gewesen, setzte den durch Bischof Bernward eingeschlagenen Weg einer am Evangelium ausgerichteten Konsolidierung der Kirche von Hildesheim fort. Im Wissen um die zentrale Funktion des Gottesdienstes errichtete er im gesamten Bistum – u.a. in Braunschweig, Goslar und Wienhausen – rund 30 Kirchen und trieb auch die Gründung neuer Klöster und Stifte weiter voran. Wie Bernward von einer tiefen persönlichen Frömmigkeit getragen, betrachtete er die Verkündigung des Wortes Gottes als seine Hauptaufgabe. So heißt es in seiner Vita u.a.:

> »Jede Nacht erhob er sich zum Gebete, und durchwachte dann den übrigen Teil der Nacht bis zum Beginn des Morgengottes-

St. Michael in Hildesheim

dienstes unter Psalmengebet. Er hörte hierauf die hl. Messe, sang sie auch sehr häufig selbst [...] Wo immer im Bistum das Volk zu den festen der Heiligen oder zum Jahresfesttage der Kirchweihe zusammenströmte, dahin ging Godehard mit herzlicher Geistesfreude, um dort seiner Lieblingstätigkeit zu obliegen, nämlich durch Verkündigung des Wortes Gottes den Seelen zu nützen. Seine Predigten handelten immer von der Liebe Gottes und des Nächsten, von der Bewahrung des Glaubens und vom christlichen Wandel, von der Beichte der Sünde, von der Sorge für das Heil der Seelen.«[18]

Nur zwei Jahre nach Übernahme des Hildesheimer Bischofsamts durch Azelin (1044–1054) zerstörte am Palmsonntag (23. März) 1046 ein verheerender Brand den Dom und weite Teile des Domhofs wie auch der Stadt. Anstatt die Domruine wieder herzurichten, bemühte sich Bischof Azelin um den Bau eines deutlich größeren Domes, der ihm jedoch aus verschiedenen Gründen nicht gelang. Sein Nachfolger Bischof Hezilo (1054–1079) erbaute stattdessen auf den Fundamenten des Altfrid-Domes einen neuen Hildesheimer Mariendom, den er bereits am 5. Mai 1061 weihen konnte und den er in den weiteren Jahren seines Episkopats u. a. mit einem großen Radleuchter ausstattete – und der in seiner Grundsubstanz bis zum 22. März 1945 erhalten blieb.[19]

So verschieden die Bischöfe Gunthar, Altfrid, Othwin, Bernward, Godehard und Hezilo auch gewesen sind: Sie stehen in ganz besonderer Weise für die erfolgreiche Gründung und Konsolidierung des Bistums Hildesheim im 9. bis 11. Jahrhundert, in denen der Hildesheimer Mariendom das liturgischreligiöse wie verwaltungsmäßige Zentrum eines zunehmend »verbindlicher« werdenden Raumes bildete. Bereits im Testament von Bischof Bernward aus dem Jahr 996 sind etliche Ortschaften in der näheren Umgebung Hildesheims namentlich aufgelistet, wie auch in seiner Dotationsurkunde für das Hildesheimer St. Michaeliskloster zahlreiche weitere Dörfer aufgeführt sind: Belege für die Besiedlung des Hildesheimer Landes resp. dessen »Rückbindung« an die Hildesheimer Bischöfe und den Hildesheimer Dom, wobei man die Existenz einer Kirche oder Kapelle in vielen dieser Ortschaften durchaus verlässlich annehmen darf, auch wenn deren urkundliche Ersterwähnung meist erst deutlich später erfolgt ist.[20] Der Dom war in diesen Jahrhunderten die eindeutige, unbestrittene Hauptkirche des Bistums und der Domhof mit der Domschule dessen ebenso eindeutiges »Bildungszentrum«, wie auch die Armenfürsorge in besonderer Weise mit dem Dom resp. Domhof verbunden war. Bei aller Sorge um das Zentrum kümmerten sich die Bischöfe dieser Zeit allerdings auch intensiv um die Stärkung und Sicherung der äußeren Grenzen des Bistums Hildesheim, wobei den Klöstern und Stiften besondere Bedeutung zukam, weil hier – wie beim Dom – Kirche/Liturgie, Bildung und Caritas zusammenkamen.[21]

Eine grundsätzliche Veränderung erfuhr das Bistum Hildesheim im Jahr 1235, indem auf dem Mainzer Reichstag parallel zur Bildung eines Herzogtums Braunschweig-Lüneburg das Bistum Hildesheim als eigenständiges »territoriales Fürstentum« definiert wurde.[22] Zunehmend wurde jetzt die Verwaltung und Erhaltung ihres Territoriums – u. a. kamen jetzt Stadt und Grafschaft Peine sowie die Exklave Dassel im Solling zum Bistum hinzu – zur eigentlichen Aufgabe der Hildesheimer Bischöfe:

»Die rohe Praxis der Zeit, die kriegerischen Auseinandersetzungen mit den benachbarten Fürsten und mit unbotmäßigen einhei-

mischen Rittern und Städten drängte das weltliche Amt in den Vordergrund und ließ die Erfüllung kirchlicher Aufgaben häufig in den Hintergrund treten. Nicht Eignung für das geistliche Amt, sondern der Einsatz von Machtmitteln und die Protektion durch mächtige Familien waren oft Voraussetzung für die Wahl zum Bischof.«[23]

Den Mainzer Beschlüssen zum Trotz versuchten die welfischen Herzöge weiterhin das durch ihre Territorien umschlossene Bistum resp. Hochstift Hildesheim unter ihre politische Oberhoheit zu bringen, weswegen es im Jahr 1367 bei Dinklar – etwa 10 km östlich von Hildesheim gelegen – zur offenen militärischen Auseinandersetzung zwischen welfischen und hildesheimischen Truppen kam. Dem welfischen Heer in jeder Beziehung unterlegen, schien die Schlacht für die Hildesheimer schon verloren, als – so die Legende – Bischof Gerhard (1365–1398) auf einmal das Gründungsreliquiar des Bistums Hildesheim in der Hand hielt:

»Die Hildesheimer sahen ihren unerschrockenen Bischof hoch zu Ross [...] Mit donnernder Stimme rief Gerhard über das Schlachtfeld hin: ‚Leve Kerel, truret nicht! Hie hebbe eck dusent Mann in miner Ma-

Schlacht bei Dinklar im Jahr 1367, in der Mitte Bischof Gerhard vom Berge mit dem Gründungsreliquiar des Bistums

wen!‘ Da fassten die Unsrigen neuen Mut. Die Gottesmutter selbst schien ja in ihren Reihen zu kämpfen. In wuchtigem Ansturm warfen sie sich auf die Feinde. Nach kurzem Ringen waren die feindlichen Reihen in Unordnung gekommen. Bald waren die Braunschweiger und ihre Verbündeten auf allen Punkten überwunden und stürzten sich in die schmählichste Flucht.«[24]

Aus dem Lösegeld für die Gefangenen finanzierte Bischof Gerhard die Errichtung eines Kartäuserklosters am Hildesheimer Dammtor, stiftete als Zeichen seines Dankes an die Gottesmutter Maria der Domkirche einen großen Goldkelch und ließ zudem die Kuppel des Hildesheimer Mariendoms vergolden: äußerer Glanzpunkt des Doms bis zu seiner Zerstörung im Jahr 1945.[25]

Gewissermaßen eine »Nebenwirkung« des Ausbaus der Bischöflichen Landesherrschaft war die Weiterentwicklung des Domkapitels zu einer Art Gegengewicht zur Bischöflichen Amtsgewalt, das sich selbst – statutenmäßig organisiert – zunehmend als Mitregent des Bistums resp. Hochstifts verstand; u.a. aufgrund der Übernahme der Verantwortung für die Archidiakonate, womit die Durchführung von Visitationen, die Aufsicht über das kirchliche Vermögen und die Besetzung vakanter geistlicher wie verwaltungsbezogener Stellen verbunden war.[26] Das »Große Privileg« von Bischof Adelog (1170/71–1190) gestand dem Domkapitel im Jahr 1179 das »ius consentiendi« zu, d.h., der Bischof musste bei allen wichtigen Fragen der Diözesanregierung das Votum des Domkapitels einholen, wie das Domkapitel im 15. Jahrhundert – inzwischen zählte es 42 Mitglieder und war damit eines der größten Domkapitel im Heiligen Römischen Reich Deutscher Nation – auch die erste Kurie der Hildesheimer Landstände bildete. Von besonderer politischer Bedeutung war stets der durch das Domkapitel selbst gewählte Dompropst, war er doch für die Verwaltung der Kathedralgüter zuständig und spätestens seit dem 16. Jahrhundert in der Dompropstei und der Hildesheimer Neustadt mit gleichsam landesherrlichen Rechten ausgestattet.[27] Ihm gegenüber stand der ebenfalls vom Domkapitel gewählte Domdechant, der die Disziplinargewalt über die Domkapitulare ausübte und als »pastor primarius« den Gottesdienst in der Domkirche zu leiten hatte.[28]

Doch auch wenn das Hildesheimer Domkapitel in erheblicher Weise in die politischen Belange des Bistums resp. Hochstifts eingebunden war: Seine wichtigste Aufgabe war – spätestens seit dem 13. Jahrhundert – die Wahl des jeweiligen Hildesheimer Bischofs. Im Mittelalter waren »Weltliches« und »Kirchliches« eben eng miteinander verbunden, weil Bischof wie Domkapitel in beiden Bereichen Verantwortung besaßen.

Nicht zuletzt aufgrund dieser Gemengelage waren im 12.–15. Jahrhundert gerade auch in der Bischofsstadt Hildesheim und ihrer näheren Umgebung verschiedene Klostergründungen möglich. So übernahmen etwa 1259 die Zisterzienser das Kloster Marienrode bei Hildesheim, kamen 1221/53 Franziskaner und 1231 Dominikaner nach Hildesheim, wurde 1294 für die einige Jahre zuvor hierher gekommenen Magdalenerinnen die St. Magdalenen-Kirche geweiht und in etwa zeitgleich das Kollegiatstift im Schüsselkorb errichtet.[29] Auch entstanden im 13./14. Jahrhundert im »Umfeld« des Hildesheimer Mariendoms einige Hospitäler, so das Hospital St. Katharina (um 1250) und das Heilig-Geist-Hospital (1336).[30] Diesen Initialzündungen folgten Stiftungen und Gründungen von Ordensgemeinschaften im übrigen Bistum, so etwa in Braunschweig oder Goslar, so dass das Bistum Hildesheim gegen Ende des Mittelalters – im beginnenden 15. Jahrhundert – insgesamt neun Kanonikerstifte, fünf Benediktiner- und zwei Zisterzienserklöster, fünf Augustinerchorherrenstifte, ein Kartäuserkloster, fünf Zisterzienserinnenklöster, eine Dominikaner- und drei Franziskanerniederlassungen sowie zwei Niederlassungen der Magdalenerinnen aufwies.[31]

Erheblich vermehrt seit dem 10./11. Jahrhundert hat sich im Bistum Hildesheim auch die Zahl der Pfarreien: Sie belief sich um 1500 auf 318, von denen der Bischof über 63 als Eigenkirchenherr verfügen konnte und 116 unter weltlichem Patronat bzw. 139 unter dem geistlicher Korporationen standen.[32] Auch wenn in ihren Kirchen und Kapellen regelmäßig Gottesdienst gefeiert wurde und die Gemeindemitglieder ihren jeweiligen Pfarr- bzw. Gemeindebezirk meist zeit ihres Lebens nicht verließen: Die großen und besonderen Gottesdienste fanden weiterhin im Hildesheimer Mariendom statt. So gab es hier etwa ab 1310 am Festtag der heiligen Elisabeth – an deren Heiligsprechungsprozess ja der Hildesheimer Bischof Konrad II. (1221–1246) beteiligt gewesen war – feierliche Gottesdienste, zu denen die Kerzen auf dem Heziloleuchter angezündet wurden. Auch wurde Anfang des 14. Jahrhunderts im Zuge der sich intensivierenden Verehrung des heiligen Bernward dessen Festtag – der 20. November – zunehmend feierlich ausgestaltet, u. a. durch eine um den Dom herumführende Prozession.[33] Ebenso erfuhr das Fronleichnamsfest um 1358 eine erhebliche Aufwertung, indem alle Kanoniker und Vikare der hildesheimischen Stifte zur Teilnahme an einem durch feierliches Glockengeläut eröffneten Gottesdienst im Dom und anschließender Prozession verpflichtet wurden.[34]

Zu den besonderen Gottesdiensten im Hildesheim Mariendom mit einer großen zeitlichen Kontinuität – nämlich vom 14. bis weit über die Mitte des 20. Jahrhunderts hinaus – und erheblichen Ausstrahlung weit ins Hochstift resp. Bistum hinein gehörte die vom zeitigen Propst des St. Maurititiusstifts und späteren Hildesheimer Bischofs Otto von Wohldenberg (1319–1331) initiierte sog. Goldene Messe

> »zur Ehre Gottes und zur Verehrung seiner ruhmreichen Mutter, zu der auf ewige Zeit alljährlich am Samstag nach der ›Meintwoche‹ – der mit Michaelis am 29. September beginnenden Woche – ungeachtet irgendeines anderen eventuell auf diesen Tag fallenden Festes die Angehörigen der Klöster und Stiftskirchen in Hildesheim und derjenigen, die außerhalb der Stadt, aber ›bei ihren Mauern‹ lagen, in der Domkirche zusammenkommen sollten«.[35]

Den religiösen »Zweck« definierte Otto von Wohldenberg dahingehend, dass

> »wenn der Gottesdienst in dieser unserer Kirche unterlassen oder weniger fromm und ehrerbietig zelebriert worden sein sollte, dieser Mangel durch die Teilnahme so vieler guter Männer und ihr frommes Gebet ausgeglichen werde und dass die selige Jungfrau, die Königin der Barmherzigkeit, bei ihrem Sohn durch ihr machtvolles Gebet großzügig eintrete für die Erhaltung und den Schutz und die eifrige Ausführung der guten Werke unserer Domkirche und der ihr Angehörenden.«[36]

Ebenso sollte die Gottesmutter um Fürsprache angesichts von Nachlässigkeiten und Verfehlungen der Kloster- und Stiftskirchen, der einzelnen Priester und des gesamten Volkes der Stadt und Diözese Hildesheim angerufen werden: Die »Goldene Messe« war also eine

Kasel für die Feier der »Goldenen Messe« von 1315

Art Sühneleistung für »unvollständige« und »unandächtige« Gottesdienste, weswegen sie auch ausschließlich durch den jeweiligen Bischof zelebriert werden durfte.

Besondere Bedeutung im liturgischen resp. volksfrommen Leben des Bistums Hildesheim besaß und besitzt das Gründungsreliquiar, das immer wieder

> »im Dome und außerhalb in feierlicher Prozession mit hoher Feierlichkeit einhergetragen wurde. Der Subkustos des Domes hatte an den Vorabenden der höheren Feste und an den Marienfesten eine Andacht zu halten, und am Schlusse derselben gab er mit dem Reliquiar die Benediktion. [...] Die Reliquienkapsel wurde auch zu Pferde nach auswärts getragen; und zwar nicht nur bei einzelnen wichtigen Anlässen, sondern auch in regelmäßig wiederkehrender Prozession.«[37]

Mittels einer Urkunde vom 4. April 1275 verlieh Bischof Otto I. (1260–1279) denjenigen Diözesanen einen Ablass, die – so Adolf Bertram in seiner Bistumsgeschichte –

> »in wahrer Reue ihrer Sünden und nach abgelegter Beichte ›in Demut und Frömmigkeit teilnehmen an den alljährlichen gottesdienstlichen Zusammenkünften, welche bei der Übertragung der Reliquien Unserer lieben Frau auf einzelne umliegende Dörfer gemäß alte Gewohnheit der Hildesheimischen Kirche aus ehrfurchtsvoller Andacht zu Unserer lieben Frau stattzufinden pflegen‹. Das ist eine der schönsten und sinnreichsten Prozessionen, die das deutsche Mittelalter kennt. Aus dem stillen Heiligtum des Domes, aus dem Herzen des Bistums, zieht die Gottesmutter, mit ihrem Segen gegenwärtig in dem ehrwürdigsten aller Schätze des Domes, hinaus in die Stadt und die umliegenden Dörfer. [...] So ward durch eine sinnige gottesdienstliche Feier Jahr aus Jahr ein das enge Band erneuert, das die einzelnen Pfarrkirchen im Bistum mit der Mutterkirche, dem Dome verbindet.«[38]

Eine sinnfälligere Beschreibung oder vielmehr Erklärung der besonderen Bedeutung des Hildesheimer Mariendoms für das Bistum Hildesheim und seine Gemeinden bzw. Diözesanen kann es eigentlich nicht geben ...

Erhebliche Veränderungen erfuhr das Bistum Hildesheim im 16. Jahrhundert durch die sog. Stiftsfehde und die Reformation. Als

Zeichnung des Gründungsreliquiars des Bistums Hildesheim von 1840

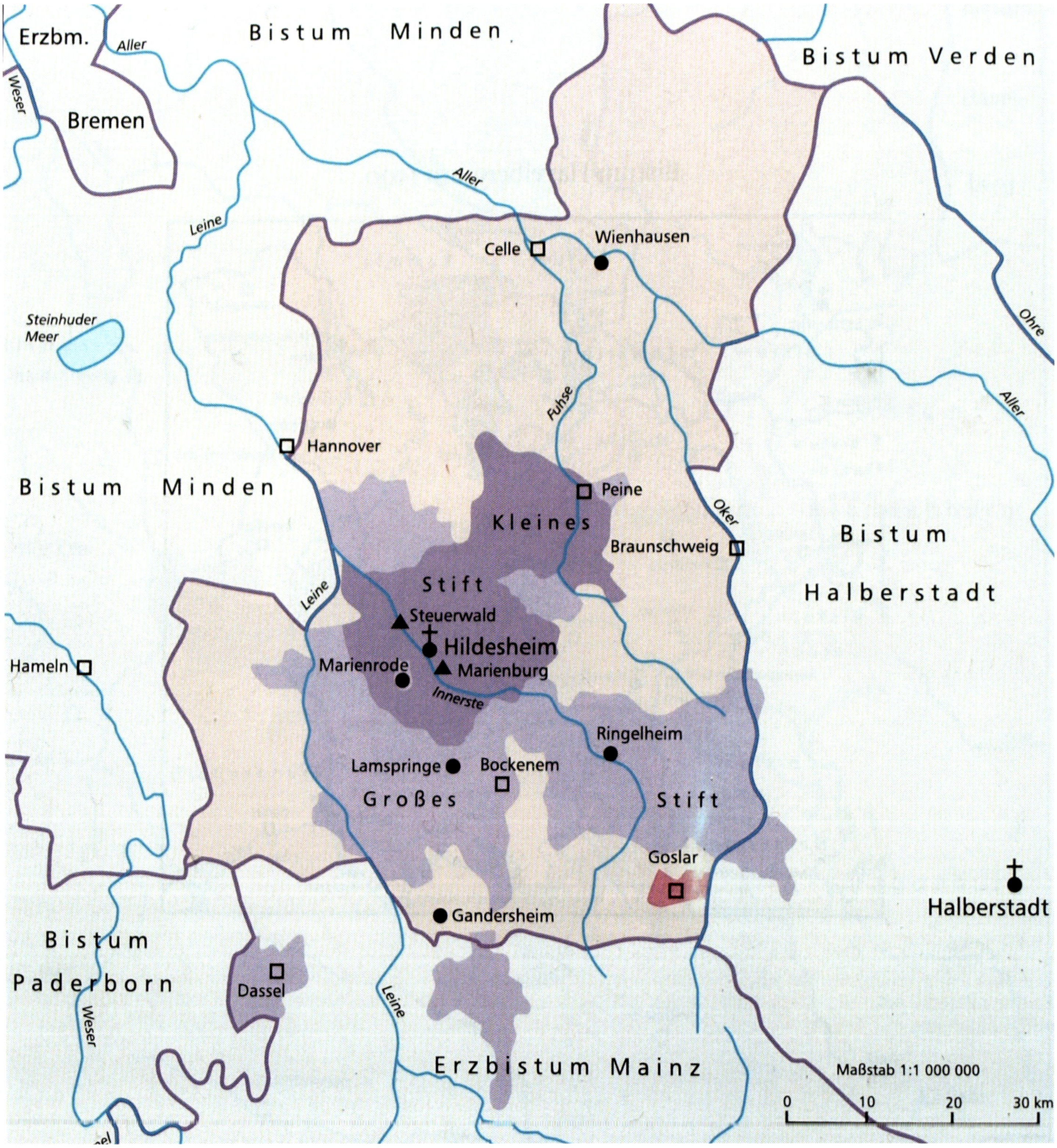

Bistum und Hochstift Hildesheim um 1523

Ergebnis der 1519 begonnenen Stiftsfehde musste der Hildesheimer Bischof 1523 den größten Teil seines Territoriums an die Welfen abtreten: Lediglich im »Kleinen Stift«, in den Städten Hildesheim und Peine sowie den Ämtern Marienburg, Steuerwald, Peine und der Dompropstei mit ihren insgesamt 90 Dörfern konnte er sich behaupten; die politische Zuständigkeit für das »Große Stift« erhielt er erst 1643/48 zurück.[39] Durch die Reformation, die seitens des Hildesheimer Magistrats in der Stadt Hildesheim 1542 eingeführt wurde, blieben in Hildesheim selbst lediglich das Domkapitel sowie die Benediktinerabteien St. Michael und St. Godehard, die Kollegiatstifter St. Mauritius, Zum Hl. Kreuz, St. Andreas, St. Johannis, das Augustinerchorherrenstift St. Bartholomäus zur Sülte, die Klöster der Kartäuser und der büßenden Schwestern zu St. Magdalenen und das Kanonikerstift im Schüsselkorb katholisch. Geradezu existentiell für den Weiterbestand des Bistums Hildesheim als katholisches Bistum – die umliegenden Bistümer Verden, Halberstadt und Minden wurden säkularisiert – war dabei der Erhalt des Hildesheimer Mariendoms als Ort katholischen Gottesdienstes: Der 815 begründete Ausgangspunkt des Bistums Hildesheim blieb bestehen, wohingegen etwa die durch Bischof Bernward errichtete St. Michaeliskirche als »inoffizielles Nebenzentrum« des Bistums Hildesheim resp. »Konkurrenzkirche« des Domes der katholischen Konfession verlustig ging. Und wie schon in den Anfängen des Bistums Hildesheim: Sein (Weiter-) Bestand bedurfte einer doppelten Rückendeckung, nämlich der Anbindung an die Wittelsbacher als katholisch-politischer Machtfaktor im sich konfessionell differenzierenden Reich sowie der Übernahme und Weiterführung der Domschule durch die Jesuiten, die in vielerlei Hinsicht eine Art Gegenpol zur Theologie der

Burchard von Oberg, Bischof von Hildesheim 1557–1573

Reformation entwickelten und pflegten.[40] Anders als nach der Gründung des Bistums Hildesheim zu Beginn des 9. Jahrhunderts kam es allerdings jetzt zu keinen größeren Missionierungs- bzw. Rekatholisierungsaktiväten: Die differenten konfessionellen Verhältnisse wurden im Hochstift/Bistum Hildesheim im 17./18. Jahrhundert nicht wirklich infrage gestellt, mit der Sicherung des »status quo« waren Bischof, Domkapitel und Diözesane im Wesentlichen zufrieden.

Aufgrund der nur sporadischen persönlichen Anwesenheit der Bischöfe aus dem Hause Wittelsbach, die durchgängig auch bzw. zuvörderst das Erzbistum Köln sowie die Bistümer Lüttich, Münster, Paderborn und Osnabrück leiteten und sich im Bistum Hildesheim zumeist durch Weihbischöfe vertreten ließen, übernahm in zunehmendem Maß das Hildesheimer Domkapitel die Verantwortung für den Dom, wobei jetzt – anders als vor der Reformation – die überwiegende Mehrzahl der Hildesheimer Domkapitulare nicht mehr aus dem Bistum selbst, sondern aus dem Rheinland und Westfalen kamen.[41] Durch seine Funktion als erster Landstand und interimistische Landesverwaltung bei Sedisvakanz des Hildesheimer Bischofsstuhls sowie durch das Recht der Wahl des neuen Bischofs besaß das Domkapitel wesentlichen Anteil an der geistlichen, politischen und wirtschaftlichen Verwaltung des Hochstifts/Bistums Hildesheim.

Wirkliche Strahlkraft konnte der Hildesheimer Dom unter diesen Rahmenbedingungen zwischen der Reformation, dem Quedlinburger Rezess resp. dem Westfälischen Frieden und der Säkularisation – also vom frühen 16. bis ins frühe 19. Jahrhundert – nicht entwickeln. Dies änderte sich erst wieder nach der vor allem durch die Französische Revolution angestoßenen und durch den Wiener Kongress 1814/15 Wirklichkeit gewordene völlige Neuordnung Europas sowie die ihr folgende Neustrukturierung der Kirchenorganisation im deutschsprachigen Raum. Für das Bistum Hildesheim, dessen staatlich-politische Souveränität nach 567 Jahren mit der Besetzung des Hildesheimer Domhofs durch preußische Truppen am 3. August 1802 geendet hatte, erließ der Heilige Stuhl am 26. März 1824 die Zirkumskriptionsbulle »Impensa Romanorum Pontificum«, die durch den hannoverschen König als neuer Landesherr am 20. Mai 1824 anerkannt wurde; ihre Fortführung fand diese Vereinbarung im Preußenkonkordat von 1929, das seinerseits durch das Reichskonkordat von 1933 und das Niedersachsenkonkordat von 1965 weiterentwickelt worden ist.[42]

Gewissermaßen »Konstitutivum« des Hildesheimer Mariendoms im »neuen« Bistum Hildesheim war seitdem – und ist es immer noch – die in ihm verortete Weihe bzw. Amtsübernahme eines neuen Bischofs wie auch die Einführung eines neuen Domkapitulars, wobei sich beide Ämter zunehmend im positiven Sinn »verkirchlichten« und – nach dem Verlust ihrer jeweiligen politischen Kompetenzen – auf die kirchlichen Grunddienste

Siegel von Ernst von Bayern, Bischof von Hildesheim 1573–1612

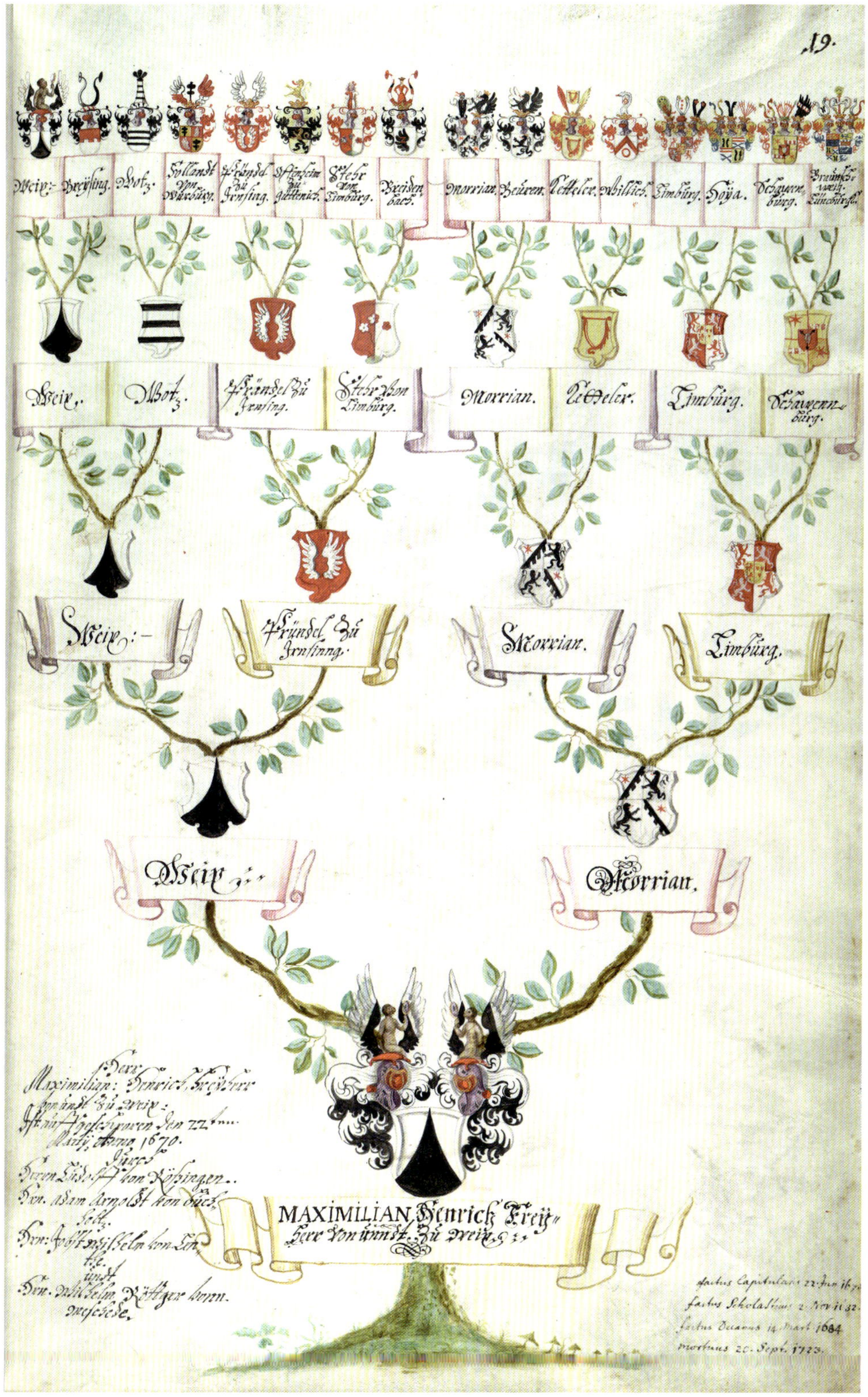

Stammbaum des Hildesheimer Domkapitulars Maximilian Heinrich Josephs von Weichs, erstellt anlässlich seiner Aufnahme ins Hildesheimer Domkapitel im Jahre 1703

Gott der Schöpfer allein ist Herr über Leben und Tod. Niemand darf einen unschuldigen Menschen töten außer im gerechten Krieg oder in unabwendbarer Notwehr. Ach, welche Folgen doch der Unglaube zeitigt! Hier liegen die Früchte der Ablehnung des Christentums vor unseren Augen.«[47]

Und natürlich war und ist der Hildesheimer Dom ein Ort gottesdienstlicher Tradition und Kontinuität: In keiner anderen Kirche im Bistum Hildesheim gab und gibt es seit der »Neuaufstellung« des Bistums zu Beginn des 19. Jahrhunderts ein so umfangreiches gottesdienstliches Angebot – in keiner anderen Kirche im Bistum Hildesheim wurden und werden so viele »große«, die Gläubigen von Cuxhaven bis Hannoversch Münden bzw. von Hameln bis Helmstedt gemeinsam ansprechende Gottesdienste gefeiert wie im Dom. Zu diesen besonderen Gottesdiensten gehören u. a. die »Hedwigwallfahrt«, deren Anfänge bis ins Jahr 1945 zurückreichen, als eine – zugegeben – kleinere Zahl vornehmlich aus Schlesien vertriebener Katholiken am Fest Mariä Himmelfahrt zum Hildesheimer Dom pilgerte: Obwohl der Dom noch in Schutt und Asche lag, welch Symbolik, welche Anziehungskraft wird hier deutlich. »Was auch kommen mag, wir halten stand, treu unserem Glauben, treu dem Heimatland«: So lautete das Motto der ersten Großwallfahrt der Flüchtlinge und Heimatvertriebenen – etwa 2/3 der damals rund 700.000 im Bistum Hildesheim lebenden Katholiken stammte aus Schlesien, dem Neisser und Glatzer Land sowie aus dem Ermland und Danzig – zum Hildesheimer Dom am 16. August 1953, zu der auch Bundeskanzler Dr. Konrad Adenauer nach Hildesheim kam: »Geistiges Geborgensein für alle Heimatlosen im Hause ihres Gottes und ihrer Kirche« wollte die Wallfahrt geben, was ihr u. a. durch das Aufgreifen schlesischer Lieder und Gebete sowie eine predigtliche »Erinnerung« auch gelang.[48] Nach Wiederaufbau und Neuweihe des Hildesheimer Domes im Jahr 1960 durch Bischof Heinrich Maria Janssen (1957–1982) wurde die Wallfahrt von der St. Godehardi-Kirche, die bereits Ende der 1940er-Jahre (1949) eine Reliquie der schlesischen Landesheiligen Hedwig erhalten hatte, in den Dom verlegt und hier 1967 anlässlich der 700-Jahrfeier der Heiligsprechung Hedwigs vom Hochfest der Aufnahme Mariens in den Himmel in den Oktober verschoben, weil der 15. August ja auch der »Geburtstag« des Bistums Hildesheim ist.[49] Und auch wenn es heute nicht mehr 2.000 Ka-

Joseph Godehard Machens, Bischof von Hildesheim 1834–1856

tholiken schlesischer Herkunft sind: Immer noch kommen rund 800–1000 Menschen am Hedwigfest nach Hildesheim, um hier gemeinsam Gottesdienst zu feiern und sich ihrer familiären resp. eigenen Wurzeln zu vergewissern; wobei die durch die heilige Hedwig im 12. Jahrhundert vorgelebte Verbindung Deutschlands resp. Bayerns und Schlesiens resp. Polens stets als »Mutmacher« für ein friedliches, vereinigtes Europa angesprochen wurde und wird, so etwa durch Weihbischof und Domdechant Hans-Georg Koitz im Jahr 2002.

Besondere Anziehungskraft für die jungen Katholiken im Bistum Hildesheim besitzt die sog. Chrisammesse, in der die für Taufen, Firmungen, Priesterweihen und Krankensalbungen benötigten heiligen Öle durch den Bischof geweiht werden. Über viele Jahrzehnte hinweg waren die heiligen Öle nach ihrer Weihe im Dom mittels Boten bzw. eigens hierfür nach Hildesheim gekommene Pfarrer und Kapläne in die Gemeinden gebracht worden, bevor Bischof Dr. Josef Homeyer 1986 einen neuen Weg einschlug: indem er jetzt die Jugendlichen des Bistums zur Chrisam-Messe in den Dom einlud und mit ihnen Eucharistie feierte.[50] Das Ganze entwickelte sich relativ rasch zu einem großen Glaubensfest der Jugend, mit Jahr für Jahr 2.000–3.000 Teilnehmern zuzüglich einer meist erheblichen Zahl Priester, die im Rahmen dieses Gottesdienstes dem Bischof gegenüber ihr Weiheversprechen erneuerten und erneuern. Die Predigt des Bischofs war und ist stets grundsätzlich und ermutigend, auf die Zukunft ausgerichtet: »Mein Traum ist es, dass Gemeinde zu einer Gemeinschaft von kleinen Gemeinden wird, die nach Jesus fragen«, so Bischof Homeyer in seiner Predigt 1988. Und ein Jahr später: »Sprecht von Gott, wenn ihr gefragt werdet, aber lebt auch so, dass ihr gefragt werdet.«[51]

Auf ein immer positiveres Echo stößt in der jüngsten Zeit schließlich die erstmals im Januar 1997 durchgeführte sog. Sternsinger-Dankmesse, zu der Jahr für Jahr zig kleine Könige aus dem ganzen Bistum nach Hildesheim kommen, um im Dom mit ihrem Bischof einen »großen Gottesdienst« zu feiern. Für Chrisammesse wie Sternsingerdankgottesdienst gilt: Die jungen Menschen erfahren in ihnen Gemeinschaft im Glauben – und zwar an dem Ort, an dem das Bistum Hildesheim gegründet worden ist. Diese Gemeinschaft, diese Erfahrung von »Eigentlich sind wir doch ganz schön viele« nahmen und nehmen sie mit in ihre Heimatgemeinden: sie tut ihnen gut und gibt ihnen Kraft – der Dom als Kraftzentrum des Bistums Hildesheim ...

Der Hildesheimer Dom. Wo alles anfing und womit (fast) alles zusammenhängt: Seit 815 ist der Hildesheimer Mariendom die Kirche, in der die Bischöfe, Domkapitulare, Priester, Ständigen Diakone, Pastoralreferentinnen/-en, Gemeindereferentinnen/-en und Reli-

Heinrich Maria Janssen, Bischof von Hildesheim 1857–1882

gionslehrerinnen/-er – also die »hauptamtlichen Multiplikatoren« des Evangeliums – ihren Auftrag empfangen. Von hier aus gehen sie in die Kirchengemeinden und sonstigen Einrichtungen des Bistums, weswegen er seit 1.200 Jahren das »Kraftzentrum« oder – um Bischof Heinrich Maria Janssen zu zitieren – die »Herzmitte« des Bistums Hildesheim ist.[52]

Anmerkungen

1 Zit. nach Klaus Naß, Fundatio ecclesiae Hildensemensis/Die Gründung der Hildesheimer Kirche, in: Ders. (Bearb.), Mittelalterliche Quellen zur Geschichte Hildesheims, Hildesheim 2006, S. 27–39, hier: S. 32–35.

2 Hans Goetting, Die Hildesheimer Bischöfe von 815 bis 1221 (1227), Berlin/New York 1984, S. 42f. Zum »Gandersheimer Streit« s. S. 29 (Anm. 14).

3 Chronicon Hildesheimense/Die Hildesheimer Bischofschronik, hg. und übersetzt durch Klaus Naß, in: Naß, Quellen (wie Anm. 1), S. 46–109. Zu Bischof Gunthar, dessen Todesjahr quellenmäßig nicht sicher belegt ist, s. Goetting, Bischöfe (wie Anm. 2), S. 46–52.

4 Naß, Fundatio (wie Anm. 1), S. 32f. S. hierzu auch Hans Patze, Niederkirchenwesen, in: Hans Patze (Hg.), Geschichte Niedersachsens. Bd. 1. Grundlagen und Frühes Mittelalter, Hildesheim 21985, S. 689–694.

5 Johan Michael Krâtz, Der Dom zu Hildesheim, seine Kostbarkeiten, Kunstschätze und sonstige Merkwürdigkeiten. Neudruck der Bände 2 und 3 von 1840, Erstdruck von Band 1: Geschichte und Beschreibung des Domes zu Hildesheim, Hildesheim 2013, hier: Bd. 1, S. 9.

Jugendliche bei der Feier der Chrisammesse im Hildesheimer Dom

6 Zu Bischof Altfrid s. Goetting, Bischöfe (wie Anm. 2), S. 84–114; Alfred Pothmann, Altfrid. Bischof und Staatsmann, Mühlheim 1974; Hedwig Röckelein, Altfrid, Gründer des Stifts Essen und international agierender Kirchenmann?, in: Thomas Schilp (Hg.), Frauen bauen Europa. Internationale Verflechtungen des Frauenstifts Essen, Essen 2011, S. 27–64.

7 Fundatio ecclesiae Hildensemensis, cap. 3, zit. nach Adolf Bertram, Geschichte des Bistums Hildesheim. Bd. 1, Hildesheim 1899, S. 43 f.

8 Die Frage nach der »Grundfunktion« des Hildesheimer Doms stand im Mittelpunkt des zweiten Hildesheimer Dom-Kolloquiums am 21. November 2012 in Hildesheim, veranstaltet vom Verein für Geschichte und Kunst im Bistum Hildesheim und vom Dombauverein Hildesheim. Die Kolloquiumsbeiträge sind veröffentlicht in: Thomas Scharf-Wrede (Hg.), Der Hildesheimer Dom. »Kraftzentrum« des Bistums?, Hildesheim 2013.

9 Ebd., S. 45.

10 Der »wundersame Reliquienraub« ist in gewisser Weise das »Gegenstück« zur Gründungslegende des Bistums Hildesheim: Das Bistum wurde an seiner heutigen Stelle errichtet, weil sich das Marienreliquiar nicht aus dem Rosenbusch/Baum entfernen ließ, in den der Kaplan es gehängt hatte – und die Epiphanius-Reliquien wurden durch Bischof Othwin nur deswegen mit nach Hildesheim gebracht, weil sie sich durch ihn von ihrem bisherigen Aufbewahrungsort anheben ließen, was Bischof Othwin als »Zustimmung« des verstorbenen Bischofs von Pavia deutete. S. hierzu u. a. Goetting, Bischöfe (wie Anm. 2.), S. 147–156; Bernhard Gallistl, Epiphanius von Pavia. Schutzheiliger des Bistums Hildesheim, Hildesheim/Bielefeld 2000.

11 Hans-Georg Aschoff, Das Bistum Hildesheim von seiner Gründung bis zur Säkularisation. Ein Überblick, in: Ulrich Knapp (Hg.), Ego sum Hildensemensis. Bischof, Domkapitel und Dom in Hildesheim 815–1810, Petersberg 2000, S. 11–24, hier: S. 12.

12 Ein chronologisches Verzeichnis der Kirchen und Kapellenbauten im Bistum Hildesheim ist immer noch ein Desiderat der landes- und diözesanhistorischen Forschung, weswegen an dieser Stelle auch auf eine Auflistung bzw. Annäherung an eine Auflistung verzichtet werden soll. Zur »Abfolge« der Kirchbauten im Bistum Hildesheim s. u. a. Goetting, Bischöfe (wie Anm. 2); Joseph Machens, Die Archidiakonate des Bistums Hildesheim im Mittelalter. Ein Beitrag zur Rechts- und Kulturgeschichte der deutschen Diözesen, Hildesheim 1920; Hans-Walter Krumwiede (Hg.), Die mittelalterlichen Kirchen- und Altarpatrozinien Niedersachsens, Göttingen 1960; Ders. (Hg.), . Die mittelalterlichen Kirchen- und Altarpatrozinien Niedersachsens. Ergänzungsband, Göttingen 1988; Gerhard Streich, Klöster, Stifte und Kommenden in Niedersachsen vor der Reformation mit einem Quellen- und Literaturanhang zur kirchlichen Gliederung um 1500, Hildesheim 1986.

13 Die Literatur zum Leben und Wirken der Bischöfe Bernward und Godehard ist sehr umfänglich, ein fundierter Überblick findet sich bei Goetting, Bischöfe (wie Anm. 2), S. 166–230, 230–256. Weiterführend ist auch der gemeinsame Katalog der Sonderausstellung des Dom-Museums Hildesheim und des Roemer- und Pelizaeusmuseums zur 1000-Jahrfeier von Bischof Bernward im Jahr 1993: Michael Brandt/Arne Eggebrecht (Hg.), Bernward von Hildesheim und das Zeitalter der Ottonen. 2 Bde., Hildesheim/Mainz 1993. Ungemein aufschlussreich sind auch die – zeitnah entstandenen – Lebensbeschreibungen der beiden Bischöfe: Von Bernward handelt die »Vita Bernwardi« seines Lehrers Thangmar, über Godehard die »Vita Godehardi prior« und die »Vita Godehardi posterior« von Wolfhere.

14 Hans Goetting, Das reichsunmittelbare Kanonissenstift Gandersheim, Berlin/New York 1973.

15 Zur Bernwardtür s. u. a. Michael Brandt, Bernwards Tür, Regensburg 2010.

16 Zur Bernwardsäule s. u. a. Michael Brandt, Bernwards Säule, Regensburg 2009.

17 Zu St. Michaelis s. u. a. Christoph Schulz-Mons, Das Michaeliskloster in Hildesheim. Untersuchungen zur Gründung durch Bischof Bernward 993–1022, Hildesheim 2010; Gerhard Lutz/Angela Weyer (Hg.): 1000 Jahre St. Michael in Hildesheim. Kirche – Kloster – Stifter, Petersberg 2012.

18 Zit. nach Bertram, Bistumsgeschichte 1 (wie Anm. 7), S. 90 f.

19 Zur Baugeschichte des Hildesheimer Mariendoms s. grundlegend Karl Bernhard Kruse, Der Hildesheimer Dom. Grabungen und Bauuntersuchungen auf dem Domhügel 1988 bis 1999. Von der Kaiserkapelle und den Karolingischen Kathedralkirchen bis zur Zerstörung 1945, Hannover 2000.

20 Karl Janicke (Hg.), Urkundenbuch des Hochstifts Hildesheim und seiner Bischöfe. Bd. 1., Leipzig 1896, Nr. 38, S. 27 f., Nr. 67, S. 63–67. Zu den Grenzen des Bis-

tums Hildesheim s. Urkunde Kaiser Heinrich II von 1013, abgedruckt bei Hermann Adolf Lüntzel, Die ältere Diözese Hildesheim, Hildesheim 1837, Nr. VI, S. 349–351.

21 Zur »Klosterlandschaft« des Bistums Hildesheim s. Ulrich Faust (Bearb.), Die Benediktinerklöster in Niedersachsen, Schleswig-Holstein und Bremen, St. Ottilien 1979; Ders. (Bearb.), Die Frauenklöster in Niedersachsen, Schleswig-Holstein und Bremen, Salzburg 1984; Ders. (Bearb.), Die Männer- und Frauenklöster der Zisterzienser in Niedersachsen, Schleswig-Holstein und Bremen, Hildesheim 1994; Wilhelm Machens, Die ehemalige Klosterlandschaft im Gebiet des heutigen Bistums Hildesheim, in: Die Diözese Hildesheim in Vergangenheit und Gegenwart 53 (1985), S. 103–105 (mit 2 Karten); Josef Dolle (Bearb.), Niedersächsisches Klosterbuch. Verzeichnis der Klöster, Stifte, Kommenden und Beginenhäuser in Niedersachsen und Bremen von den Anfängen bis 1810. 4 Bde., Bielefeld 2012.

22 Sigurd Zillmann, Die Welfische Territorialpolitik im 13. Jahrhundert, Braunschweig 1975, hier: S. 25. Allgemein zur Geschichte Niedersachsens bzw. des Bistums Hildesheim in dieser Zeit: Bertram, Bistumsgeschichte 1 (wie Anm. 7), S. 226–244; Ernst Schubert, Niedersachsen nach dem Sturz Heinrichs des Löwen 1180–1252: Eine Epoche des Unentschiedenen und der Suche nach Neuorientierungen; Ders., Grundlagen und Grundfragen der spätmittelalterlichen Geschichte Niedersachsens, beides in: Ernst Schubert (Hg.), Geschichte Niedersachsens. Bd. 2.1. Politik, Verfassung, Wirtschaft vom 9. bis zum ausgehenden 15. Jahrhundert, Hannover 1997, S. 477–653. Zu Bischofs Konrad II. (1221–1246/47) s. Jürgen Wilke/Nathalie Kruppa, Konrad II. von Erbach 1221–1246/47, in: Nathalie Kruppa/Jürgen Wilke (Bearb.), Die Hildesheimer Bischöfe von 1221 bis 1398, Berlin/New York 2006, S. 35–132.

23 Aschoff, Überblick (wie Anm. 11), S. 14.

24 Zit. nach Bertram, Bistumsgeschichte 1 (wie Anm. 7), S. 346.

25 Zu Bischof Gerhard s. Nathalie Kruppa, Gerhard von (Schalks)Berge, in Kruppa/Wilke, Bischöfe (wie Anm. 22), S. 481–604, zur Schlacht bei Dinklar besonders S. 569–573.

26 Zur Geschichte der Archidiakonate im Bistum Hildesheim s. Machens, Archidiakonate (wie Anm. 12).

27 Die Dompropstei umfasste die Dörfer Itzum, Hasede und Lösebeck, hinzu kamen im Laufe der Jahrhunderte noch Adlum, Algermissen, Asel, Borsum, Hönnersum, Hüddesum, Machtsum.

28 Hans-Georg Aschoff, Das Hildesheimer Domkapitel. Grundlinien seiner Entwicklung von 815 bis in die Frühe Neuzeit, in: Thomas Scharf-Wrede (Hg.), Das Hildesheimer Domkapitel. Dem Bistum verpflichtet, Hildesheim 2012, S. 31–41; Ders., Hildesheim. Domstift St. Maria, in: Dolle, Klosterbuch 2 (wie Anm. 21), S. 654–681.

29 Zu den Klostergründungen im Bistum Hildesheim s. insgesamt Dolle, Klosterbuch (wie Anm. 21). Zu den Franziskanern und Dominikanern s. besonders Peter Müller, Bettelorden und Stadtgemeinde in Hildesheim im Mittelalter, Hannover 1995. Zu den Hildesheimer Magdalenerinnen s. Thomas Scharf-Wrede, 700 Jahre St. Magdalenen. Ein Streifzug durch die Geschichte, Hildesheim 1994.

30 Bertram, Bistumsgeschichte 1 (wie Anm. 7), S. 292, 335.

31 Aschoff, Überblick (wie Anm. 11), S. 15.

32 Ebd.

33 Enno Bünz, Die Verehrung des hl. Bernward von Hildesheim im Mittelalter, in: Eva Dolezalova (Hg.), Die Heiligen und ihr Kult im Mittelalter, Prag 2010, S. 371–384.

34 Bertram, Bistumsgeschichte 1 (wie Anm. 7), S. 336 f.

35 Zu Bischof Otto von Wohldenberg s. Nathalie Kruppa, Otto II. von Wohldenberg (1319–1331), in Kruppa/Wilke, Bischöfe (wie Anm. 22), S. 338–387. Zur »Goldenen Messe« s. grundlegend Irmgard Haas, Goldene Messe und Goldenes Huhn. Zur Geschichte einer mittelalterlichen Stiftung am Hildesheimer Dom, in: Die Diözese Hildesheim in Vergangenheit und Gegenwart 68 (2000), S 119–182. Ihren Namen hat die »Goldene Messe davon, dass ihr Stifter Otto von Wohldenberg einem fest umrissenen Teilnehmerkreis nach dem Gottesdienst »pulli charitatis« zukommen ließ: gekochte oder gebratene Hühner ... Von diesem – in den Akten des Bistumsarchivs Hildesheim nachvollziehbaren – Brauch sprach u. a. auch der um 1440 in Hildesheim tätig gewesene Klosterreformator Johannes Busch: Wie alle anderen Prälaten habe er an der »Goldenen Messe« teilgenommen und danach ein ganz wunderbar schmeckendes »Liebeshuhn« erhalten, zubereitet u. a. mit Safran und insofern von leicht goldener Farbe – weswegen diese Messe in Hildesheim »Goldene Messe« hieße ...

36 Thomas Scharf-Wrede, Liturgie(n) im Hildesheimer Mariendom. Von der »Goldenen Messe« zur Chrisam-Messe, in: Ders., Kraftzentrum (wie Anm. 8), S. 32–45, hier: S. 38.

37 Bertram, Bistumsgeschichte 1 (wie Anm. 7), S. 288.

38 Ebd., S. 288f.

39 Zur Hildesheimer Stiftsfehde s. demnächst Thomas Scharf-Wrede, Die Hildesheimer Stiftsfehde 1519–1523 (Erscheinungstermin: 2015, Aufsatz, ca. 20 Seiten). Zum Quedlinburger Rezess bzw. zu den Bestimmungen des Westfälischen Friedens von 1648 bezüglich der politisch und konfessionellen Struktur des Bistums/Hochstifts Hildesheim s. Hans-Georg Aschoff, Der Katholizismus zwischen Reformation und Säkularisation, in: Hans Patze (Hg.), Geschichte Niedersachsens. Bd. 3.2. Kirche und Kultur von der Reformation bis zum Beginn des 19. Jahrhunderts, Hildesheim 1983, S. 217–260; Ders., Das Hochstift Hildesheim und der Westfälische Frieden, in: Die Diözese Hildesheim in Vergangenheit und Gegenwart 66 (1998), S. 229–269.

40 Zu den Wittelsbachern auf dem Hildesheimer Bischofsstuhl s. die jeweiligen Biographien bei Erwin Gatz (Hg.), Die Bischöfe des Heiligen Römischen Reiches. Bd. 3, 1648–1803, Berlin 1990. Zum Gymnasium Josephinum s. Bernhard Gerlach/Hermann Seeland, Geschichte des Bischöflichen Gymnasium Josephinum. Bd. 1, Hildesheim 1950, S. 1–15; 400 Jahre. Festschrift zur Geschichte der Schule seit der Übernahme durch die Gesellschaft Jesu (1595–1995), hg. vom Bischöflichen Gymnasium Josephinum. 2 Bde., Hildesheim 1995.

41 Zu den Hildesheimer Weihbischöfen s. Hans-Georg Aschoff, Weihbischöfe in Hildesheim vom späten Mittelalter bis zur Säkularisation, in: Friedhelm Jürgensmeier (Hg.), Weihbischöfe und Stifte. Beiträge zu reichskirchlichen Funktionsträgern in der Frühen Neuzeit, Frankfurt 1995, S. 66–90. Zum Hildesheimer Domkapitel s. Alexander Dylong, Das Hildesheimer Domkapitel im 18. Jahrhundert, Hannover 1997; Peter Marmein/Thomas Scharf-Wrede (Hg.), Kirche und Adel in Norddeutschland. Das Aufschwörungsbuch des Hildesheimer Domkapitels, Regensburg 2011.

42 Zur Säkularisation von 1803ff. s. Thomas Scharf-Wrede (Hg.), Umbruch oder Übergang? Die Säkularisation von 1803 in Norddeutschland, Hildesheim 2004. Zur Neuorganisation des Bistums Hildesheim in der ersten Hälfte des 19. Jahrhunderts s. Hans-Georg Aschoff, Das Verhältnis von Staat und Katholischer Kirche im Königreich Hannover (1813–1866), Hildesheim 1976.

43 Zur »Neuausrichtung« der Aufgaben resp. des Selbstverständnisses der der Hildesheimer Bischöfe und des Hildesheimer Domkapitels im 19. Jahrhundert s. passim Aschoff, Königreich Hannover (wie Anm. 42) sowie ebenfalls passim Thomas Scharf-Wrede, Das Bistum Hildesheim 1866–1914. Kirchenführung, Organisation, Gemeindeleben, Hannover 1995. Als Überblick über die Entwicklung des Bistums Hildesheim im 19. Jahrhundert insgesamt sei verwiesen auf Thomas Scharf-Wrede, Das Bistum Hildesheim im 19. Jahrhundert, Straßburg 1999.

44 Vgl. hierzu den Beitrag von Markus Güttler in diesem Band.

45 Zum Hildesheimer Diözesanklerus im 19./20. Jahrhundert s. Hans-Georg Aschoff, Zur Entwicklung des Pfarreiwesens und des Diözesanklerus im Bistum Hildesheim im 19. und 20. Jahrhundert, in: Die Diözese Hildesheim in Vergangenheit und Gegenwart 53 (1985), S. 117–123; Thomas Scharf-Wrede, Zum Hildesheimer Weltklerus zwischen 1800 und 1939, in: Römische Quartalschrift 88 (1991), S. 397–420; Ders., Der Hildesheimer Diözesanklerus und seine Ausbildung im 19. und 20. Jahrhundert, in: Jahrbuch für Geschichte und Kunst im Bistum Hildesheim 79/80 (2011/12), S. 397–411.

46 S. hierzu auch Scharf-Wrede, Liturgien (wie Anm. 36).

47 Zit. nach Thomas Scharf-Wrede, Das Bistum Hildesheim im 20. Jahrhundert, Straßburg 2001, S. 17. Zu Bischof Joseph Godehard Machens s. Hermann Engfer, Joseph Godehard Machens, Hildesheim 1976; Hans-Georg Aschoff, Joseph Godehard Machens, in: Erwin Gatz (Hg.), Die Bischöfe der deutschsprachigen Länder 1785/1803 bis 1945, Berlin 1993, S. 467–470.

48 Zur Geschichte des Bistums Hildesheim nach 1945 s. Hans-Georg Aschoff, Katholische Kirche in Niedersachsen nach 1945, in: Jahrbuch der Gesellschaft für niedersächsische Kirchengeschichte 91 (1993), S. 211–238; Renate Kumm Das Bistum Hildesheim in der Nachkriegszeit: Untersuchung einer Diaspora-Diözese vom Ende des Zweiten Weltkriegs bis zum Weiten Vatikanischen Konzil (1945–1965), Hannover 2002; Scharf-Wrede, 20. Jahrhundert (wie Anm. 47), S. 25–50. Für das Folgende s. Scharf-Wrede, Liturgien (wie Anm. 36), S. 42f.

49 Zu Bischof Heinrich Maria Janssen s. Thomas Scharf-Wrede (Hg.), Heinrich Maria Janssen. Bischof von Hildesheim 1957–1982, Regensburg 2008.

50 Zu Bischof Dr. Josef Homeyer s. Michael Lukas, Josef Homeyer (1929–2010). Priester, Bischof, Europäer, Regensburg 2013.

51 Zit. nach Scharf-Wrede, Liturgien (wie Anm. 36), S. 43.

52 Ebd., S. 44.

Die archäologischen Ausgrabungen im Hildesheimer Dom

Einleitung

Das Bistum Hildesheim und der Mariendom feiern im Jahre 2015 ihr 1.200-jähriges Bestehen. Das Festhalten am Standort des Hauptaltares einer Kirche durch die Geschichte hat sein berühmtestes Vorbild im Petersdom in Rom. Über dem Grab des Apostels Petrus wurde immer wieder zwar das Aussehen des Altares verändert, der Standort ist jedoch unverrückt beibehalten worden. In Hildesheim gab es um die Wende vom 8. zum 9. Jahrhundert, als, durch Kaiser Karl d. Großen gefördert, die Missionsarbeit bei den Sachsen ihren Höhepunkt erreichte, keine christlichen Märtyrer, über deren Gräber eine Kathedrale gebaut werden konnte. Ludwig d. Fromme, der Sohn Karls d. Großen, musste für seine Bistumsgründung auf dem gut natürlich geschützten Hügel an der Innerste und an dem Kreuzungspunkt zweier wichtiger Fernhandelswege eine Reliquie mitbringen. Die um 1080 verfasste Gründungslegende weist dann auch ausdrücklich daraufhin, dass die Gottesmutter Maria sich selbst diesen Ort ausgesucht hat, indem sich wie durch ein Wunder ihr Reliquienbehältnis nicht mehr von einem Baum abnehmen ließ, an den es ein Priester für eine Messe unter freiem Himmel hatte aufhängen lassen. Mit großer Wahrscheinlichkeit stammt das heute noch im Dommuseum Hildesheim aufbewahrte Gründungsreliquiar aus dieser Zeit.

Friedhof auf dem Domhügel an der Fernstraße

Wenn die Gründungslegende schreibt, dass auf dem Domhügel nur Wald war und die Gegend ausschließlich zur Jagd dienen konnte, entspricht dies nicht der historischen Wahrheit und dem archäologischen Befund. In der Grabung in den Jahren 2009 bis 2013 als Vorbereitung und archäologische Begleitung der Domsanierung wurde ein Friedhof angetroffen, der schon vor 815 belegt worden sein muss. Am Südhang des Hügels, südlich des Fernhandelsweges, befand sich ein Friedhof mit schon nach christlicher Sitte westöstlich ausgerichteten Gräbern, in denen jedoch Menschen bestattet worden sind, denen persönliche Ausstattungsstücke wie Messer, Gürtel und eine Glasperlenkette mitgegeben wurden. Ganz unerwartet konnten auch noch drei kleine Steingebäude aufgedeckt werden, die an

Blick in die Ausgrabungen im Mittelschiff

Grabungsfoto, Frau mit Perlen

Grabungsfoto, Steinfundament cella memoria in Antoniuskirche

cellae memoriae erinnern und im ehemalig römisch verwalteten linksrheinischen Gebiet nichts Besonderes wären, in Sachsen bisher jedoch noch keine Parallele haben. Dieser Friedhof wurde vom ersten Bischof Gunthar (815–834) rigoros überbaut. Eine besonders sorgfältig aus Sandsteinquadern errichtete Cella bezog er in seine Bischofskirche mit ein. Wahrscheinlich gehörte dieser Friedhof zum »Heim« (Hof, Ortschaft) des Hilduin, dem Namensgeber dieser Siedlung, die jedoch auf dem Domhügel bisher archäologisch nicht nachgewiesen werden konnte.

Die Kaiserkapelle Ludwig d. Frommen und die Bistumsgründung (Legende)

Als eines der letzten Bistümer in Sachsen wurde Hildesheim im Jahre nach dem Tode Kaiser Karls d. Großen 814 von seinem Sohn Ludwig. d. Frommen gegründet und als erster Bischof Gunthar (815–834) eingesetzt. Nach der Gründungslegende errichtete der Kaiser selbst an der Stelle des Reliquienwunders auf dem Domhügel, wo die Marienreliquie sich nicht vom Zweig des Baumes abnehmen ließ, eine Kapelle und schenkte die Marienreliquien aus dem Aachener Domschatz dem jungen Bistum. Aus dem Baum in der *Fundatio* ist dann im Laufe der Geschichte der Tausendjährige Rosenstock geworden, die heute noch an der Apsis wächst und jedes Jahr viele Hundert weißrosa Blüten trägt.

Westlich vor dieser Kapelle wurde nun ein neuer Friedhof angelegt, in dem die Toten in sauber ausgerichteten Reihen westöstlich lagen und keinerlei Beigaben oder persönliche Ausstattungsstücke mehr bei sich hatten. In der *Fundatio* wird weiterhin berichtet, dass später Bischof Altfrid über die Kaiserkapelle seinen Dom baut und den Standort des ersten Altars genau übernimmt. Unter den Fundamenten des Altfriddomes ist in der Krypta ein um ein Drittel breiteres Fundament angetroffen worden, als für seinen Bau notwendig war, das als Fundament der Kaiserkapelle interpretiert werden kann. Die sorgfältig aus sehr großen langen Sandsteinquadern im Eckverband hergestellten Fundamente und die ohne Einzug anschließende Apsisrundung können zu einem innen ca. 50 m² großen Raum mit vermutlich überwölbter Apsiskalotte rekonstruiert werden. Die gewaltige Fundamentdicke von 1,50 m hätte auch für eine Überwölbung des fast quadratischen Schiffes gereicht, doch gibt es keine Vergleichsbeispiele aus dieser Zeit. In der Apsis im Osten ließ sich eine Ausbruchsgrube eines Altares nachweisen.

Die Kathedralkirche des ersten Bischofs Gunthar

Die kleine, fest gebaute Gründungskapelle hat für die Gottesdienste des Bischofs mit seinen Mitbrüdern sowie für die Gottesdienste mit dem Volk schon bald zu wenig Platz geboten. Deshalb baute Bischof Gunthar eine größere Kirche mit zwei sehr hohen Türmen. Tatsächlich konnte südlich der Kapelle unter dem heutigen Dommuseum und der Sakristei mit

Annenfriedhof

dem angrenzenden Kapitelhaus eine innen 11 m breite und 36 m lange einschiffige Kirche mit geradem Ostabschluss und zwei quadratischen Türmen, die eine schmale Vorhalle einschließen, ergraben werden. Ungewöhnlich an dieser Kirche ist, dass der gerade Ostabschluss in die 2 m dicke Ummauerung des Dombezirks einbindet. Davor bleibt noch ein gut 20 m breiter freier Raum zur Treibe, einem Flüsschen, das den Hügel umgibt, frei.

Auf der Südseite steht im Westen vor dem Turm ein Anbau, der auf die hier angetroffene cella memoria Rücksicht nimmt. Ein entsprechender Annex auf der Nordseite ist auszuschließen. Diese Kirche wurde von den ersten drei Bischöfen für den bischöflichen Gottesdienst genutzt und 872, als Bischof Altfrid seinen Neubau fertiggestellt hatte, aufgegeben, aber nicht abgerissen. Vielleicht waren hier die Goldschmiedewerkstätten untergebracht, wie ein karolingischer Silberbarren, der an dieser Stelle ausgegraben wurde, nahelegt. In den Türmen könnte sich dann die Schreibwerkstatt und evtl. auch die Bibliothek befunden haben.

Der Neubau Bischof Altfrids

Nach dem Tode Bischof Ebos, eigentlich Bischof von Reims und vom Kaiser nach Hildesheim verbannt, wurde Altfrid 851 der vierte Bischof von Hildesheim. Ihm war die Bischofskirche von Gunthar zu schlicht, er mochte ebenfalls wie in Halberstadt oder Paderborn einen größeren, dreischiffigen Dom mit Umgangskrypta als zeitgemäße Kathedrale bauen. Wiederum wurde die Gottesmutter Maria zu Rate gezogen und nach einem dreitägigen Fasten und Beten zeigte sie am Morgen des vierten Tages Bischof Altfrid und seinen Mitbrüdern, dass ihre neue Kathedrale über die bisher freistehende Kaiserkapelle errichtet und sich das Schiff mit dem Querhaus nach Westen anschließen solle. Der Grundriss war durch Raureif für alle sichtbar vorgezeichnet. Von diesem 852 begonnenen und 872 geweihten Dom stehen trotz zweier Brände, einem Neubau und vieler Veränderungen heute noch das Querhaus, der Chor mit der Apsis und der darunterliegenden Krypta auf den Grundfundamenten der Kaiserkapelle. Die beiden Zugänge aus dem ehemals durchlaufenden Querhaus in die Umgangskrypta sind zwar noch in den Portalen und mit dem wohl im Brand von 1046 zerstörten Stucktympanon erhalten, der umlaufende breite und hohe Gang sowie

Grabungsfoto, karolingischer Silberbarren

die Altäre in den Apsidiolen und der runden Scheitelkapelle konnten nur noch in Fundamenten und Ausbruchsgruben dokumentiert werden. Einen guten Eindruck von der Breite und Höhe dieses gewölbten Ganges kann man heute noch in St. Michael im Umgang der Westkrypta erhalten – mit dem einen wichtigen Unterschied: Zur Innenkrypta gab es keine Durchgänge, sondern nur einen Zugang in der Mitte der Apsis.

Vor dem nur leicht erhöhten Vierungschor – auf der Nordseite ist das alte Sockelprofil des karolingischen Vierungspfeilers noch sichtbar erhalten – gab es einen Vorgängerbau der romanischen Confessio, der gewölbt über den Boden herausschaute und von einer profilierten Schranke vom Mittelschiff abgetrennt war. Im selben Bauvorgang wurde genau in der Mittelachse direkt vor dem Schrankenprofil ein sehr sorgfältig aus dünnen Steinplatten hergestelltes Grab gebaut, das nach seiner prominenten Lage nur für den Stifter der Kirche, Bischof Altfrid, gedacht gewesen sein kann. Da Altfrid jedoch in seiner anderen Gründung, dem Stift Essen, dem heutigen Dom des dortigen jungen Bistums, begraben liegt, ist es gut möglich, dass die Knochen aus dem Grab, die in das 9. Jahrhundert datieren, von seinem Vorgänger, Bischof Ebo, stammten.

Grabungsfoto der Scheitelkapelle Altfrid/Hezilo

worden. Die kurzen Zugänge erfolgten direkt von den Seitenschiffen in ein gewölbtes Gangsystem mit sich über den vier Mittelpfeilern kreuzenden Tonnen. Nach Osten gab es einen durch zwei Zungenmauern abgeteilten Raum. Der vorromanische Fußboden aus einem Kalkestrich auf Sandsteinstickung hat sich in weiten Teilen noch erhalten. Der Einbau dieser Westkrypta kann mit der Verbringung der Epihaniusreliquien aus Pavia im Jahr 962 in Zusammenhang stehen, schriftlich belegt ist dies jedoch nicht. Auf der Südseite vor dem Dom baute Bischof Othwin eine Taufkapelle, von der evtl. die rechteckig ummauerte Apsis auf dem Schulhof 1996 ergraben werden konnte.

Die Renovierung Bischof Bernwards, Neubau der Westhalle und die Dommauer

Im Jahre 992 wurde Bernward, vom Kaiser bestimmt, zum Bischof gewählt und vom Mainzer Erzbischof Willigis am 15. Januar 993 in Hildesheim geweiht. Er machte sich tatkräftig daran, das Bistum zu ordnen und vor den Normannen und Slawen zu schützen und schmückte seinen Dom so gut aus, dass die Zeitgenossen annehmen konnten, er hätte einen neuen gebaut. Die meisten seiner Ausstattungsstücke sind zwar 1046 dem Brand zu Opfer gefallen, doch haben sich Reste des farbigen Putzes, des von ihm mit Ziegeln erneu-

Grabungsfoto, karolingisches Nordeingangsportal

erten Fußbodens und Dachziegel mit seinem Namen gestempelt während der archäologischen Untersuchungen in großer Zahl nachweisen lassen. Neben seiner Hauptsorge in den letzten 20 Jahren seiner Amtszeit für seine Neugründung St. Michael im Norden des Domes ließ er den gesamten Domhügel ummauern und planieren, die beiden heute noch vorhandenen Durchgangstore St. Paul und St. Peter errichten und wohl zwölf Rundtürme vor die Mauer bauen. Im Westen des Domes hat er die Krypta und den Westchor etwas verkleinert und umgebaut, damit er hier eine große, breit gelagerte Westeingangshalle bauen konnte, in der die Bronzetüren ihren ersten Aufstellungsort um 1015 gefunden haben. Vor dem großen Westriegel lag eine Vorhalle, wie sie später unter Hezilo ähnlich den Eingang mit der Bronzetür schützte. Die Gussgrube für diese Tür lag vermutlich unmittelbar vor der Eingangshalle, wie Bronzeschlacke und angeziegelter Lehm, der bei den letzten Baggerarbeiten im Jahre 2013 im Zuge der Hofpflasterung dokumentiert werden konnte, anzeigen. Eine gründliche archäologische Untersuchung dieser wichtigen Befunde kann später erfolgen.

Im Todesjahr Bischof Bernwards 1022 war die Klosterkirche St. Michael zwar noch nicht ganz fertig, der Bischofssitz jedoch um die

Grabungsfoto mit Bernwardziegel auf dem Hof

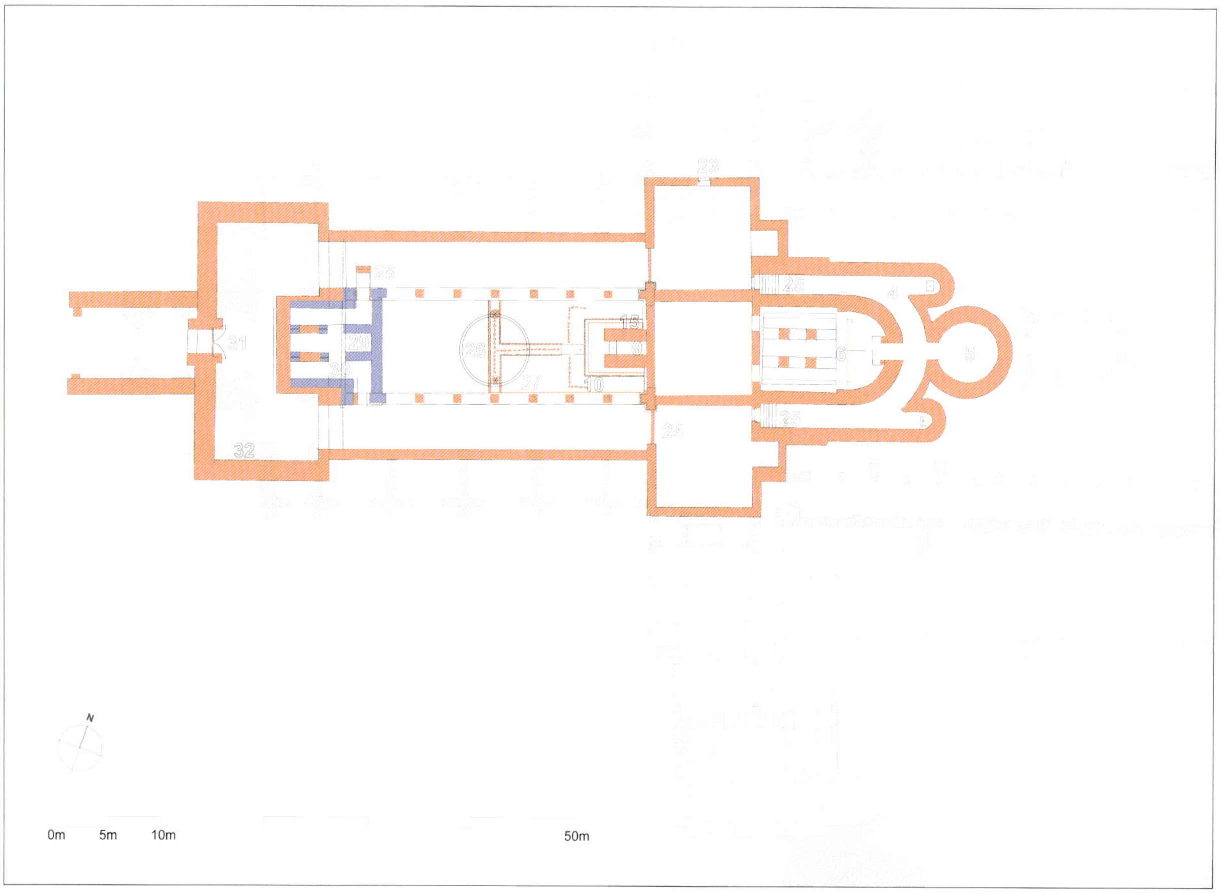

vierfache Fläche vergrößert, ummauert und mit Türmen und Toren gesichert, der Dom vollständig renoviert und ausgeschmückt und mit einer neuen großen Westvorhalle für die Bronzetür mit einem neuen repräsentativen Westeingang aufgewertet.

Das neue Stift Bischof Godehards und das Westparadies mit den Glockentürmen

1022 wurde der etwa mit Bernward gleichaltrige Abt von Niederalteich, Godehard, zum Bischof von Hildesheim gewählt. Auch er baute nicht nur im Bistum viele Kirchen neu, sondern errichtete in seinen ersten vier Amtsjahren südlich des Domes ein Stift, das dem Heiligen Kreuz geweiht war und das er mit ihm nahestehenden Klerikern besetzte. Von dieser Anlage sind einige Fundamente auf dem Schulhof ergraben worden, auch die liegengebliebene Schicht eines abgebrannten Daches mit den zerbrochenen Dachziegeln, die jedoch noch von seinem Vorgänger Bischof Bernward stammten und wohl für St. Michael bestimmt waren, konnten ausgegraben werden.

Im Dom riss er die erst von Bernward umgebaute Westkrypta mit dem Chor und den Westriegel samt Eingangshalle mit dem alten Standort der Bronzetür ab und baute einen

Grundriss Dom zur Zeit Bernwards, Fundamentplan

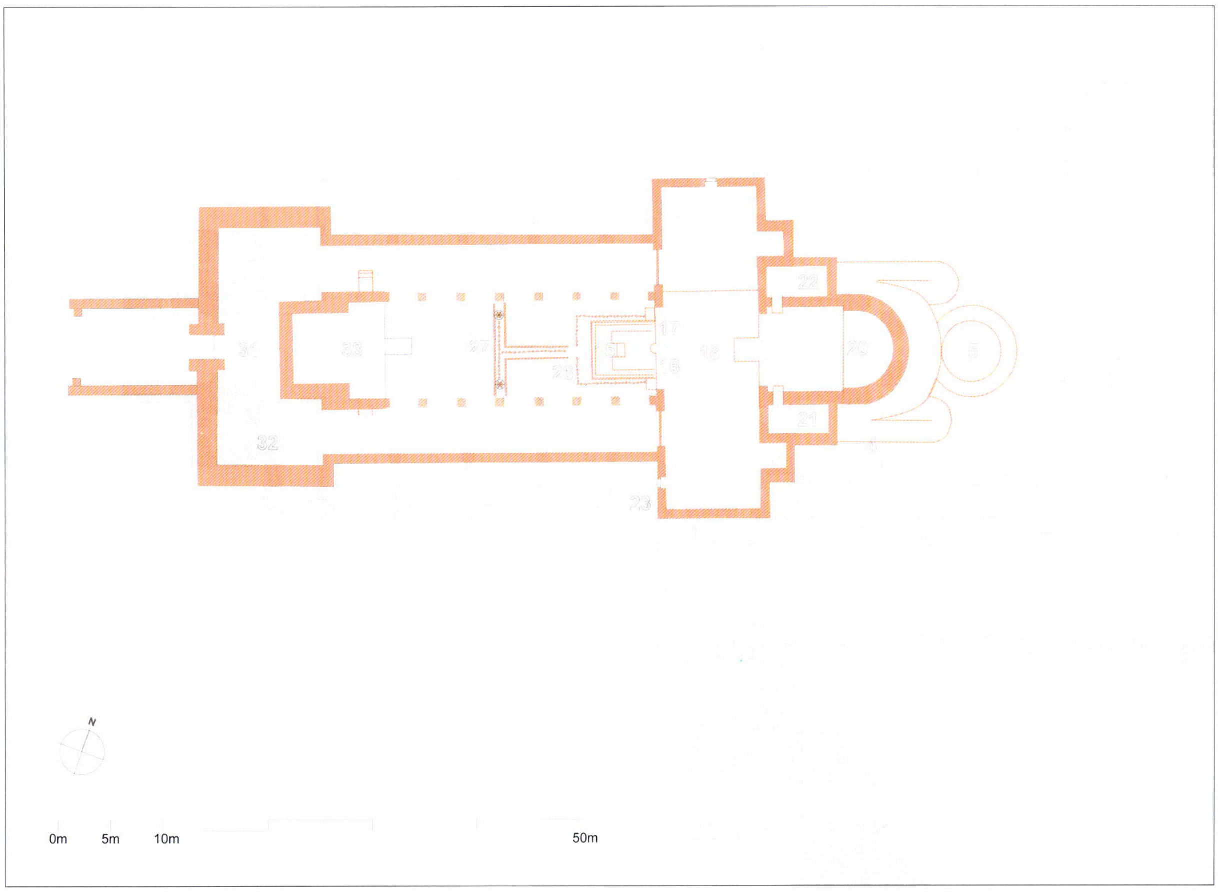

völlig neuen Westdom mit hohen Türmen für ein großartiges Geläut, ein Westparadies mit Säulenhalle und zwei Ecktürmen. Die Bronzetür wurde von ihm unter dem hohen Glockenturm zwischen Mittelschiff und Westeingangsbauten neu aufgehängt, wo sie bis zum Ausbau 1942 im Zuge des Schutzes der Kunst vor Bombenzerstörung im Zweiten Weltkrieg hing. Der großartige Glockenturm hat den Dombrand im Jahre 1046 und die Abbrüche von Bischof Azelin für seinen großen Dom im Westen überstanden und wurde erst in der Mitte des 19. Jahrhunderts von der Doppelturmfassade ersetzt. Als Godehard im Jahre 1038 hoch betagt stirbt, steht der karolingische Altfriddom im Osten unberührt, die Cäcilienkirche ist wohl teilweise verfallen, nur die ehemals hohen Türme sind noch zu erkennen. Im Westen ist jedoch ein völliger Neubau entstanden und die Südseite des Domhofes durch sein Stift komplett zugebaut.

Der Brand im Jahre 1046 und der Neubau Bischof Azelins im Westen

Im Jahre 1044 wurde Azelin Bischof von Hildesheim. Im März 1046 brach in der Wärmestube des Domkapitels ein Brand aus, der sich so stark ausdehnte, dass der Dom, das Dom-

Grundriss Dom zur Zeit Bernwards, Aufgehendes

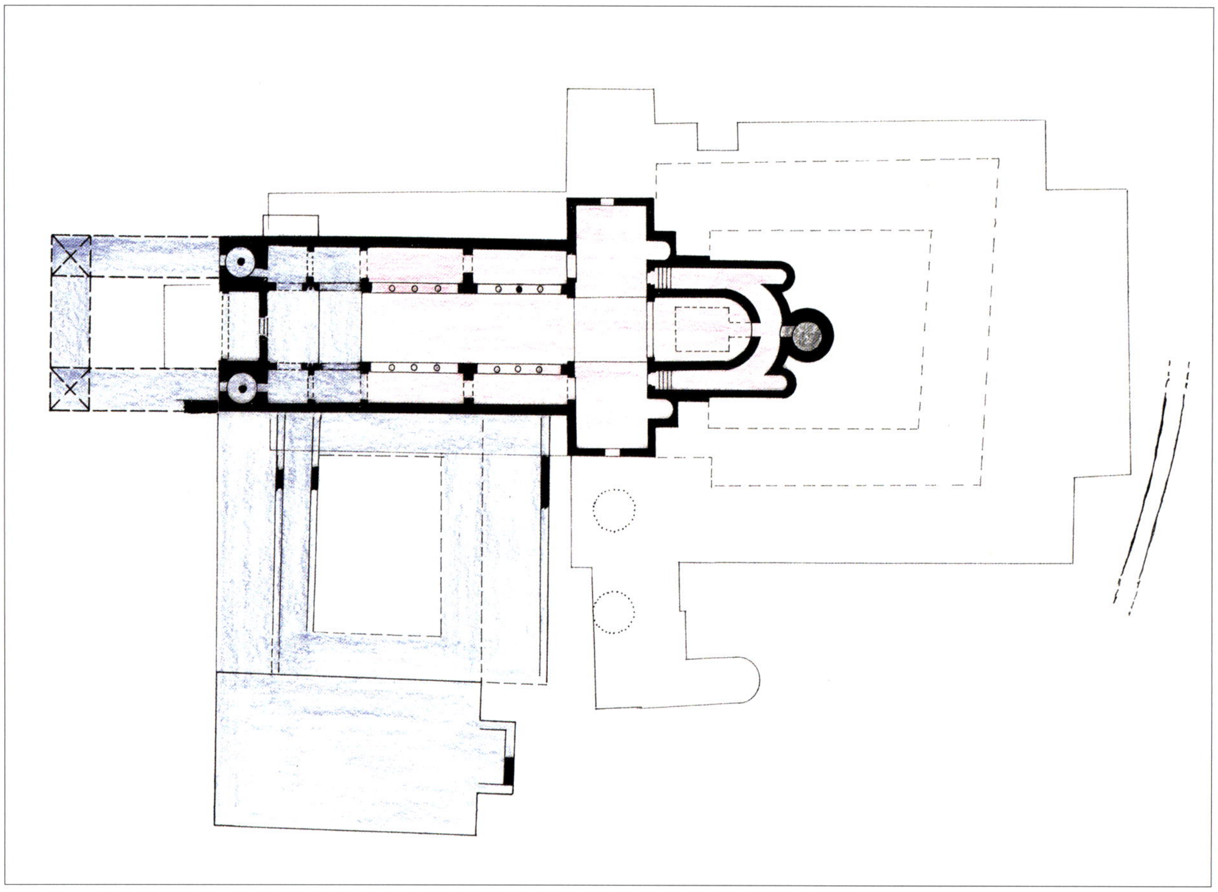

stift und die Domburg bis an die Bernwardsmauer sowie noch weitere Teile des Suburbiums, mit den Wohnungen der Hildesheimer, in Schutt und Asche gelegt wurden. Sandsteine, aus denen die Mauern der Befestigung, der Wohnbauten und Kirchen errichtet waren, brannten nicht, sie wurden von der Hitze rot verfärbt und platzten bei plötzlicher Abkühlung, aber alle hölzernen Dächer, Einbauten und Fachwerkbauten gingen in den Flammen zugrunde. Über dem Mittelschiff des Domes verbrannte das Dachwerk und geschmolzenes Blei der Deckung tropfte in großen Mengen auf den Fußboden. Der alte karolingische Dom hätte ohne Weiteres wieder aufgebaut werden können, zumal das Querhaus, der Ostchor bis auf die Umgangskrypta mit der Scheitelkapelle und die Westbauten Bischof Godehards noch standen. Bischof Azelin wollte jedoch die Chance nutzen, um einen noch größeren, moderneren Dom zu bauen. Von ihm wird nicht überliefert, ob er die Schutzpatronin, die Gottesmutter Maria, um Hilfe anflehte. Vielmehr begab er sich aus Sicht des Schreibers der *Fundatio* ins Unrecht, indem er das komplette Mittelschiff mit den Seitenschiffen abbrechen ließ, um nach Westen einen völlig neuen, breiteren und längeren Dom mit gewaltigen Fundamenten zu bauen. Um Transportkosten für Sandsteine zu sparen, ließ er alle

Grundriss Dom zur Zeit Godehard, Fundamente

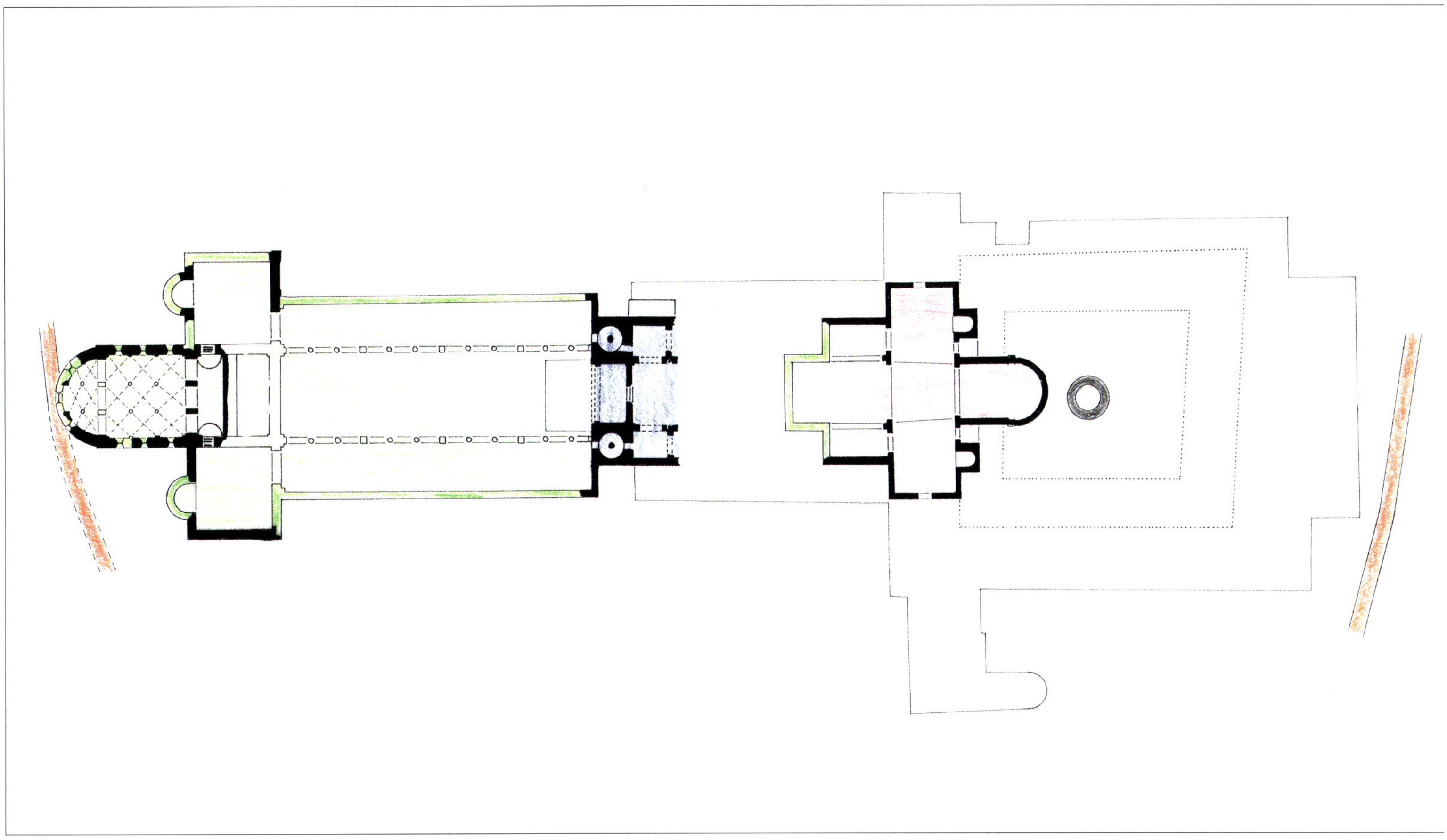

ihm bekannten Fundamente ausgraben und die Steine in seinem Bau wiederverwenden. Für das Chorgebet des Kapitels wurden das Querhaus und der Ostchor notdürftig abgetrennt und neu gedeckt.

Die Bauarbeiten kamen recht zügig voran, Schwierigkeiten bereitete nur der lehmige Westhang zur Treibe und Innerste, hier fiel auch einmal die Südwestecke des Querhauses ein und musste neu errichtet werden. Als das Westquerhaus und das Mittelschiff bis an den Obergarden fertig waren – im Westen stand immer noch der Godehardglockenturm mit der eingebauten Bronzetür von Bischof Bernward –, starb Bischof Azelin 1054 plötzlich und unerwartet, für den Schreiber der *Fundatio* ein eindeutiges Zeichen des Himmels und ein böses Vorzeichen für seine Seele. Die Behauptung von ihm, dass der Azelindom zu schlecht gebaut war und ohnehin nicht hätte fertiggestellt werden können, ist jedoch übertrieben, denn bis heute stehen vom Azelindom sein Querhaus und Chor einschließlich Chorkrypta bis zur zweiten Etage aufrecht im Bischöflichen Generalvikariat mit nur leicht geneigten Mauern.

Grundriss Dom zur Zeit Azelin, Fundamente

Der Wiederaufbau an alter Stelle durch Bischof Hezilo

Im Jahre 1054 wurde Hezilo Bischof von Hildesheim. Er gab den unvollendeten Neubau auf, riss das Mittelschiff wieder ab und holte auch die Fundamentsteine aus dem Boden. Zwischen dem Altfridchor und dem Godehardwestturm wurden an der alten Stelle neue, jetzt breitere, aber unregelmäßig aufgeschichtete Fundamente gelegt und der im Prinzip heute noch aufrecht stehende Dom in seiner Kubatur in nur sechs Jahren hochgezogen. Er übernahm den sächsischen Stützenwechsel von einem Pfeiler und zwei Säulen von St. Michael. Die Vierung wurde jetzt zwei neue Bögen auf Konsolen ausgeschieden und auf die Fußbodenhöhe des Chores angepasst, so dass jetzt auch eine Vierungskrypta eingebaut werden konnte. Dafür mussten die Bischöfe, vor allem Godehard, die bisher in der Vierung zu ebener Erde begraben waren, in die neue Krypta verlegt werden. Die bereits starke Verehrung des Grabes von Godehard wurde durch eine Tumba in der Krypta, die sowohl vom Mittelschiff als auch von den Querhausarmen zugänglich war, erleichtert. Damit auch das im Chor versammelte Domkapitel einen unmittelbaren Kontakt zum Godehardgrab haben konnte, wurde das mittlere Gewölbefeld

Grabungsfoto, Fundamente des Hezilodomes über den karolingischen Bestattungen

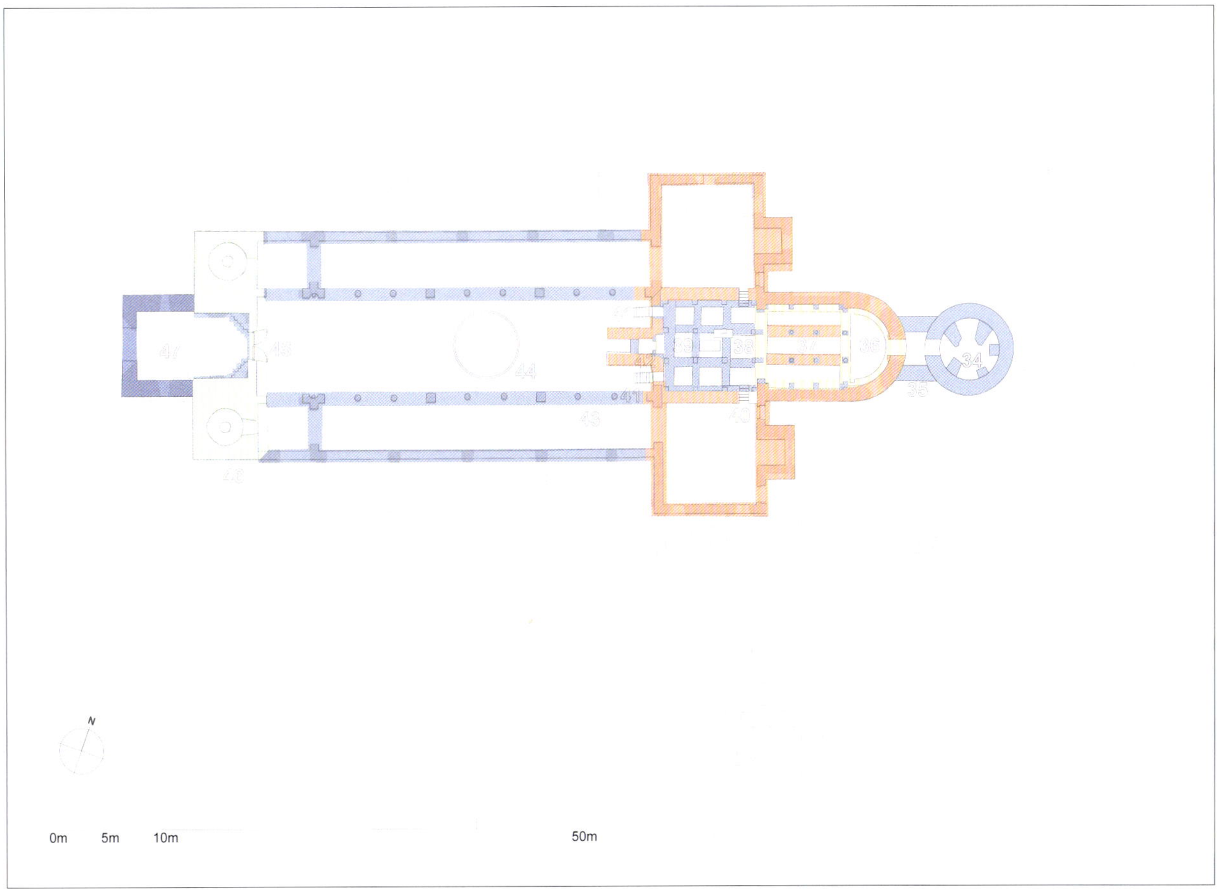

offen gelassen. Die Umgangskrypta wurde nicht wieder aufgebaut und die Scheitelkapelle als Ruine liegen gelassen. Durch den Brand und die vielen Bauarbeiten auf dem Domhof war die alte Oberfläche hochgewachsen, der neue Fußboden des Domes lag gut 30 cm über dem karolingischen etwa auf der Ebene des jetzigen neuen Fußbodens. Auch die noch stehenden Mauern im Osten wurden entsprechend erhöht und bekamen größere rundbogige Fenster, die in etwa den heutigen gleichen.

Im Westen wurde zwischen dem Mittelschiff und der Turmfront ein Zwischenjoch mit Kapellen über den Seitenschiffen gebaut, die auf einem T-Pfeiler mit eingestellter schlanker Säule und Zungenblattkapitell ruhen. Vor dem Hochchor wurde die karolingische Confessio erneuert und zum Mittelschiff abgetrennt, sie war jetzt durch eine schmale Tür von der Vierungskrypta zugänglich. Über ihr stand der Kreuzaltar auf halber Höhe bis 1945. Der den Brand überstandene Thietmarleuchter wurde im Ostchor aufgehängt, ein von Hezilo wohl erst zum Ende seiner Amtszeit gestifteter großer Randleuchter genau in der Mitte des Langhauses, genau dort, wo er jetzt auch wieder hängt. Der Platz unter dem Leuchter war damals frei und ein wichtiger Ort für die Stationen der feierlichen Prozessionen im Dom und Kreuzgang.

Grundriss Dom zur Zeit Hezilos, Fundamente

Die Reste des Godehardparadieses und des Azelinneubaus wurden durch eine neue tonnengewölbte Vorhalle ersetzt, in denen die Bronzetür durch ein großes Stufenportal betont wurde. Heute sitzt diese zum Welterbe gehörende erste plastische Bronzetür wieder an der alten Stelle, die Steine des Stufenportals aus der Zeit Bischof Hezilos bleiben jedoch am Eingang, wohin sie 1955 versetzt worden sind. Evtl. gab es einen kleinen Mittelturm aus Holz genau über der Vierung, sonst war das Dach wie heute mit Kupfer gedeckt. Ein Jahr vor seinem Tode 1078 begann Hezilo, die als Ruine noch sichtbare karolingische Scheitelkapelle mit den alten Steinen wieder aufzubauen, die über einen Gang mit der Krypta verbunden war. Hezilo starb jedoch 1079, bevor die Rundkapelle fertig war.

Das Querhaus und den Chor des Azelindomes ließ Hezilo stehen und hier das Bischofshaus einbauen. Davor errichtete er eine kleine Bischofskapelle, die 1966 im Fundament und den ersten Steinlagen ausgegraben wurde und heute unter dem Pflaster vor dem Ostflügel des Bischöflichen Generalvikariates liegt.

Die Erneuerung der Ostapsis durch Bischof Berthold und der Kreuzgang im Osten

Um 1120 erneuerte Bischof Berthold I (1119–1130) die Apsis des Domes komplett. Die Außenmauern der Krypta blieben erhalten und wurden durch ein in der Tiefe sehr breites Fundament verstärkt. Die feine Gliederung der Apsisrundung durch vorgelegte Halbsäulen ging in einen Rundbogenfries über, der sich auch am jetzt doppelstöckigen Kreuzgang und beim Neubau der St. Godehardkirche wiederfindet. Der Kreuzgang im Osten, dessen Vorgängerbauten bis in die Zeit Bischof Gunthars zurückreichen, wurde um die Mitte des 12. Jahrhunderts fertiggestellt. Im Süden grenzte er an die von Bischof Udo um 1100 gebaute Laurentiuskapelle, eine dreischiffige niedrige Hallenkirche mit Kreuzgratgewölben, in denen jetzt die Anbetungskapelle eingerichtet ist. Im Westen wurde die Vorhalle weiter aufgestockt und nördlich die St. Simon und Judas- und südlich die Bernwardkapelle angebaut.

Der hölzerne Vierungsturm wurde durch einen aus Stein ersetzt und erhielt wohl am Anfang des 13. Jahrhunderts sein dreifach gestuftes Aussehen mit den gekuppelten Drillingsfenstern, wie er aus Abbildungen und vom Turmreliquiar im Domschatz bekannt ist.

Die gotische St. Annenkapelle im Kreuzgang und der Rosenstock

1321 ließ Bischof Otto II. (1319–1331) auf dem Annenfriedhof im Kreuzgang vor der Apsis des Domes eine kleine rein gotische Kapelle für die Mutter der Gottesmutter Maria, die hl. Anna, erbauen. Spätestens zu diesem Zeitpunkt muss die Rundkapelle aufgegeben und abgerissen worden sein. Seit dieser Zeit bestand die Chance, dass sich eine Wildrose ausgesamt hat und hier ungestört zu beachtlicher Größe wachsen konnte. Da Wildrosen sich von Natur aus immer wieder aus dem alten Wurzelholz erneuern können, wurde im Laufe der Zeit aus dem Baum in der Gründungslegende, an dem das Marienreliquiar hängengeblieben war, der nun Tausendjährige Rosenstock, der noch heute jedes Jahr weiter wächst und reich blüht, aber im Gedächtnis der Hildesheimer immer der Tausendjährige Rosenstock bleibt.

Nach dem glücklichen Sieg Bischof Gerhards vom Berge (1365–1398) im Jahre 1367 in der Schlacht bei Dinklar gegen die Braun-

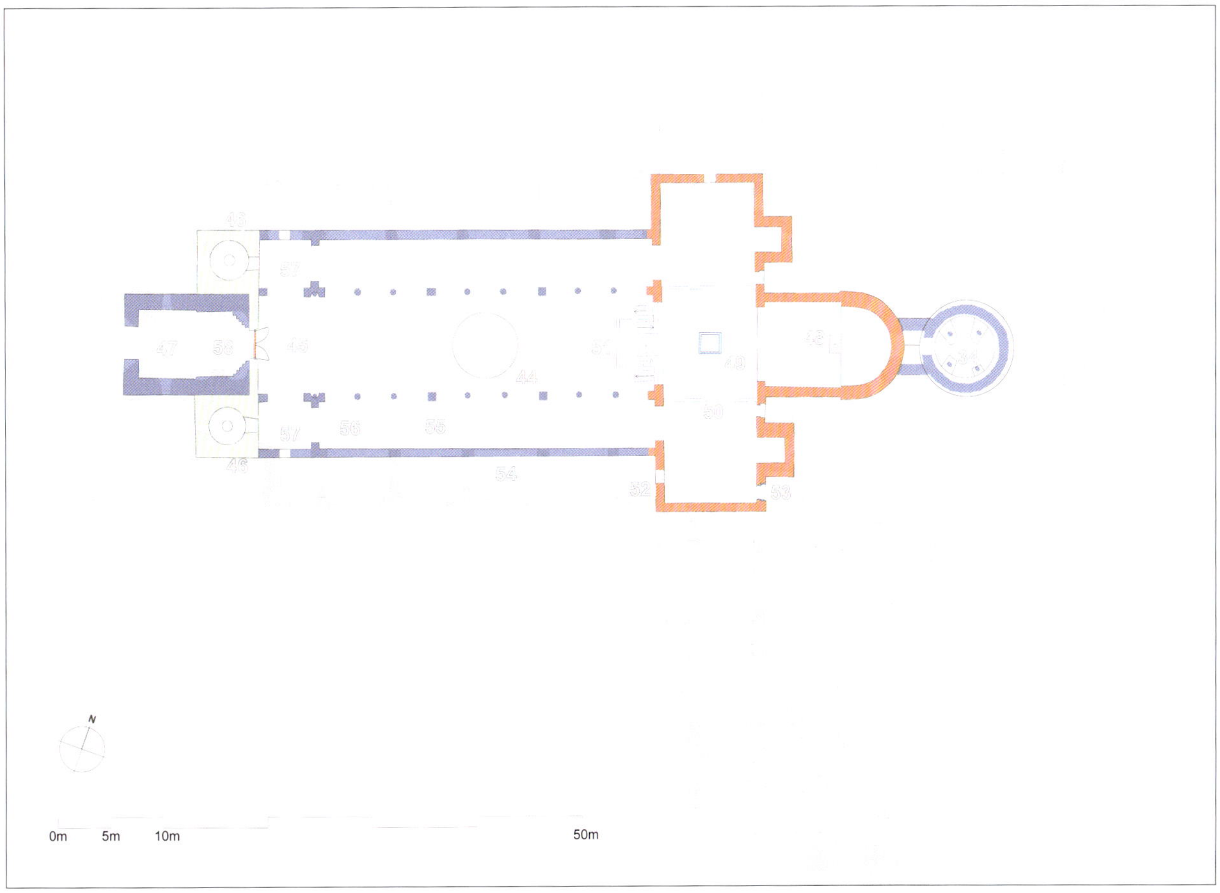

schweiger Herzöge und ihre Verbündeten, der auf die Hilfe der Gottesmutter Maria zurückgeführt wurde, da der Bischof das Reliquiar mit in den Kampf genommen hatte, wurde die Kuppel des Vierungsturmes vergoldet.

Die gotischen Seitenschiffe und das Nordparadies

Der alte Dom wurde nicht im gotischen Stil wie in anderen Bischofssitzen komplett erneuert, in Hildesheim wurden ab 1330 »nur« zwei neue Seitenschiffe mit gotischen Kreuzrippengewölben angefügt, nachdem man die Seitenschiffwände aufgebrochen hatte. Ursprünglich liefen die Gewölbe durch und die einzelnen Kapellen waren nur durch halbhohe Wände hinter den Altären abgetrennt.

Vor dem schmalen karolingischen Portal ins Nordparadies gab es schon bald eine kleine Vorhalle. Aber erst im 15. Jahrhundert hat der Domkellner Lippold von Steinberg das doppelstöckige Nordparadies mit seiner gotischen Front und den lebensgroßen Sandsteinfiguren der Gottesmutter und der beiden heiligen Bischöfe Bernward und Godehard erbauen lassen. Damit wurde der direkte Zugang zur bürgerlichen Stadt Hildesheim entscheidend aufgewertet.

Grundriss Dom zur Zeit Hezilos, Aufgehendes

Im Süden wurde die Laurentiuskapelle am Kreuzgang um 1440 um ein Schiff erweitert und nur wenige Jahre später wurde nach Osten anschließend die ebenfalls gewölbte Antoniuskapelle gebaut. Im Treppenaufgang des neuen Museums ist ein gotisches Rundfenster mit Innenrosette aus dieser Zeit wieder freigelegt worden. Im Geschoss über der Antoniuskirche befand sich der Schlafsaal für diejenigen Mitglieder des Domkapitels, die in der Nacht und der Frühe am Chorgebet anwesend sein mussten.

In der Zeit der Reformation und dem nachfolgenden Dreißigjährigen Krieg wurde der Dom zwar weiterhin regelmäßig für Gottesdienste genutzt, gebaut wurde jedoch wenig.

Mit Bischof Ernst II. von Bayern (1573–1612) begann eine fast 200 Jahre andauernde Verbindung mit dem katholischen Herrscherhaus der Wittelsbacher. Die Bischöfe hatten meist mehrere Bistümer inne und weilten daher selten in Hildesheim. Die kirchlichen Amtshandlungen wurden von Weihbischöfen, die jetzt im heutigen Bischöflichen Generalvikariat wohnen, erledigt. Unter Fürstbischof Joseph Clemens von Bayern begannen mit dem Abbruch des alten Vierungsturmes und des Neubaus eines barocken Holzturms die jüngeren Arbeiten am Dom. Die Kuppel blieb weit sichtbar vergoldet. Im Innern wurde der Dom komplett mit Stuck und Malerei ausgeschmückt, so dass sein romanisches Aussehen innen vollkommen verloren ging. Als Stukkateure arbeiteten Michael Caminada und Carlo Rossi, die Deckengemälde stammten von dem aus Mannheim kommenden Carlo Bernadini. Um 1770 wurde auch die Krypta unter der Vierung und dem Hochchor durch Fürstbischof Friedrich Wilhelm von Westphalen barockisiert.

Der Neubau der Westtürme in der Mitte des 19. Jahrhunderts

Die bereits im 18. Jahrhundert am Westturm aufgetretenen Bauschäden am Außenmauerwerk – Wasser war in die Fugen eingedrungen und hatte die Mauerschalen nach außen gedrückt – wurden nur notdürftig geflickt. Eine kontinuierliche Baupflege wurde im frühen 19. Jahrhundert, als nach dem Reichsdeputationshauptschluss der Bauunterhalt beim Staat lag, nur sehr sparsam durchgeführt. Als daher kurz vor 1840 der Bauschaden unübersehbar war, nutzte der junge Hannoveraner Baubeamte Wellenkamp die Chance, anstatt den Schaden, wie es möglich gewesen wäre, unspektakulär zu reparieren, den Turm komplett abzureißen und bis 1850 einen Neubau nach dem Vorbild von St. Godehard mit zwei spitzen Turmhelmen zu errichten.

Die Zerstörung im Zweiten Weltkrieg und der Wiederaufbau bis 1960

Der größte Einschnitt für den Hildesheimer Mariendom kam jedoch nach Jahren des Stillstandes ganz am Ende des Zweiten Weltkrieges, als auf den Tag genau 899 Jahre nach dem ersten Brand am 22. März 1945 britische Bomber am Tage die Fachwerkstadt Hildesheim angriffen und auch der Dom und die umliegenden Gebäude auf dem Domhof durch Brand- und Sprengbomben sehr schwer zerstört wurden und völlig ausbrannten. Fehlender Schutz für die teilweise noch aufrecht stehenden Wände des Domes und eine Auseinandersetzung, ob der Staat einen Wiederaufbau bezahlen müsse, führten dazu, dass auch in den folgenden Jahren weitere Teile einstürzten, bis ab der Mitte der 50er-Jahre begonnen werden konnte, neu zu bauen. Die Einweihung führte am

Freigelegtes rundes gotisches Fenster im Museum

14. Mai 1960 Bischof Heinrich Maria Janssen durch. Bis zum Beginn der Renovierung im Jahre 2010 wurde nur der übliche Bauunterhalt sehr sparsam wahrgenommen.

Der renovierte Dom 2014/15

Nach einem beschränkten Architekturwettbewerb wurde das Büro Schilling aus Köln mit der Sanierung des Hildesheimer Domes beauftragt. Das Konzept, den nach der sehr starken Kriegszerstörung 1960 wieder geweihten Dom in seiner äußeren Form und Kubatur unverändert zu erhalten, grundlegend zu sanieren und die Kunstschätze neu zu ordnen, hat sowohl die Jury als auch das Domkapitel überzeugt. Die Gestaltung des gesamten Domhofes und seiner Freiflächen wurde in einem zweiten Wettbewerb entschieden und vor allem mit Mitteln aus dem Welterbefond der Bundesrepublik durchgeführt.

Auch der Wiederaufbau nach dem Kriege hat sich entgegen des damaligen Wunsches nach einem viel größeren Dom wegen der vielen katholischen Flüchtlinge und Heimatvertriebenen im Bistum an die alten Fundamente gehalten und das Äußere sowie das Volumen nicht verändert. Die bereits sich deutlich ankündigende Liturgiereform des Zweiten Vatikanischen Konzils ab 1962 legte es jedoch damals schon nahe, auf die Aufteilung in einen durch den Lettner abgeteilten Chor für das Domkapitel und eine Gemeindekirche im Schiff zu verzichten. Dem stand und steht bis heute jedoch die seit Anfang an vorhandene Krypta unter dem Hochchor und der Vierung räumlich entgegen. Der damalige Wunsch, den Dom zu einem einheitlichen Gottesdienstraum umzugestalten, bei dem Bischof und Domkapitel nahe und gemeinsam mit den Gläubigen den Gottesdienst feiern können, brachte die Umgestaltung des Chores und die Verlegung des Hauptaltares vor der Apsis in die Mitte der Vierung über der Krypta und dem ehemaligen Hochgrab Bischof Godehards mit sich. Der große Höhenunterschied zwischen Hochaltar auf der Krypta und den Bänken für die Gläubigen im Mittelschiff wurde etwas gemildert, in dem man den Fußboden um ca. 30 cm angehoben hatte, wodurch die Proportionen verändert wurden.

Eine Vorgabe für das Architekturbüro war, dass alle alten, besonders die karolingischen und romanischen Mauern, erhalten werden mussten. Daher durften nur die Einbauten des Wiederaufbaus, besonders im Nordteil des Querhauses für eine Nonnenempore und im Westen für die Versetzung der Bronzetüren Bischof Bernwards, verändert werden. Im Großen und Ganzen ist jetzt wieder der Raumeindruck des romanischen Domes aus der Zeit Bischof Hezilos von der Kubatur hergestellt worden, die Oberflächen jedoch ganz schlicht und hell komplett neu gestaltet worden, ge-

Dom mit Türmen vor 1900

nauso wie die Verglasung der Fenster im Obergarden und Chor. Dadurch ist der Dom so hell und klar geworden und die wichtigen Kunstwerke stehen in der Regel alle auf der Mittelachse und geleiten den Besucher von den Bronzetüren am historischen Ort bis zum Rosenstock auf der Außenseite der Apsis. Die Krypta ist wieder vom Mittelschiff zugänglich und umschließt den Abgang in eine neue Bischofsgruft. Das an dieser Stelle gefundene Grab, das im 9. Jahrhundert gleichzeitig mit der Fertigstellung des Domes angelegt worden war, wurde geborgen und in der neue Gruft aufgestellt, zusammen mit dem darauf angelegten Grab für Bischof Berthold, der 1130 gestorben ist. Über dem Standort des Grabes Bischof Godehards befindet sich jetzt ein neuer Steinaltar von dem Künstler Rückhard.

An wenigen Stellen im Dom sind die Spuren des karolingischen Domes als Spolien sichtbar gelassen: im Nordquerhaus unter dem Eingang, die karolingische Türschwelle und den ersten Gewändesteinen, die Basis des südwestlichen Vierungspfeilers zum Mittelschiff und die beiden Eingangsportale vom Querschiff zur karolingischen Umgangskrypta, die nach dem Brand von 1046 nicht wieder aufgebaut worden ist mit den damals beschädigten Tympana.

Vom romanischen Dom aus der Mitte des 11. Jahrhunderts sind noch zwei originale Sandsteinsäulen im westlichen Mittelschiff auf der Südseite erhalten, alle anderen Betonsäulen haben wieder ihre Basis erhalten, die im 18. Jahrhundert abgeschlagenen Kapitelle sind unvollendet gelassen worden. Im Westen wurde die Orgelempore der 50er-Jahre wieder entfernt und der Raumeindruck mit den seitlichen Kapellen einschließlich der Halbsäulen wiederhergestellt. Die Orgel sitzt über Eingangshalle und ragt frei in das Mittelschiff vor.

Die neu gestalteten Oberflächen atmen den Geist des 21. Jahrhunderts in einem hellen und freundlichen Dom, dessen Größe und Raumstruktur über einen Wiederaufbau in der Mitte des 11. Jahrhunderts auf einen genialen Bau des ausgehenden 9. Jahrhunderts zurückgeht.

Die Sanierung des Mariendomes
Idee und Umsetzung

Die Entwicklung eines Masterplanes

Der Hildesheimer Mariendom ist die Mutter- und Kathedralkirche des Bistums Hildesheim. In ihrer bald 1.200-jährigen Geschichte hat die Hohe Domkirche wechselvolle Zeiten erlebt. Nach der letzten verheerenden Zerstörung durch den Zweiten Weltkrieg wurde der Dom binnen zehn Jahren wieder aufgebaut und 1960 neu geweiht. 1985 wurde der Dom mit dem Domschatz und zusammen mit der evangelischen Michaeliskirche in die Liste der UNESCO-Weltkulturdenkmale aufgenommen. Dieses war für Deutschland nach dem Aachener Dom der zweite Eintrag in die Liste der schützenswerten Kulturdenkmale. Von besonderer Bedeutung ist der Tausendjährige Rosenstock, der an der Außenwand der Chorapsis emporrankt, da er eng mit der Gründungslegende verbunden ist.

Seit der Weihe im Jahr 1960 gab es keine nennenswerten Renovierungsarbeiten an der Kathedrale. In seiner Gestaltung ist der Dom äußerlich der Romanik und in den Seitenkapellen der Gotik nachempfunden. Im Inneren ist während des Wiederaufbaus die ursprüngliche Bausubstanz der Romanik mit dem Baustil der 50er-Jahre gemischt worden. Zudem hat das Zweite Vatikanische Konzil (1962–1965) wesentliche Neuerungen im Kirchenverständnis festgelegt, die sich auch auf die Liturgie auswirken. Diese sich teilweise auch 1960 schon abzeichnenden Neuerungen konnten bis zur Weihe nur ansatzweise umgesetzt werden. Deshalb sollte es ein »unaufdringliches, aber gut wahrnehmbares Konzept für eine inhaltliche Neuausrichtung sowie kunst- und baugeschichtliche Information an die Dombesucher« geben, wie es im internen Auslobungstext für den Architektenwettbewerb heißt.[1] Hierzu gehört beispielsweise, dass der Hauptaltar nicht mehr erhöht im Hochchor steht, sondern möglichst nah zum Kirchenschiff und somit besser zu den Gläubigen hin ausgerichtet wird.

Schon seit dem Ende des 20. Jahrhunderts war das Domkapitel bestrebt, die Renovierung des Domhügels, also des gesamten Dombezirkes,[2] insbesondere der Kathedrale voranzutreiben.[3] Die bau- und elektrotechnischen Mängel an dem Gotteshaus waren gravierend. Eine Arbeitsgruppe, der der Domdechant Weihbischof Hans-Georg Koitz vorstand,[4] bereitete die Entscheidungen vor. Das Domkapitel, Eigentümerin des Domes, diskutierte zwei Möglichkeiten: die einfache »Pinselrenovierung«, die nur die dringendsten und nötigsten Arbeiten an der Kirche berücksichtigte und im Inneren mit etwas Farbe dem Dom ein freundlicheres Aussehen geben sollte, oder aber eine umfassende Sanierung des Gotteshauses, die den Ansprüchen des 21. Jahrhunderts gerecht würde. Die Entscheidung fiel auf letztere Variante und mündete in einem Architektenwettbewerb, der 2005 ausgelobt wurde. Hierbei handelte es sich nicht um einen offenen Wettbewerb, sondern um eine gezielte Ausschreibung. Eingeladen waren fünf namhafte Architekten aus ganz Deutschland, die Erfahrung in der Umgestaltung von Gotteshäusern vorzuweisen hatten. Neben dem Architekturbüro Schilling aus Köln, das den Wettbewerb gewann, wurden die Architekten Gottfried Böhm und Paul Böhm (Köln), Hahn Helten (Aachen), Bernhard Hirche (Hamburg) und Pfeifer Roser Kuhn (Freiburg) eingeladen. Sie alle hatten die Aufgabe, für den gesamten Dombezirk Lösungen vorzuschlagen, nicht nur für die Kathedrale. Bezüglich des Domes wurde die liturgische Neuausrichtung als Hauptanliegen definiert. Auch eine geeignete Präsentation des international bekannten Domschatzes gehörte zu den Anforderungen des Wettbewerbs.

Die ersten Überlegungen für eine Sanierung des Domes fielen in eine Zeit der Finanzknappheit des Bistums. Das Domkapitel scheute daher davor zurück, das gesamte Vorhaben mit einem Mal in Angriff zu nehmen. Stattdessen schrieb es die Sanierung in Teilstücken, sogenannten Modulen aus. Der Dom mit seinen Annexbauten und dem Domhof wurde in Abschnitte untergliedert und nach Prioritäten gelistet. Im Entwurf von Schilling Architekten handelte es sich hierbei um: Dom (Modul 1), Südparadies & Kapitelhaus (Modul 2), Domschatz (Modul 3), Joseph Godehard-Haus (Modul 4) Domschule (Modul 5) und Joseph-Winter-Haus (Modul 6)[5] sowie um den Domhof.

Der Architektenwettbewerb wurde vom Büro Schilling gewonnen. Das Domkapitel beauftragte das Büro damit, zunächst die Module Dom und Dommuseum zu bearbeiten. Die Annexbauten blieben ebenso außen vor wie der Domhof. Angedacht war, dass alle anderen Module zu einer späteren Zeit um- oder neu gebaut werden könnten.

Eine neue Situation ergab sich, als die Bundesregierung 2008 und 2009 zwei Konjunkturpakete auflegte. Die Stadt Hildesheim erhielt dadurch für ihre beiden Welterbestätten einen Fördertopf des Bundes in Höhe von ca. 17 Mio. Euro. Diese Finanzspritze führte dazu, dass auch der Domhof umgestaltet werden konnte. Ebenso wurde in der alten Domschule ein zentraler Zugang zu Dom und Dommuseum geschaffen – beide Maßnahmen waren zunächst nicht beauftragt worden. Die neben den Fördergeldern nötigen Eigenmittel für die Projekterweiterung konnte das Bistum angesichts der unerwartet guten finanziellen Entwicklung der zurückliegenden Jahre ohne Einschnitte an anderer Stelle aufbringen.

Die Sanierung im Dom – ein Rundgang

Der grundlegende Plan von Architekt Johannes Schilling bestand darin, den Dom von Einbaumaßnahmen der Nachkriegszeit zu befreien und so den ursprünglichen romanischen Raumeindruck lebendig werden zu lassen. Beispielsweise wurde im Westen des Domes die große Orgelempore aus Beton vollständig zurückgebaut. Stattdessen zeigt sich nun über dem westlichen Eingang einzig der Orgelprospekt der neuen Orgel. Fast das gesamte Instrument befindet sich im Obergeschoss des Westwerkes, für den Besucher also nicht

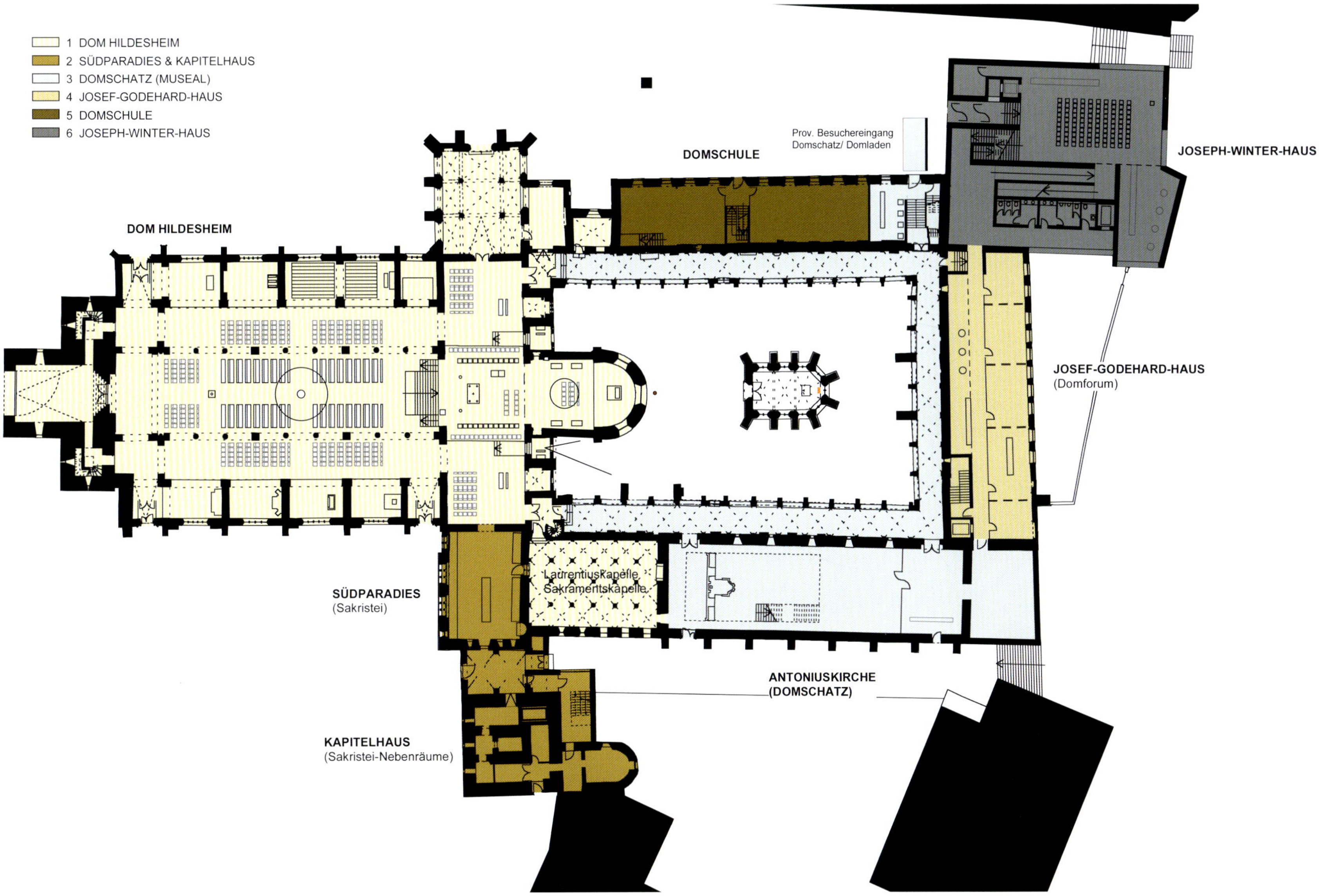

Grundriss mit den Modulen, Planungsstand 2008

sichtbar. Der Chor, der bislang auf der Orgelempore seinen Standort hatte, findet jetzt in zwei nördliche Kapellen des Seitenschiffs, die dafür eigens miteinander verbunden wurden, seinen Platz. Dort ist zudem eine weitere kleine Chororgel eingebaut worden.

Am Eingang des Westwerkes war die Bernwardtür eingelassen, mit ihren szenischen Darstellungen nach innen gerichtet. Auch diese Maßnahme der Nachkriegszeit wurde korrigiert zugunsten einer Lösung, die die Bernwardtür an ihrem ursprünglichen Ort im Dom, also direkt unter der Orgel zeigt. Die Szenen werden nach außen gedreht, so dass der originale Zustand wieder hergestellt ist. Zwischen

Abriss der alten Orgelempore 2011

Freigelegte alte Base einer Säule

Neue Einfassung der Bernwardtür aus Sichtbeton und Aufbau des neuen Orgelprospekts, Frühjahr 2014

der Bernwardtür und dem äußeren westlichen Abschluss im Westwerk bildet sich nun eine Art Vorhalle. Um diese vom Dom aus zu erreichen, wurden zwei Zugänge links und rechts neben der Bernwardtür neu geschaffen.

Der Fußboden im Mittelschiff wurde um ca. 30 cm abgesenkt. In der Nachkriegszeit war der Boden mit Bauschutt aufgefüllt worden. Das Material war so verdichtet, dass die Feuchtigkeit an den Innenwänden aufstieg. Beim Abtragen wurden vereinzelt alte Basen an den Säulen und Pfeilern freigelegt. Sie wurden – wo nötig – ergänzt und dienten als Vorlage für die weiteren Stützen. Nun sind alle Säulen und Pfeiler des Domes wieder architektonisch korrekt mit Basen ausgestattet. Unter dem Fußboden, der aus handscharrierten Platten von Postaer Elbsandstein besteht, sind die neue Heizung und eine Vielzahl an Kabeln und Elektrotechnik eingelassen worden.

Nicht gescheut hat man sich davor, im Dom die verschiedenen Epochen anhand der Materialien kenntlich zu machen. So ist der moderne Sichtbeton der neuen Einfassung der Bernwardtür ebenso ablesbar wie die Materialität der Betonsäulen der Nachkriegszeit. Alle Fenster, außer denen der gotischen Seitenkapellen, sind durch eine spezielle computergesteuerte Technik nach altem Handwerk aus der Grisaillemalerei gestaltet worden.

Heizungsrohre unter dem Fußboden

Gotische Seitenkapellen mit den neuen Obergadenfenstern

Der Putz im gesamten Dom sollte ursprünglich erhalten bleiben. Eine aufwendige Untersuchung ergab, dass er schadhaft war und abgetragen werden musste. Mit einem speziell für den Dom entwickelten hellen Putz wurden die Wandflächen erneuert.

Die Betondecke der 50er-Jahre hingegen konnte erhalten werden. Sie wurde farblich dem Innenraum angepasst. In der Decke befinden sich Schlitze für die Beleuchtung. Künftig wird der Dom nicht mehr über sichtbare Lichtkörper beleuchtet. Die Lichtführung geschieht über LED-Leuchtmittel in der Decke. Ausnahmen bilden die beiden Radleuchter und die Apostelleuchter, die weiterhin im Dom ihr natürliches Licht spenden. Eine weitere Maßnahme im Dom ist der Bau einer Bischofsgruft. Im Hildesheimer Dom wurden die Bischöfe bislang nicht in einer eigenen Gruft begraben, sondern fanden ihre letzte Ruhestätte im Mittelschiff, teilweise auch im Querschiff des Domes. Die neue Begräbnisstätte kann 24 Bischöfe aufnehmen.[6] Bei den Bauarbeiten zur Gruft wurde von den Archäologen ein altes, bislang unbekanntes Steingrab entdeckt, das nun in den Bau integriert wurde.

Der Zugang zur Bischofsgruft liegt in der Krypta. Diese ist nun wieder über die Treppenanlage vom Mittelschiff aus zu betreten. Einen solchen Zugang gab es auch bis zum Zweiten

Deckenbeleuchtung des Domes

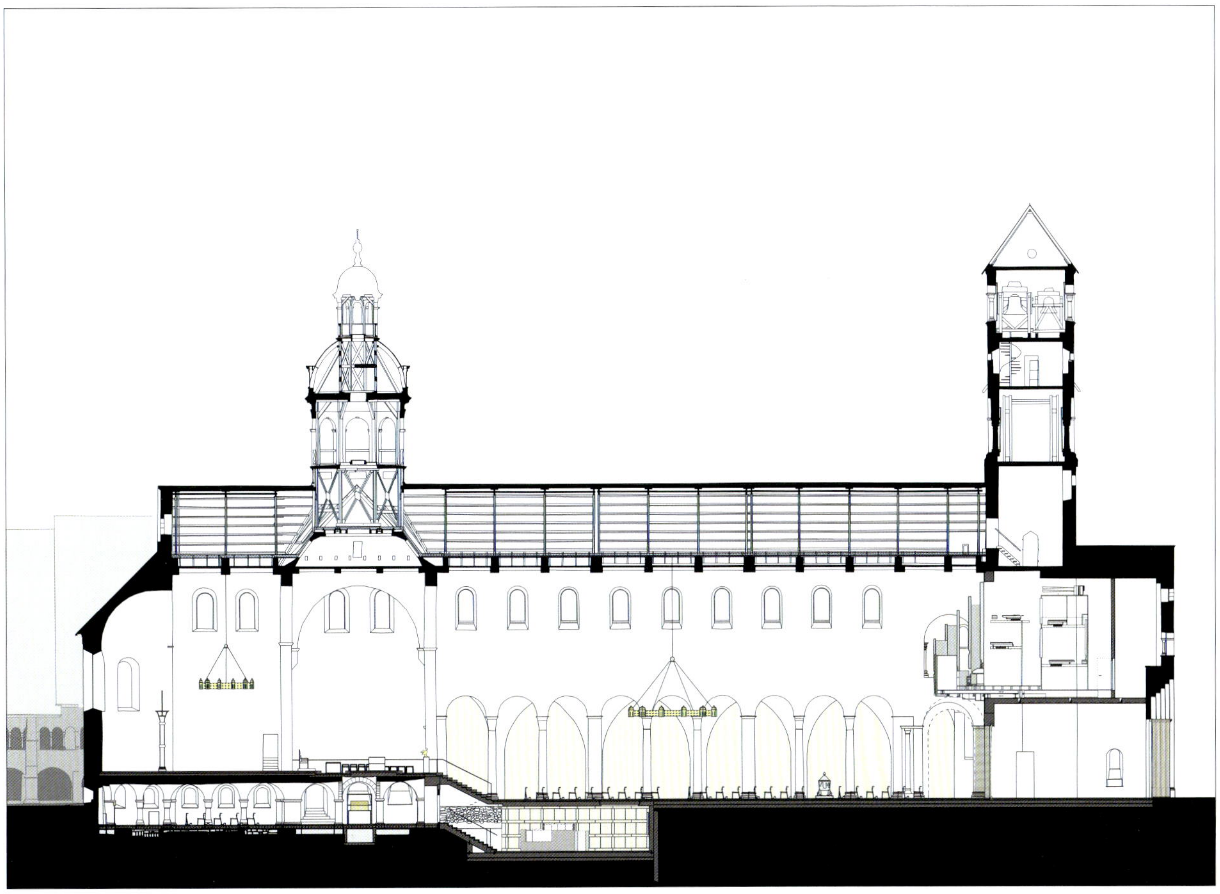

Weltkrieg. Die beiden seitlichen Treppen der Querhäuser bleiben ebenfalls erhalten.

Planungsänderungen während der Bauphase gab es auch in der Krypta. So wurde beispielsweise das dortige Apsisfenster wieder entdeckt und freigelegt, so dass nun die Wurzeln des Tausendjährigen Rosenstockes von innen erkennbar sind. In der Krypta wird vor diesem Fenster, also in unmittelbarer Nähe zum Rosenstock, künftig das Gründungsreliquiar des Bistums, die sogenannte Lipsanothek, zu sehen sein. Zudem haben die archäologischen Grabungen in diesem Bereich die Grundmauern der ersten Kapelle freigelegt, so dass dieser Ort als die Keimzelle des Bistums Hildesheim bezeichnet werden kann. Die Konturen der Gründungsmauer sind im Verlegemuster des neuen Fußbodens zu erkennen. Ihr gegenüber, also vor dem Zugang der neuen Bischofsgruft, wird der Godehardschrein aufgestellt. Godehard (960–1038) ist einer der bedeutendsten Bischöfe des Bistums. Sein Schrein gehört zudem zu den herausragenden Arbeiten der mittelalterlichen Goldschmiedekunst und steht direkt über dem ehemaligen Grab des Heiligen und unter dem neuen Hauptaltar.

Neben der Orgelempore war einer der größten Eingriffe in die Bausubstanz der 50er-Jahre der Rückbau des sogenannten Godehar-

Aufriss der Kathedrale mit der neuen Bischofsgruft

dichores im nördlichen Querhaus über dem Eingang des Nordparadieses. Schon in seinen ersten Plänen hat Architekt Johannes Schilling auf die romanische Grundform des Domes verwiesen. Zwischen dem Eingang zum nördlichen Querhaus und dem Nordparadies befand sich vor der Sanierung eine Art Windfang aus Glas mit einer kleinen Treppenanlage, die zum Godehardichor führte. Dieser Raum diente als Zugang zum Kreuzgang mit seinem Tausendjährigen Rosenstock. Und auch ein kleines Souvenirlädchen war im Durchgang untergebracht. Durch den Rückbau der Treppenanlage und dieses Zwischenbaus wird der eigentliche Raumeindruck im nördlichen Querhaus wieder hergestellt. Klarheit bestimmt das Dominnere. Der Zugang zum Kreuzgang erfolgt nun wieder durch den Dom – übrigens in beiden Querhäusern. Der ehemalige Godehardichor ist zum Probenraum für die Dommusik umgebaut worden.

Zur liturgischen Neuordnung des Domes gehört als wichtigstes Element der Hochchor. Dieser dominierte durch das rötliche Mosaik aus Ziegelstein und dem Apsisfenster mit der Mondsichelmadonna von Ludwig Baur. Im Zuge der Sanierungsmaßnahmen wurde die Apsis reversibel überputzt, was bedeutet, dass das darunterliegende Mosaik erhalten blieb. Das Fenster wurde denen des Obergadens an-

Umbettung der Bischöfe in die neue Bischofsgruft

gepasst. Der neue Hauptaltar aus Anröchter Dolomit, eine Arbeit des renommierten zeitgenössischen Künstlers Ulrich Rückriem, ist näher zum Mittelschiff hin aufgestellt worden. Die Distanz zur Gemeinde wurde verringert – eine Vorgabe der Architektenausschreibung.

Die liturgische Achse besteht jetzt in der West-Ostausrichtung in der Bernwardtür gefolgt vom Taufbecken und dem Heziloleuchter, die im Mittelschiff stehen, zum Hauptaltar. Hinter diesem hängt der Thietmarleuchter[7] und steht die Irmensäule mit dem Kristallkreuz. Das Apsisfenster gibt den Blick auf den Tausendjährigen Rosenstock frei. In der Nord-Südachse folgt die Reihung der Reliquien. Sie beginnt mit dem Epiphaniusschrein in der östlichen erhöhten Wandnische über der Cäcilienkapelle mit deren Büstenreliquiar, es folgen der Godehardschrein in der Krypta und dann die Christussäule im südlichen Querhaus. In den östlichen Nischen dieses Querhauses wird das Kopfreliquiar des heiligen Bernward aufgestellt.

Dem südlichen Querhaus schließt sich die Laurentiuskapelle an, die zu den Annexbauten des Domes gehört und die zwischen Dom und Kapitelhaus liegt.[8] Sie verband früher zudem den Dom mit der Antoniuskirche und wurde bis zur Sanierung als Hauptsakristei genutzt. Nun wird sie ihrem ursprünglichen Zweck entsprechend als Anbetungskapelle und als Ort für tägliche Gottesdienste genutzt. Die romanische Laurentiuskapelle ist einer der wenigen Orte im Dombezirk, die im Zweiten Weltkrieg nicht zerstört wurden. Die neue Hauptsakristei ist in dem Übergangsraum zwischen Dom und Laurentiuskapelle entstanden. In ihrem Obergeschoss befindet sich die neue Ministrantensakristei.

Auch das gotische Nordparadies, repräsentativer Eingang zur Stadt, ist im Zuge der Sanierungsmaßnahmen leicht verändert

Mittelalterliches Steingrab in der Bischofsgruft

Nördliches Querhaus mit Teilen der alten Treppenanlage und zugemauertem Godehardichor

Nördliches Querhaus nach dem Rückbau der Treppenanlage, Frühjahr 2014

worden. So ist der Zugang bis zum ersten Joch der Vorhalle wieder frei zugänglich, jedoch mit Stufen versehen. Dahinter wird mit Glas künftig der Eingangsbereich als eine Art »Vorhalle« zum Domeingang abgetrennt. Die 1405/1406 erbaute Steinbergkapelle, ein wenig bekanntes Kleinod, das an der östlichen Seite des Nordparadieses liegt und auch nur von diesem aus zugänglich ist, wird erstmals wieder geöffnet. In der Steinbergkapelle, die auch Kapelle aller Dompatrone genannt wird, haben sich fragmentarisch die ältesten erhaltenen Wandmalereien des Domes erhalten. Sie zeigen die Patrone des Domes.[9]

Das Domfoyer

Die ehemalige Domschule ist zum neuen Domfoyer und zum zentralen Zugang zum UNESCO-Welterbe umgebaut worden. Über das Foyer erreicht der Besucher nun den Dom, das Dommuseum und den Rosenstock. Auch in diesem Gebäude wechseln sich alte und moderne Bauphasen ab. So kann das Mauergestein der Innenwände bis in das frühe Mittelalter mit einem Gewölbekeller im Untergeschoss zurückdatiert werden. Hingegen grenzen Glaswände das Foyer an seiner Vorderseite ab und geben so dem relativ kleinen Raum Weite und Licht. Über den unteren

Wandmalerei in der Steinbergkapelle

Kreuzgang gelangt man zum Tausendjährigen Rosenstock. Der obere Kreuzgang ist die Zuwegung zum neuen Dommuseum und schon Teil der Ausstellung, da auf dem oberen Kreuzgang das Lapidarium aufgebaut wird.

Das Dommuseum

Dom und Dommuseum sind eng miteinander verbunden. Beide Baukörper gehen eine Symbiose ein, die schon durch den neuen gemeinsamen Eingang sowie der Zuwegung des Museums über den oberen Kreuzgang und der Anbindung direkt in den Kreuzgang durch die ehemalige Antoniuskirche kenntlich wird. Das Hauptproblem für diesen neuen Museumskomplex war die Suche nach einem geeigneten Eingang. So wurden anfangs Zuwegungen über die Antoniuskirche oder über einen Anbau am Hückedahl diskutiert. Allerdings sprachen verkehrs- und sicherheitstechnische Gründe sowie die versteckte Lage des Eingangs gegen diese Vorschläge. Mit der Verlagerung auf die nördliche Seite des Kreuzganges und dem damit verbundenen Bau des Domfoyers war eine elegante Lösung gefunden. Damit bleibt der einheitliche Charakter des gesamten Domareals gewahrt. Die Besucherführung ist unproblematisch

Nördliches Querhaus, Blick vom Hochchor auf die Cäcilienkapelle

Wiederentdecktes gotisches Vierpassfenster in der Wand zum Rittersaal des Dommuseums

und auch verkehrstechnische Komplikationen sind nicht zu erwarten.

Das Dommuseum selber wird zum größten Teil in der ehemaligen Antoniuskirche beherbergt. Ein Durchbruch zum Rittersaal ist die einzige Anbindung zu den ehemaligen Museumsräumen. Während des Durchbruchs wurde in der historischen Wand ein gotisches Vierpassfenster entdeckt. Diese alte Bausubstanz galt es zu sichern, so die Auflage der Denkmalpflege. Aus diesem Grund musste es zu Planungsänderungen im Museum kommen. Anstatt der geplanten zwei Zugänge zum Rittersaal gibt es nun nur eine Öffnung.

Der Lettner, der nach ersten Planungen wieder im Dom seinen Standort haben sollte – eine Idee, die schnell wieder verworfen wurde – findet nun seinen Platz in einem neuen Anbau, der sich an die Außenwand der Antoniuskirche anschließt. Im Obergeschoss dieses Neubaus kann der Besucher von einem Balkon aus den oberen Teil des Lettners betrachten. Der Balkon selber dient als Übergang zu dem dahinter liegenden Godehardsaal, der zwar künftig zum Museum gehört, aber bislang nicht zu dem Sanierungsauftrag gehört und als Modul 4 aus dem Maßnahmenplan vorerst gestrichen wurde.

Eine weitere Änderung bezieht sich auf das Untergeschoss im Museum unter dem Neubau. Dort wurden im Rahmen der archäologischen Grabungen Reste der alten Bernwardmauer und einer weiteren historischen Stadtmauer gefunden. Auch für diesen – im wahrsten Sinne des Wortes – ans Licht geholten Fund wurde in Übereinstimmung mit der Denkmalpflege und dem Domkapitel entschieden, dass er erhalten bleibt. So werden diese Mauern aus der Frühzeit der Geschichte Hildesheims in einem eigens dafür geschaffenen Raum zu sehen sein.

Der Domhof – Verbindung zur Stadt

Der Domhof, ein Areal von insgesamt ca. 16.000 m², ist im Zuge der schon oben erwähnten Konjunkturprogramme ebenfalls neu gestaltet worden. Auf dem südlichen Domhof musste berücksichtigt werden, dass dieser Bereich auch Schulhof für das Bischöfliche Gymnasium Josephinum ist. Für diesen Bereich wurde eine »Insellösung« gefunden. Der Platz ist durch erhöhte Beete, die wie Inseln wirken, gestaltet worden. Ausdrücklich erwünscht ist, dass die Schülerinnen und Schüler diesen Raum für sich erobern.

Mit den Baumaßnahmen zum Dommuseum entstand zwischen der Antoniuskirche und dem Bischöflichen Gymnasium Josephinum ein neuer Weg zum Hückedahl.[10] Über diese neue Wegführung haben Gottesdienstbesucher direkt Zugang zur Laurentiuskapelle. In der Vergangenheit war die Kapelle nur durch den Dom erreichbar. Zudem kann erstmals der gesamte Dom umschritten werden. An der Rückseite des Kapitelhauses wurde die Treppenanlage zurückgebaut. Nun kann man die ursprüngliche, mittelalterliche Bausubstanz des Kapitelhauses wieder betrachten.

Das Areal des Hildesheimer Domhofes wurde oftmals durch seine Mauern als abgeschlossener Riegel in der Stadt Hildesheim wahrgenommen. Mit der Umgestaltung des Domhofes und dem durch die Stadt Hildesheim initiierten Welterbeband konnte diese Abgeschlossenheit aufgebrochen werden. Das Welterbeband verbindet die beiden Welterbestätten Dom und Michaeliskirche mit dem Marktplatz bzw. der Innenstadt von Hildesheim. Eine gleichmäßige, in den Abendstunden beleuchtete Pflasterung kennzeichnet das Band. Schlanke, leuchtende Stelen entlang des gesamten Bandes weisen auf das Verbindende von Stadt und UNESCO-Welter-

bestätten hin. Auf dem nördlichen Domhof führt das Band durch das Paulustor bis zum Bischofshaus und dann wieder vom Domfoyer bis zur außerhalb des Domhofes gelegenen Kirche Zum Heiligen Kreuz. An eben dieser Stelle ist durch den Eingang zum Domfoyer und der Öffnung zur Stadt eine neue Achse bzw. Öffnung zur Innenstadt geschaffen worden. Touristen werden über diesen Weg zum Dombezirk geführt.

Im Zuge der Sanierungsmaßnahmen wurden auch städtebauliche Begradigungen in den Besitzungen auf und vor dem Domhof vorgenommen. Die Stadt Hildesheim hat dem Bistum am Hückedahl einen kleinen Bereich für den Anbau des Dommuseums abgetreten. Bereinigt wurden auch die Besitzverhältnisse auf dem Domhof, die bis zur Umgestaltung teilweise städtisch, teilweise im Besitz des Domkapitels waren. Sie befinden sich nun ausschließlich in kirchlicher Hand.

Der Hauptzugang zum Domhof schräg gegenüber der Andreaspassage wurde ebenfalls neu gestaltet. Neben der Zufahrt zum Dom führt eine offene Treppenanlage zur Kathedrale. Das historische unter Denkmalschutz stehende Häuschen wurde in die neue Platzgestaltung einbezogen. Der bislang durch Büsche und Bushaltestelle verdeckte Platz zeigt sich nun offen und licht.

Südlicher Domhof, der zugleich Schulhof ist

Auf dem nördlichen Domhof blieb der sogenannte »grüne Kreuzgang« – Linden die im Rechteck den Domhof strukturieren – größtenteils erhalten.[11] Zwischen diesen Bäumen gibt es eine Rasenfläche. Die ehemaligen, den Dom abgrenzenden kleinen Mäuerchen wichen zugunsten einer Pflasterung, die direkt bis an den Dom reicht. Das unterschiedliche Niveau des Domhofes wird in Teilen durch eine Stufenanlage ausgeglichen. Der Dom ist nun für Menschen mit Behinderung erreichbar. Das Bernwarddenkmal, kleines Wahrzeichen auf dem Domhof, das in Nähe des Westwerkes stand, heißt nun am östlichen Rand der Grünfläche den Besucher willkommen. Der Dombezirk ist jetzt für den öffentlichen Verkehr gesperrt, nur Anlieger und Mitarbeiter des Generalvikariates können den Bereich noch mit dem Auto befahren. Eine Schranke verhindert die Zufahrt zum Domhof, Parkmöglichkeiten befinden sich bis auf wenige Ausnahmen auf abgetrennten, den Gesamteindruck nicht störenden Parkplätzen.

Mit fünf Zugängen öffnet sich der Domhof[12] zur Stadt. Er wirkt einladend und großzügig. Im Innenstadtbereich gehört der Domhof zu den schönsten und größten Plätzen, die Hildesheim zu bieten hat. Die Sanierung des Hildesheimer Domes mit seinen Annexbauten und dem Domhof hat nicht nur binnenkirch-

Welterbeband vor dem Bischofshaus

Das Welterbeband führt durch das Paulustor zum Domhof

WELTERBEBAND

liche Auswirkungen, sondern strahlt auch auf den gesamtstädtischen Raum aus.

Anmerkungen

1 Interner Auslobungstext für den Architektenwettbewerb, S. 20.
2 Dieser Bezirk wird auch Domfreiheit genannt.
3 Erste Aktenvermerke, die über die mittel- und langfristige Entwicklung der Domgestaltung sprechen, stammen aus dem Jahr 1992.
4 Der Gruppe gehörten folgende Personen an: Dommuseumsdirektor Prof. Dr. Michael Brandt, Dom- und Diözesanbaumeister Norbert Kesseler (bis 2002 Franz-Josef Fehlig, Leiter der Bauabteilung), Diözesankonservator Prof. Dr. Karl-Bernhard Kruse und Diözesanbaumeister Josef Rüenauver aus Köln
5 Das Haus ist zwischenzeitlich in Kardinal-Bertram-Haus umbenannt worden. Die ursprünglichen Pläne des Kölner Architekturbüros sahen beispielsweise vor, hier eine kirchliche Begegnungsstätte ähnlich einer City-Kirche zu schaffen.
6 Drei Plätze sind durch die Bischöfe Joseph Godehard Machens (1886–1956), Heinrich Maria Jansen (1907–1982) und Dr. Josef Homeyer (1929–2010) bereits belegt.
7 Der Thietmarleuchter wird auch Azelinleuchter genannt und ist der älteste der vier erhaltenen romanischen Lichterkronen in Nordeuropa. Hildesheim besitzt zwei davon und mit dem Heziloleuchter auch den im Durchmesser größten.
8 Es handelt sich teilweise um das Modul 2, das mit Südparadies & Kapitelhaus bezeichnet worden ist.
9 Die Patrone des Domes sind durch das sogenannte Steinbergreliquiar bekannt. Es handelt sich um: Maria, die Apostelfürsten Petrus und Paulus die heiligen Bischöfe Bernward, Godehard und Epiphanius sowie die heiligen Cosmas und Damian; Cantius, Cantianus und Cancianella, weiterhin die heiligen Arthemius, Cäcilia, Justus, Karl der Große, Oswald, Speciosa, Tiburtius und Valerianus. Zu den Patronen und zur Steinbergkapelle siehe auch: Adolf Bertram, Geschichte des Bistums Hildesheim, Band 1, Hildesheim 1899, S. 383–384.
10 Bislang führte der Weg über eine teilweise abgeschlossene Treppenanlage zum Hückedahl.
11 Während der Sanierung gab es von Seiten der Bürgerinnen und Bürger eine Initiative zum Erhalt des Baumbestandes. Ursprünglich sollten mehrere Bäume gefällt werden, was verhindert werden konnte. Kranke Bäume mussten weichen, wurden aber teilweise durch neu gepflanzte Bäume ersetzt.
12 Diese sind: Stinekenpforte, Hückedahl zwischen Gymnasium und Museum, Zugang Domfoyer zu Hl. Kreuz, Petrustor und Zufahrt für Autos, Paulustor

Blick durch das Langhaus zum Altar

Blick in den südlichen Domhof, der zugleich Schulhof ist

Das Konzept der Domhofumgestaltung

Einleitung

Die UNESCO-Welterbestätte Domhof ist einer der wichtigsten Knotenpunkte im Netz der kulturellen Sehenswürdigkeiten in Hildesheim. Dom und Domschatz sind ein kultureller Höhepunkt der Stadt. Die geschlossene städtebauliche Struktur des Domhofes bildet diesen einmaligen architektonischen Ort, den jährlich Tausende von Besuchern bestaunen.

Der historisch überlieferte urbane Charakter des Domhofensembles, mit grün gestalteten Schwerpunkten, diente als Leitbild für den Entwurf, der im Rahmen eines zweiphasigen freiraumplanerischen Realisierungswettbewerbes im Jahr 2010 ausgelobt und in der Zeit von 2011–2014 von unserem Landschaftsarchitekturbüro, HAHN HERTLING VON HANTELMANN, umgesetzt wurde. Der Entwurf entstand in Anlehnung an die Gestaltung der ersten Hälfte des 19. Jahrhunderts. Charakteristisch waren damals ein formales Rasenkarree im nördlichen und freie grüne Inseln im südlichen Domhof.

Aufgrund seiner besonderen Bedeutung wird der Dom großzügig freigestellt, um seine räumliche Präsenz zu stärken. Rund um die Kathedrale wurden daher die Grünstrukturen entfernt und auf zwei grün gestaltete Schwerpunkte reduziert. Die Orientierung innerhalb des Domhofes wurde durch die Herausarbeitung von Sichtachsen verbessert.

Die Funktion des südlichen oder auch Kleinen Domhofs, als Schulhof des Bischöflichen Gymnasiums Josephinum, ist erhalten geblieben. Eine Verbindung der beiden Domhofbereiche wird durch die Verwendung eines einheitlichen Sandsteinpflasters als Bodenbelag gestärkt. Die historische Verbindungstraße in Ost-West-Richtung durch das Petrus- und Paulustor des Domhofes ist erhalten geblieben und wird funktional als Rad- und Fußwegverbindung angeboten.

Der Domhofentwurf integriert bestehende Baumstandorte in das neue Begrünungskonzept. Zugleich wurde die vorhandene Grünstruktur ausgelichtet, um wichtige Sichtachsen auf den Dom freizugeben.

Der nordöstliche Zugang zum Domhof am Pfaffenstieg Ecke Bohlweg erhielt im Rahmen der Umbauten eine mehrstufige Treppenanlage, die diesen wichtigen Eingang aus dem umgebenden Straßenraum heraushebt und betont. Die deutlich geöffnete und betonte Eingangssituation ist ein angemessener Auftakt vor dem Betreten des nördlichen Domhofes.

auf den Raseninseln mit den umrahmenden Linden. Eine Eichenneupflanzung im Kleinen Domhof vor dem Schulgebäude wirkt insbesondere im Herbst durch die starke Laubfärbung als Blickpunkt. Dieser besondere Baum ist eine Boulevardeiche (*Quercus palustris*) und wurde als Partnerbaum für das Bistum Erfurt im Frühjahr 2013 gepflanzt.

Die erhöhten Pflanzinseln sind flächig mit Rasen und Lampenputzergras bepflanzt. Die mächtige Bestandsplatane zwischen südlichem und nördlichem Domhof wurde erhalten und in die neue Domhofgestaltung integriert. Auf dem Rasenkarree im nördlichen Domhof setzen verschiedene Geophyten (also Pflanzen, die über unterirdische Überdauerungsorgane verfügen, um auch ungünstige Witterungsverhältnisse zu überstehen) Blühaspekte im Frühjahr.

Entwässerungskonzept des Domhofes

Das Entwässerungskonzept unterstützt die wesentlichen Entwurfsaussagen. Das anfallende Oberflächenwasser der Fahrgassen und der angrenzenden Platzbereiche wird durch offene Entwässerungsrinnen aufgefangen und abgeleitet. Die Platzflächen vor dem Dom entwässern in geschlossene Schlitzrinnen, die vor den obersten Treppenstufen verlaufen. Zusätzliche Punkteinläufe nehmen das Wasser der Flächen des Schulhofes im Süden auf.

Aufwertung des Annenfriedhofs mit Standort des Tausendjährigen Rosenstocks

Der Annenfriedhof präsentiert sich den Besuchern nach der Umgestaltung als ein Innenhof mit einer üppigen Vegetation. Gegenüber dem steinernen Domhof setzt die gärtnerische Herangehensweise in diesem intimen Hof vor den beeindruckenden Kreuzgängen einen vitalen Akzent.

Der Tausendjährige Rosenstock, der an der Rückwand des Domchors emporrankt, hat eine angemessene Einfassung aus Natursteinplatten und einer Einfassung aus Buchsbaum erhalten. Er kann von dem kleinen Vorplatz vor der Annenkapelle aus betrachtet werden.

Die Hauptwege werden durch eine wassergebundene Wegedecke ausgebildet, die farblich auf die grau-beige Erscheinung der umgebenden Fassaden abgestimmt ist. Trittplatten aus altem Sandsteinmaterial ermöglichen ein Herantreten an die einzelnen Gräber. Niedrigwüchsige Teppichstauden umrahmen die alten Grabstätten. Sie werden kombiniert mit Blattschmuckstauden, Gräsern und Farnen. Weiße und zart pastellige Blühaspekte ergänzen die unterschiedlichen Grüntöne der Bepflanzung und zeigen den Verlauf der Jahreszeiten an. Kletterpflanzen wie Clematis und Hortensie begrünen in Teilen die Säulen des umlaufenden Kreuzganges und verstärken den romantischen Charakter des Annenfriedhofs als Ruheort.

Außenapsis mit Tausendjährigem Rosenstock

Viel bewirken ohne viel zu verändern

Das Architekturkonzept zur Sanierung und Neuordnung des Mariendoms

Eine Besonderheit der Hildesheimer Kathedrale ist ihre Außenwirkung. Dicht umstellt von niedrigen Häusern, auf einer vom Verkehr abgeschirmten Anhöhe etwas außerhalb des eigentlichen Stadtzentrums, entspricht sie nicht dem Stereotyp einer das Stadtbild beherrschenden Kathedrale, wie man es aus vielen europäischen Städten gewohnt ist.

Über diverse Treppen, Torbögen, Gassen findet der Besucher auf den Domhof und auf einmal ist alles anders als sonst, ruhiger, besinnlicher, bedeutsamer. Wären da nicht die Platzflächen sorgfältig neu gestaltet, könnte man sich fast einreden, die Zeit sei hier stehen geblieben.

Der Dom liegt ruhig und verankert wie ein Juwel in seiner Fassung. Seine Gestalt lässt einen sehr alten robusten romanischen Kern erkennen, eine fein ausgearbeitete gotische Schale sowie weitere Ergänzungen aus unterschiedlichen Epochen, wie etwa den barocken Vierungsturm. Begibt man sich auf die Entdeckungsreise nach dem Wesen dieses außerordentlichen Ensembles, erschließt sich nach und nach seine kunsthistorische, religiöse und künstlerische Dimension. Ein wahrer Schatz, der einen innerlich bereichert in die geschäftige Welt außerhalb dieses abgeschiedenen Bezirks zurückkehren lässt.

Ein Bauwerk von der historischen und sakralen Bedeutung des Hildesheimer Doms vereint eine Reihe ganz unterschiedlicher Facetten des Ausdrucks menschlichen Schaffens und menschlicher Hoffnungen zu einem räumlichen Gesamten. In vielen baulichen Details ist die jahrhundertealte Geschichte ablesbar und die klare und gleichzeitig auch komplexe räumliche Ordnung spürbar, die kluge und mutige Konstruktion, die mit Hilfe von Pfeilern, Stützen und Bögen Massen von Stein zu lichten, weiten Räumen formt. Die sinnliche Materialität der Oberflächen. Das sich in Jahres- und Tageszeiten verändernde Licht, welches den Innenraum zum Leben erweckt, ihn bald in ruhiger Plastizität, bald in dynamischer Bildhaftigkeit erscheinen lässt.

Man lässt die erhebende und befreiende Atmosphäre eines solch außergewöhnlichen Raumes auf sich wirken. Darüber hinaus inspirieren die beeindruckenden Kunstwerke, der Klang der Musik und die Feier der Eucharistie. Dies alles sind Dinge, die das menschliche Leben und die menschliche Sehnsucht

Apsisfenster von innen mit Blick auf den Tausendjährigen Rosenstock

nach Gemeinschaft und nach einem Sinn hinter dem täglich Erfahrbaren widerspiegeln.

Das komplexe Zusammenwirken dieser Vielfalt von Eigenschaften in einem einzigen großartig gedachten Bauwerk macht die Ausstrahlung dieser Kathedrale aus, deren Bedeutung über die herkömmlichen Begrifflichkeiten von Funktion oder Zweckmäßigkeit weit hinausgeht. Es sind im Kern nicht der Prunk oder die Macht, die uns beeindrucken, sondern es sind die Intelligenz und Empfindsamkeit vieler menschlicher Generationen, welche hier in einem ganzheitlichen und lebendigen Werk zum Ausdruck kommen.

Ausdruck einer langen Geschichte

Der Raum, den man wahrnimmt, ist gleichzeitig das Ergebnis stetiger Veränderungen und Ergänzungen über einen sehr langen Zeitraum hinweg. Jede menschliche Konstruktion ist schließlich an ihre Zeit gebunden, an deren Hoffnungen und auch an deren Katastrophen.

So wurde der Dom schon im frühen Mittelalter mehrfach verändert und erweitert. Er wurde auch in großen Teilen zerstört und wieder neu aufgebaut. Verheerende Brände spielten dabei ebenso eine Rolle wie sich stetig wandelnde gesellschaftliche Bedingungen, liturgische oder räumliche Vorstellungen und

Links: Betonkapitell im südlichen Mittelschiff
Rechts: Obergadenfenster im südlichen Querhaus

Betondecke im Seitenschiff

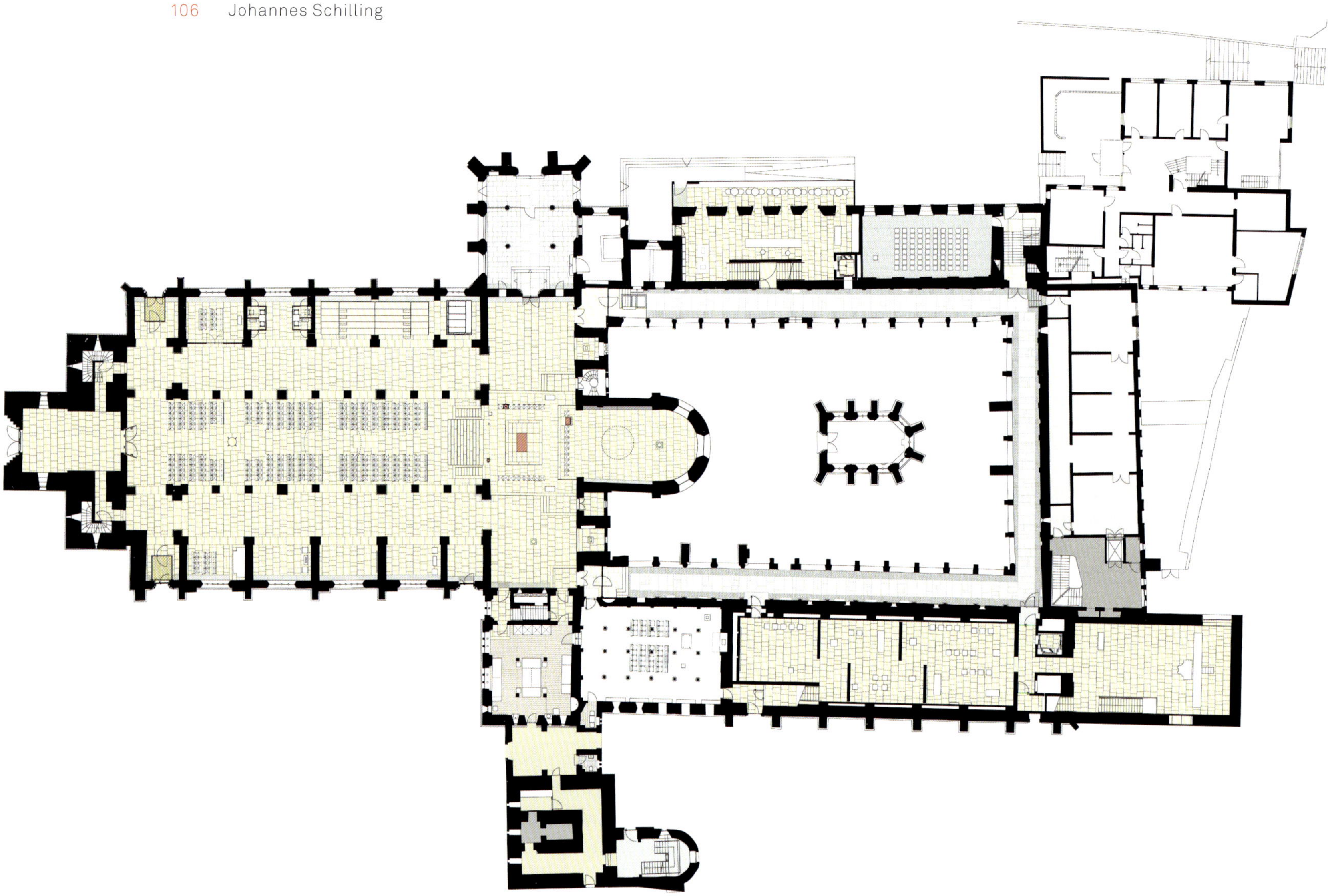

Freilegung der Zugänge zur Krypta in den ursprünglichen Zustand und damit in ein besseres Gleichgewicht gebracht. Die Absenkung des in den 1960er-Jahren angehobenen Fußbodens auf das ursprüngliche Niveau hatte eine erhebliche Verbesserung der Raumproportionen zur Folge und stellte die alten Proportionen der Säulen wieder her, deren Basen nun nach Befund rekonstruiert werden konnten.

Die hellen gotischen Seitenkapellen, die mit ihren Kreuzgratgewölben den dreischiffigen romanischen Raum um eine lichte Dimension erweitern, wurden mit ihrer klar ablesbaren baulichen Plastizität nahtlos einbezogen. Hier wurde durch die Neuanordnung nach dem Krieg noch erhaltener Kunstwerke ein Bezug zur ursprünglichen Widmung wieder hergestellt. Teilweise wurden auch neue liturgische Inhalte wie Beichte oder Chormusik eingebracht.

Eine Reihe weiterer Maßnahmen, wie etwa eine lichte Verglasung der Apsisfenster, die Herstellung einer Sichtverbindung zu beiden Ebenen des zweigeschossigen Kreuzgangs, der Abschluss des nördliches Querhauses gegenüber dem gotischen Godehardichor oder eine homogene Farbgebung, trugen zusätzlich dazu bei, die charakteristische Raumkonstellation zur Geltung zu bringen.

Grundriss Dom von 2014

Treppenanlage zum Hochchor mit den Zugängen zur Krypta

Die Liturgie ordnen

Dieser zweite und vielleicht wichtigste Grundsatz hatte das Ziel, die Dinge gemäß ihrer liturgischen Funktion und Bedeutung wieder in eine sinnvolle Beziehung zueinander zu setzen.

Das Rückgrat der räumlichen Sinngebung wird durch eine liturgische Achse gebildet, welche sich von Westen nach Osten erstreckt. Hier reiht sich eine Folge von Orten und Bildern auf, die dem Raum im Einklang mit seiner baulichen Gliederung eine starke Bedeutungsdimension verleihen.

Von Westen nach Osten folgen in der Mittelachse des Hauptschiffs nacheinander die Bernwardtür, die Orgel, das Taufbecken, der Heziloleuchter, der Aufgang zum Altarraum, der Altar, der Thietmarleuchter, die Irmensäule. Darunter die Krypta mit dem Marienreliquiar und dem Gnadenbild, der Godehardschrein, die Bischofsgrablege. Im Kreuzganghof der Rosenstrauch, der Domherrenfriedhof und die Annenkapelle.

Im Westen bildet die zweiflügelige monumentale Bernwardtür den Auftakt dieser Folge. Sie erzählt mit ihrem eindrucksvollen Bildzyklus dem Ankommenden die Heilsgeschichte. Das Portal ist im liturgischen Sinne das Tor zum Heil. Es bildet Abschluss und zugleich Öffnung zwischen der westlichen Eingangshalle (dem Westparadies) und dem eigentlichen Kirchenraum.

Die Bernwardtür wurde nach dem Zweiten Weltkrieg mit der Bildseite nach innen gedreht und nach Westen versetzt. Im Zuge der Domsanierung wurde sie wieder ihrer Bedeutung entsprechend mit der Bildseite nach außen zwischen Westparadies und Kirchenschiff eingefügt – in ihren ursprünglichen Türangeln. Im Westparadies kann das Portal nun auch den vielen Besuchergruppen in angemessener Umgebung erläutert werden ohne dass dadurch die Ruhe des Kirchenraums beeinträchtigt wird.

Das Mittelschiff des Doms ist durch drei Pfeilerjoche in Längsrichtung gegliedert, in deren jeweiliger Mitte Stationen von liturgischer Bedeutung angeordnet sind: das Taufbecken, der Heziloleuchter sowie die Treppen zu Altarraum und Krypta, der Godehardschrein und die Bischofsgrablege.

Das wertvolle frühmittelalterliche Taufbecken bildet nach der Bernwardtür einen weiteren Fixpunkt auf der liturgischen Achse. In der Mitte des ersten Säulenjochs positioniert steht es hier am Anfang des Kirchenraums und gleichzeitig schon innerhalb der Gemeinde.

Basen der Säulen und Pfeiler im Mittelschiff

Säulenanordnung im oberen Kreuzgang

Thietmarleuchter in der Apsis

Kreuzrippengewölbe mit Schlusssteinen in der Annenkapelle

Im mittleren Pfeilerjoch und damit genau in der Mitte des Hauptschiffs beherrscht der monumentale romanische Heziloleuchter den Raum. Er symbolisiert mit seinem grandiosen Bild- und Textprogramm das himmlische Jerusalem im Sinne der Verheißung von ewigem Frieden und Glück für die Gemeinschaft der Gläubigen.

Der Heziloleuchter wurde während der Wiederaufbauzeit in der Vierung von Haupt- und Querschiff angeordnet. Im Zuge der Neuordnung nimmt er jetzt wieder seinen über viele Jahrhunderte angestammten Ort im Zentrum des Mittelschiffs und im Zentrum der Gemeinde ein.

Im vordersten Säulenjoch liegt der Aufgang zum Altarraum. Ursprünglich befand sich am Fuß der Treppe der Kreuzaltar. Vierung und Chorraum waren durch eine im 16. Jahrhundert künstlerisch reich gestaltete Chorschranke (Lettner) abgetrennt. Im Zuge des Wiederaufbaus der 1960er-Jahre wurde der wertvolle Lettner in die Antoniuskirche verlegt, die heute zum Dommuseum gehört. Dort ist er in angemessener Neuaufstellung zu besichtigen.

In der Krypta steht an zentraler Stelle der bedeutende mittelalterliche Godehardschrein. Die neu geschaffene Bischofsgruft liegt von dort aus axial zugänglich im Bereich des dritten Pfeilerjochs. Bei den Ausgrabungsarbeiten wurden die steinernen Sarkophage der Bischöfe Ebo (845–851) und Berthold (1119–1130) genau in der Achse des Mittelschiffs gefunden. Sie wurden dort in der Fundlage erhalten und liegen nun im Zentrum der neuen Bischofsgruft.

Der Altarbereich wurde in der Vierung zwischen Langhaus und Querhaus neu geordnet. Der Altar wurde möglichst nahe zur Gemeinde errichtet und steht nun zentral über dem Godehardschrein.

Der von Ulrich Rückriem geschaffene Altar ist das bedeutende künstlerische Zeugnis unserer Zeit innerhalb des Doms. Mit konzentrierten bildhauerischen Mitteln stellt das souveräne Werk komplexe und universelle Bezüge her zwischen dem Ursprung der Welt und unserem menschlichen Dasein.

Den Hochchor prägt der bedeutende Thietmarleuchter, der hier jahrhundertelang die Mitte des Chorgestühls bestimmte. Seit den 1980er-Jahren war er in der Antoniuskirche angeordnet und bildet nun wieder ein wichtiges Element auf der liturgischen Achse. Im Bereich der Chorapsis steht die sagenumwobene Irmensäule, welche nun das Altarkreuz trägt.

Die Fenster der Chorapsis wurden lichtdurchlässiger verglast, wodurch der Chorraum heller wird und als Teil des Gesamtgefüges besser zur Geltung kommt.

Durch das mittlere Fenster kann man, in Fortsetzung der liturgischen Achse, den Tausendjährigen Rosenstrauch wahrnehmen, der sich auf die Gründungsüberlieferung des Hildesheimer Doms bezieht.

Das Querschiff stellt über die Vierung und die Krypta eine Verbindung zwischen der liturgischen Achse und dem, sich nach Osten anschließenden, zweistöckigen Kreuzgang mit dem Domherrenfriedhof, der Annenkapelle und dem Dommuseum her.

Die nach Osten ausgerichteten Kapellen des Querhauses bergen besondere Reliquien, wie etwa den Schrein der Dompatrone (Epiphaniusschrein) im nördlichen Querhaus.

Das Zentrum des südlichen Querhauses bildet die berühmte bronzene Christussäule mit ihrem eindrucksvollen figürlichen Bildprogramm aus bernwardinischer Zeit. Ursprünglich wurde sie für St. Michael geschaffen, die Gründungskirche und Grablege Bernwards, wo sie, zentral im Vierungsbogen hinter dem Altar aufgestellt, die Kreuzigungsszene trug.

Ende des 19. Jahrhunderts gelangte sie in den Mariendom.

Ihre heutige Aufstellung kann und soll nicht ihren ursprünglichen liturgischen Stellenwert neu erfinden oder gar simulieren. Es ist jedoch ein würdiger Ort hinsichtlich der religiösen und historischen Bedeutung dieses herausragenden Zeugnisses künstlerischen Ausdrucks im Zeichen des Glaubens. Die Christussäule wurde also plan auf den Kirchenboden gestellt, lediglich eine Fuge im Boden markiert ihre feste Position.

Die von dort aus über den Kreuzgang zugängliche anmutige Laurentiuskapelle wurde als Sakramentskapelle gewidmet. Dies stellt einen schönen Zusammenhang her, der das Gefüge des gesamten Ensembles noch einmal besonders erfahrbar macht. Ein Sinngehalt, der auch solch wundervolle Orte wie die Steinbergkapelle, die Annenkapelle oder die Marienkapelle einbezieht.

Die Dinge sichtbar machen

Der dritte Grundsatz, den Raum in seiner Gesamtheit und in seinen Details möglichst authentisch sichtbar werden zu lassen, beruht auf der unmittelbaren Wirkung unserer unverstellten Wahrnehmung. Dabei sollten not-

Hauptaltar von Ulrich Rückriem (Detail)

wendige bauliche Eingriffe der heutigen Zeit architektonisch mit hohem Anspruch, aber in ihrem formalen Ausdruck eher zurückhaltend, homogen, integrativ und zeitlos gestaltet werden, auch um eine differenzierte Erfahrbarkeit des Gesamten in seinem historischen Kontext so wenig wie möglich zu dominieren oder zu überformen.

Die Raumoberflächen wurden aus Materialien hergestellt, die sich in ihrer natürlichen Beschaffenheit und Farbe differenziert und harmonisch ergänzen.

Der Boden bildet die Basis für den aufstrebenden Raum und für alles, was darin geschieht. Ihm kommt daher die Bestimmung eines allseits präsenten, in sich ruhenden Hintergrundes zu. Er besteht aus farblich dem Bestand entsprechendem Sandstein, welcher als homogene Fläche in einer zurückhaltend auf die Raumstruktur abgestimmten Gliederung verlegt wurde. Die materialgerechte handwerkliche Bearbeitung macht seine Oberfläche zusätzlich wertvoll, neutral und erdverbunden.

Die aufstrebenden Pfeiler und Stützen tragen gleichsam den Raum und zeigen das Material, aus welchem sie konstruiert sind. In architektonischer Hinsicht hat ihre Proportion und Gestalt eine den Raum charakterisierende Eigenschaft, die durch die Absenkung des Bodens wieder zur Geltung kommt. Die größtenteils verloren gegangenen Basen wurden im Sinne der räumlichen Gesamtwirkung nach alten Vorbildern rekonstruiert. Allerdings wurde hierzu das gussfähige Material Beton verwendet – auch um die Rekonstruktion sichtbar zu machen. Viele Stützen sowie einige Pfeiler weisen ebenfalls das schon bei ihrer Nachkriegsrekonstruktion verwendete Material Beton auf.

Die Wände sind mit einem mehrlagigen Wandverputz versehen, der in seiner mineralischen Zusammensetzung auf die physikalischen und chemischen Eigenschaften der vorhandenen Untergründe aus Naturstein oder Ziegeln eingestellt wurde. Die Putzoberfläche folgt den leichten Unebenheiten des tragenden Mauerwerks und macht dieses dadurch spürbar, ähnlich wie sich eine differenzierte Muskulatur leicht unter der Haut abzeichnet. Es wurde kein Farbanstrich aufgebracht, sondern man sieht die natürliche helle Farbe der obersten Kalkputzlage mit ihren sandigen Schattierungen und Körnungen.

Die flachen, filigranen Decken hat man in der Wiederaufbauzeit in formaler Anlehnung an die Holzbalkendecken frühromanischer Kirchen gestaltet, jedoch aus Betonbalken konstruiert und anschließend mit dunklen Holzbrettern verkleidet. Raumakustische Messungen ergaben, dass diese Verkleidungen Ursache der bisher für die Dommusik ungünstigen Akustik waren, weshalb die Holzverkleidung im Zuge der Sanierung entfernt wurde. Die freigelegte, sehr schöne filigrane Betondeckenstruktur aus den 1950er-Jahren wurde anschließend mit dem gleichen Putz wie auf den Wänden geglättet. Dadurch ergibt sich ein geschlossenes Raumbild, das nicht nur die Gewölbe der gotischen Seitenkapellen mit den Decken des romanischen Kirchenraumes in ein Gleichgewicht bringt, sondern auch sämtliche Wände und Decken zu einem harmonischen System aus konstruktiven Elementen verschiedenster Entstehungszeiten vereint.

Auf einzelne Fragen, wie etwa die Rückpositionierung der Bernwardtür oder die Neuerrichtung einer Bischofsgruft, mussten teilweise differenzierte architektonische Antworten gefunden werden.

Um das Westparadies vom Kirchenraum aus zur Betrachtung des an seinen ursprünglichen Ort zwischen westlicher Vorhalle und Kirchenraum versetzten Bronzeportals zu-

gänglich zu machen, wurden – bewusst als Nebenwege erfahrbare – seitliche Zugänge durch die 3 m starken Turmwände gesägt. Die Sägeschnitte sind ablesbar. Auch Innenwände und Decke des Westparadieses erscheinen, im Unterschied zum verputzten Kirchenraum, in rohem alten Mauerwerk und sichtbarem Beton, was den Charakter einer Vorhalle außerhalb des Kirchenraums unterstreicht. Lediglich das schwere Gewände der Bernwardtür, dem alten Vorbild aus Beton nachgeformt, durchstößt die Abschlusswand und ist gleichzeitig sowohl im Westparadies wie auch im Kirchenraum in seiner alten Form und heutigen Materialität sichtbar.

Der Bau der neuen Bischofsgrablege war zwar auch in der Ausführung eine besondere Herausforderung, da neben den konstruktiven und technischen Themen wie Erdabfangungen oder Grundwasser der Erhalt wichtiger archäologischer Funde berücksichtigt werden musste. Insbesondere war aber die Grundkonzeption und die damit verbundene Herstellung räumlicher und liturgischer Bezüge die eigentliche Aufgabe.

Die Lage im Mittelschiff und der Zugang aus der Krypta, in der Achse des Schreins des Bischofs Godehard, stellt eine direkte räumliche Beziehung her zu dem ältesten Teil der Bischofskirche, dessen Fundamente bei den ak-

Stützwechsel im Mittelschiff

Neuer Standort der Bernwardtür im Westwerk des Domes

tuellen archäologischen Grabungen unterhalb der Krypta identifiziert wurden. Darüber hinaus wird die Gründungslegende des Bistums in Gestalt des Rosenstocks durch ein neu geöffnetes Fenster in der Apsis der Krypta erfahrbar.

Das Gedenken an die Hildesheimer Bischöfe wird durch diese räumlichen Bezüge in einen Zusammenhang gestellt und so die lange kontinuierliche Geschichte ihres Wirkens in das dankbare Gedenken an den jeweils einzelnen Bischof miteinbezogen. Dem Gedenken wird innerhalb der Bischofsgruft auf der liturgischen Achse Raum gegeben und durch das Wandelkreuz aus dem 12. Jahrhundert ein Bezugspunkt geschaffen.

Gestaltungsaspekte

Eine Besonderheit weist die neue Gestaltung der Orgel auf. Aus musikalischen Gründen war ein Rückpositiv erforderlich, welches in den Raum hineinragt. Im Sinne eines mit Rücksicht auf die Kunstgegenstände möglichst zurückhaltenden Erscheinungsbildes wurden die Orgelprospekte von Rückpositiv und Hauptorgel zu einem Gesamtbild verbunden und dabei gleichzeitig der gestalterische Ausdruck auf die musikalischen Eigenschaften des liturgischen Instruments konzentriert.

Bei der Möblierung wurde auf Kirchenbänke zugunsten von Stühlen verzichtet, deren

Neue Bischofsgruft mit mittelalterlichem Steingrab

Um den Raum und seine Kunstgegenstände, wie beispielsweise auch den Heziloleuchter, in ihrer Wirkung möglichst wenig zu beeinträchtigen, wurden keine sichtbaren Leuchtkörper im Raum verteilt. Die Lichtquellen »verschwinden« innerhalb der Bauteile und leuchten wie Sonnenstrahlen durch schmale Deckenspalten oder aus Fensternischen. Dabei können gleichzeitig nahezu alle Raumbereiche in allen Richtungen und in jeder erwünschten Helligkeit ausgeleuchtet werden. Hierdurch wird für die unterschiedlichsten Anlässe eine jeweils angemessene selbstverständlich wirkende Lichtstimmung ermöglicht. Auch können einzelne Kunstgegenstände zusätzlich besonders hervorgehoben werden.

»... weil nichts zu schön sein kann für Gott.«[1]

Der Dom und seine Ausstattung

Dom – die seit langem übliche Bezeichnung für die Hildesheimer Bischofskirche leitet sich ab aus dem lateinischen Wort domus = Haus. Damit soll zum Ausdruck gebracht werden, dass diese Kirche ein Gottes-Haus ist, wobei der Rückgriff auf die lateinische Sprache zugleich auf die besondere Bedeutung der Kirche verweist. Generationen haben an ihr gebaut. Die unterschiedlichen Bauteile deuten darauf hin, kenntlich am Nebeneinander von romanischen und gotischen Bauformen und dem eigenwilligen Kontrapunkt des barocken Kuppelbaus über die Vierung. So, wie diese Bauteile heute vor Augen stehen, sind sie zwar erst im Zuge des Wiederaufbaus der in den letzten Tagen des Zweiten Weltkriegs schwer von Bomben getroffenen Domkirche wiederhergestellt worden. Doch ihre Formensprache orientiert sich am historischen Baukörper. Zumindest in seiner äußeren Gestalt sollte er möglichst getreu wiedererstehen, um damit Zeugnis zu geben von der über mehr als 1.000 Jahre ungebrochenen Vitalität des Bischofssitzes und seines Gründungsortes.

Dass hier der Ursprung des Bistums Hildesheim liegt, haben die im Zuge der gerade abgeschlossenen Sanierung des Domkomplexes durchgeführten Bauforschungen noch einmal eindrucksvoll deutlich gemacht. Das sächsische Gräberfeld, das dabei unter dem heutigen Dom aufgedeckt wurde, ist offenbar auf einen ersten wesentlich kleineren Kirchenbau im Bereich der heutigen Krypta ausgerichtet, an deren Ostapsis der Tausendjährige Rosenstock seine Wurzeln in den Boden treibt. In ihm sieht die fromme Überlieferung jenen »Baum«, an dem sich zur Zeit Ludwigs des Frommen ein Reliquienwunder ereignete. So, wie dieses den Karolingerkaiser veranlasst haben soll, den Bischofssitz an einem derart als gottgewollt ausgezeichneten Ort zu errichten, gab die Erinnerung an die wunderbaren Anfänge der Kirchengründung im 11. Jahrhundert den Ausschlag, den 1046 abgebrannten Dom wieder über den alten Grundmauern aufzubauen. Diese Wertschätzung des Ortes bestimmt auch die heutige Sanierung. Die Besinnung auf die Geschichte ist identitätsstiftend. Dafür steht nicht zuletzt der Tausendjährige Rosenstock, dessen Wurzeln bis zu den Fundamentgräben der Marienkapelle Ludwigs des Frommen reichen.

Die Grunddisposition des heutigen Domes wird immer noch maßgeblich bestimmt durch jenen karolingischen Bau, den Bischof Altfrid (851–875) über der ersten Marienkir-

Außenansicht Dom

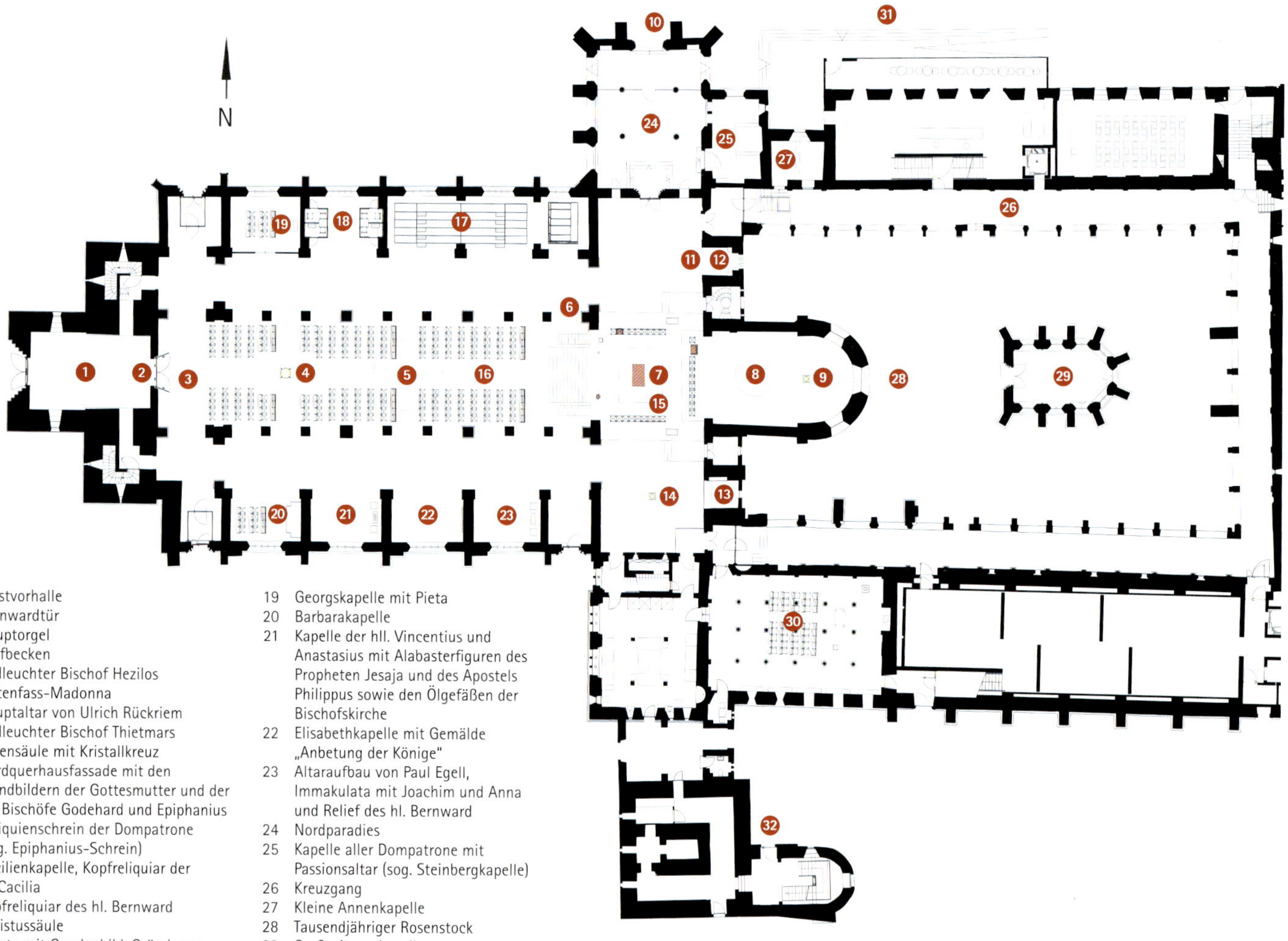

1 Westvorhalle
2 Bernwardtür
3 Hauptorgel
4 Taufbecken
5 Radleuchter Bischof Hezilos
6 Tintenfass-Madonna
7 Hauptaltar von Ulrich Rückriem
8 Radleuchter Bischof Thietmars
9 Irmensäule mit Kristallkreuz
10 Nordquerhausfassade mit den Standbildern der Gottesmutter und der hll. Bischöfe Godehard und Epiphanius
11 Reliquienschrein der Dompatrone (sog. Epiphanius-Schrein)
12 Cäcilienkapelle, Kopfreliquiar der hl. Cacilia
13 Kopfreliquiar des hl. Bernward
14 Christussäule
15 Krypta mit Gnadenbild, Gründungsreliquiar, Godehardschrein
16 Bischofsgruft (zugänglich über Krypta)
17 Matthäuskapelle
18 Kapelle der Zehntausend Märtyrer
19 Georgskapelle mit Pieta
20 Barbarakapelle
21 Kapelle der hll. Vincentius und Anastasius mit Alabasterfiguren des Propheten Jesaja und des Apostels Philippus sowie den Ölgefäßen der Bischofskirche
22 Elisabethkapelle mit Gemälde „Anbetung der Könige"
23 Altaraufbau von Paul Egell, Immakulata mit Joachim und Anna und Relief des hl. Bernward
24 Nordparadies
25 Kapelle aller Dompatrone mit Passionsaltar (sog. Steinbergkapelle)
26 Kreuzgang
27 Kleine Annenkapelle
28 Tausendjähriger Rosenstock
29 Große Annenkapelle
30 Laurentiuskapelle
31 Eingang zum Dommuseum/Domfoyer
32 Kapitelhaus

che errichten ließ. Altfrids Vorbild war dabei, wie für viele seiner Zeitgenossen, die alte, von Konstantin zu Ehren des Apostelfürsten Petrus in Rom errichtete Basilika. Das wie ein Prozessionsweg angelegte Langhaus, das an seinem Ende von einem Querhaus gekreuzt wird, dem sich ein Chorhaupt mit darunterliegender Krypta anschließt, sind die charakteristischen Elemente, die über Hildesheim hinaus für zahlreiche Bischofs- und Klosterkirchen der Karolingerzeit prägend waren.

Der Dom folgt in seiner Ausrichtung dem Sonnenlauf. Ihren Aufgang im Osten markiert die von drei großen Fenstern durchbrochene Apsis. Deren Wölbung zeichnet diesen Baukörper als einen hoheitlichen Ort aus, gilt die Sonne doch seit den Tagen Konstantins des Großen als Bild Christi. Den Gegenpol bildet der Glockenturm im Westen. Wie ein Bollwerk grenzt er das Gotteshaus gegen die Dunkelheit ab, die bei Sonnenuntergang hereinbricht. Einen eigenen Akzent setzt der Turm über der Vierung. Im alten Dom markierte er den Ort des von hier zum Himmel aufsteigenden Chorgebetes, heute erhebt er sich als monumentaler Baldachin über dem Hauptaltar, dem Herzen der Bischofskirche. Der Weg dorthin führt in der Hauptachse durch die Eingangshalle vor dem Westturm. Dieser alte Versammlungsort markiert die liturgische Grenze zwischen

dem profanen Vorfeld der Bischofskirche und dem sakralen Innenraum. Die Tür, die den Zugang ins Innere vermittelt, wird deshalb nur zu besonderen Anlässen geöffnet. Schon ihre Übergröße und die Tatsache, dass jeder ihrer beiden Flügel in einem Stück aus Bronze gegossen ist, kennzeichnen ihre herausgehobene Bedeutung. Dazu zeichnet sich die 1015 von Bischof Bernward gestiftete Tür durch ein reiches Bildprogramm aus, das diese Nahtstelle zwischen draußen und drinnen zum Thema einer heilsgeschichtlichen Katechese macht. Den heiligen Ort, der hinter dieser Tür liegt, soll nichts entwürdigen. Dafür stehen die beiden Türzieher, deren Löwenköpfe das Bild zweier Bestien beschwört, die mit gefletschten Zähnen Wache halten. Das archaische Motiv ist auf beziehungsreiche Weise eingebunden in die umgebende Szenenfolge. Auf dem linken Flügel reicht sie in absteigender Reihe von der Erschaffung Adams bis zum Brudermord, rechts von der Verkündigung zum Ostermorgen. Im Zentrum, den Türziehern unmittelbar zugeordnet, sieht man Eva mit Kain, ihrem Erstgeborenen, auf dem Schoß und die Gottesmutter einander gegenübergestellt. In dieser Konfrontation von »alter« und »neuer Eva« wird die Tür selbst zum Thema gemacht, ist es doch das bedingungslose Eingehen auf die Heilszusage Gottes, mit der Maria jene Tür

Grundstein des Domes aus dem Jahr 1950

Folgende Doppelseite: Blick durch die geöffnete Bernwardtür in das Langhaus zum Altar mit Taufbecken und Heziloleuchter

MEM HAS VALVAS FVSILES

ANDOMINCMXV·BERDIVMEM·HASVALVASFVSILES
INFACIEANGELICTEPLIOBMONMTSVIFECSVSPENDI

Bernwardtür, Gesamtansicht und Details: (gegen den Uhrzeigersinn): Die Erschaffung des Menschen, Zuführung der Eva (links oben), Vertreibung aus dem Paradies, Erdenleben (links unten), Anbetung der Könige, Darbringung Jesu im Tempel (rechts unten), Das leere Grab, Erscheinung des Auferstandenen vor Magdalena (rechts oben)

Nischensäule aus dem 11. Jahrhundert in der Eingangszone des Domes

wieder aufgestoßen hat, die durch die Ursünde Evas für immer verschlossen schien. Zugleich verbindet sich mit diesem Bild eine subtile Anspielung auf die Schutzpatronin des Domes. Die marianische Prägung des Bildprogramms findet einen Wiederhall am nordwestlichen Seitenportal, einem der frequentiertesten Zugänge in den Dom. Hier sind es die in steinerne Tabernakel gefassten Figuren von Maria und Gabriel die in ihrer Anordnung zu beiden Seiten der Eingangstür auf die sakramentale Gegenwart Christi in dem von dorther zugänglich gemachten Kirchenraum verweisen. Als »Türhüter« ist zusätzlich, in unmittelbarer Nachbarschaft zur großen Bronzetür der Westvorhalle, Bernward selbst dargestellt, zusammen mit den heiligen Bischöfen Godehard und Epiphanius, den Konpatronen des Mariendomes.

Im Innern des Domes zeichnet sich das Massiv des Westturmes als eigener liturgischer Bereich ab, in dessen Obergeschoss schon im Spätmittelalter eine Orgel nachgewiesen werden kann. Den Abschluss dieser Eingangszone markieren nach Osten hin zwei Nischensäulen in Nord- und Südwand, deren Schäfte als einzige aus rotem Sandstein gemeißelt sind. Mit ihnen wird an den Tempel Salomons erinnert, dessen Vorhalle sich ebenfalls durch zwei Säulen auszeichnete (2 Chr 3,15–17). Das Bildzitat

Blick zum Apsisfenster vom Hauptaltar aus mit Thietmarleuchter und Irmensäule mit neu geschaffenem Kreuz aus Bergkristall

deutet das Gotteshaus als den Tempel des Neuen Bundes. Weiter ausgeschmückt wird dieses Bild durch die Zwölfzahl der Säulen im Mittelschiff. Sie verweisen auf die zwölf Apostel, die Stützen der Kirche. Auch die zwölf bronzenen Wandleuchter in Seitenschiffen und Chor mit den ihnen zugeordneten Weihekreuzen weisen darauf hin, dass Christus seine Kirche auf dem »Fundament« der Apostel errichtet hat, in deren Nachfolge der Bischof von Hildesheim steht. Zugleich erinnern die Kreuze an den Wiederaufbau des im Zweiten Weltkrieg so schwer zerstörten Domes, der 1960 von Bischof Heinrich Maria Janssen (1957–1982) als einzige der im Krieg zerstörten Bischofskirchen eine Neuweihe erhielt und mit der Salbung der Kreuzsteine zeichenhaft wieder in Dienst genommen wurde.

Die Arkadenfolge des Mittelschiffes wird durch zwischengestellte Pfeiler rhythmisiert, die den Längsraum in drei Abschnitte gliedern. Den Auftakt bildet nun wieder das Taufbecken, das schon im Mittelalter im westlichen Teil des Langhauses verortet werden kann. Nach wie vor ist die wichtigste Funktion des Beckens die, dass über ihm die Taufe gespendet wird. Zugleich ist dies weltberühmte Kunstwerk Erinnerungsort für die allen christlichen Konfessionen gemeinsame Taufe. Und schließlich macht die komplexe Bildfolge mit ihren alt- und neutestamentlichen Verweisen auf die Heilsbedeutung der Taufe das Bronzebecken als zentralen Ort der Osterliturgie kenntlich, die in der Mutterkirche des Bistums seit jeher besonders festlich begangen wird.

Der mittlere Raumabschnitt wird durch den großen Radleuchter beherrscht, den Bischof Hezilo (1054–1079) für den nach der Brandkatastrophe von 1046 wiedererrichteten Dom gestiftet hat. Im nun erneut wiederhergestellten Dom, dessen durch den Weltkrieg geschlagene Narben ablesbar bleiben, ist dieser Leuchter in Gestalt des himmlischen Jerusalems von tiefer Symbolkraft.

Den abschließenden Akzent setzt im Mittelschiff die Tintenfassmadonna am nordwestlichen Vierungspfeiler. In ihrer herausgehobenen Position verweist sie darauf, dass die Bischofskirche der Gottesmutter geweiht ist.

Auch der Chorraum gliedert sich in drei Teile. Die Vierung, bis 1945 Ort des Chorgebetes, ist mit dem Hochaltar seit 1960 liturgisches Zentrum der Bischofskirche. Der neue, von Ulrich Rückriem aus drei mächtigen Steinplatten als Verweis auf die alttestamentlichen Opferaltäre gestaltete Hochaltar fungiert in blockhafter Schwere als Ort des Messopfers. Er korrespondiert mit dem Godehardschrein in der Krypta als Erinnerung an

Godehardschrein (Detail), hl. Godehard

den ersten, zur Ehre der Altäre erhobenen Bischof von Hildesheim. Die vergoldeten Innenseiten des Altars verweisen auf das darunterliegende Heiligengrab, das an die Stelle eines Reliquiensepulchrums tritt. Der Altarraum des alten Domes lag im östlich an die Vierung grenzenden Chorquadrat. Zielpunkt war hier der 1945 zerstörte Hochaltar, auf dem an hohen Festtagen auch der Reliquienschatz der Bischofskirche zur Schau gestellt wurde. In Erinnerung an die jahrhundertelang hier gefeierten Gottesdienste ist der für diesen Raum gestiftete Radleuchter des Bischofs Thietmar (1038–1044) wieder im Chorquadrat aufgehängt. Wiederhergestellt ist auch die alte Sakramentsnische in der Nordwand mit ihrem barocken Gitter. Den Platz des alten Hochaltars nimmt nun der wohl von Bischof Hezilo gestiftete Osterleuchter ein, den man wegen seiner monumentalen Größe und in Verkennung der ursprünglichen Bestimmung lange Zeit für die von Karl dem Großen gestürzte Göttersäule der Sachsen (Irmensul) hielt. Am neuen Standort dient die zwischenzeitlich von einer Marienfigur bekrönte Leuchtersäule nun dazu, ein Kreuz zu tragen. Das Hildesheimer Künstlerpaar Ulla und Martin Kaufmann hat es aus Bergkristall geschaffen und greift auf diese Weise den Gedanken des edelsteinbesetzten Strahlenkreuzes auf, das seit alters

Hauptaltar aus Anröchter Dolomit von Ulrich Rückriem

Heziloleuchter im Mittelschiff des Domes

her Zeichen der Wiederkunft Christi ist. Vor dem lichtdurchfluteten Rund der Apsis, das den Chorraum beschließt, wird das Kreuz auf der »Irmensäule« damit zum zentralen Heilszeichen des Domes.

Wie in der alten Petruskirche ist auch das Querhaus des Domes als Pilgerweg konzipiert. Die gotische Schaufassade der Nordseite hebt das besonders anschaulich hervor, indem sie dem Eintretenden die Hauptpatrone vor Augen stellt: die Gottesmutter, den heiligen Epiphanius und den heiligen Godehard. Dieser hält obendrein in seiner Rechten das älteste Heiltum des Domes, das karolingische Reliquiar, das Anlass zur Gründung der Bischofskirche auf dem Domhügel gegeben haben soll. Vorbei an der Kapelle aller Dompatrone führt der Weg dann im Innern von der Cäcilienkapelle im Nordquerhaus, über die Kultorte in der Krypta, auf deren Marienaltar bis ins hohe Mittelalter auch das Gründungsreliquiar aufgestellt wurde, zur Peter- und Paul-Kapelle im Südquerhaus, die mit ihrem Patrozinium die römische Tradition buchstäblich beim Namen nennt.

In Verbindung mit der Krypta wird das Querhaus nach der jetzt vollzogenen Neuordnung als vorgegebener Ort der Heiligenverehrung von neuem wahrnehmbar. Zentrales Heiligtum ist die Unterkirche. Der neu er-

Gnadenmadonna, Anfang 15. Jahrhundert

Silberkapsel, frühes 9. Jahrhundert

richtete Marienaltar ist die älteste Altarstelle des Bistums. Ihre Anfänge reichen bis in das frühe 9. Jahrhundert zurück. Hinter dem Altar ist erneut das alte, vermutlich von Bischof Gerhard (1365–1398) für die Krypta gestiftete Gnadenbild der Gottesmutter aufgestellt in deren Sockel die Karolingische Silberkapsel des Gründungsreliquiars eingelassen ist. Durch die freigelegte Fensteröffnung hinter dem Gnadenbild blickt man wieder auf die Wurzeln des Tausendjährigen Rosenstocks.

Die Trias der im Dom verehrten heiligen Bischöfe hat ihren Mittelpunkt im Westteil der Krypta auf den auch die neue Bischofsgrablege ausgerichtet ist. Gedächtnisort für den heiligen Bernward ist das Südquerhaus mit der dort aufgestellten Christussäule. Ihres alten Bestimmungsortes am Kreuzaltar von St. Michael verlustig gegangen, wurde sie nach Aufhebung der Klosterkirche um die Mitte des 19. Jahrhunderts in den Dom überführt. Durch das Kopfreliquiar Bernwards in der benachbarten Altarnische erhält die Säule jetzt eine neue inhaltliche Anbindung.

In der hochgelegenen Nische des nördlichen Querhauses, die eigens für solche Reliquienweisungen gebaut wurde, hat auch der sog. Epiphaniusschrein einen neuen Aufstellungsort gefunden. In der zum Chor hin angrenzenden Schatzkammer wird künftig der 1945 aus dem von Hezilo geweihten Hochaltar geborgene Reliquienschatz des Domes verwahrt. Da der Epiphaniusschrein neben den Gebeinen des heiligen Bischofs auch die der anderen Patrone des frühen Mittelalters enthält, besteht ein inhaltlicher Bezug zum Reliquienschatz und zur darunterliegenden Cäcilienkapelle. Hier, wo schon für den Dombau Bischof Altfrids ein Altar zu Ehren der heiligen Märtyrerin erschlossen werden kann, ist jetzt deren Reliquienbüste aufgestellt.

Tintenfassmadonna

Zur Neuaufstellung der Reliquiare im Querhaus fügen sich die in Fragmenten erhaltenen Darstellungen der Dompatrone in den Bogenfeldern über den Portalen der verlorenen Außenkrypta. Insgesamt ergibt sich so das Bild der um den Altar versammelten Kirche, in der sich die Heiligen im Himmel und die Gläubigen auf Erden zum Gotteslob vereinen.

An der Wende vom 14. zum 15. Jahrhundert wurde der Dom noch einmal durchgreifend verändert. Im Innenraum stehen dafür die beiden Kapellenreihen, die nicht nur angebaut wurden, um einer gewachsenen Zahl von Gläubigen Rechnung zu tragen, sondern auch um der individuellen Frömmigkeit Platz zu geben. Daran konnte auf unterschiedliche Weise angeknüpft werden.

Während die Kapellenreihe der Nordseite eine eher liturgisch orientierte Ausrichtung erhalten hat, sind die in ihrer Grundstruktur überkommenen Kapellen der Südseite als Erinnerungsorte konzipiert. In der Barbarakapelle, der 1. Kapelle von Westen, befindet sich der letzte nahezu komplett erhaltene Altar der alten barocken Domausstattung, die 1945 fast vollständig vernichtet wurde. Das Altarbild zeigt zu Füßen der Dompatrone den knienden Bischof Jobst Edmund von Brabeck (1688–1702). Damit gibt die Memoria für den vor diesem Altar begrabenen Stifter zugleich

Epiphaniusschrein, 12. Jahrhundert

Südliches Seitenschiff, Elisabethkapelle

Südlicher Eingang im Querschiff zur Krypta

Anlass, der vielen Toten zu gedenken, die über Jahrhunderte im Dom ihre letzte Ruhe gefunden haben. In der anschließenden Kapelle der heiligen Anastasius und Vincentius sind die beiden von Johann Friedrich Ziesenis (1715–1785) für den zerstörten Altar der alten Taufkapelle geschaffenen Alabasterfiguren des Propheten Jesaja und des Apostels Philippus aufgestellt. Beide verweisen sie auf das Taufsakrament, der Prophet durch die »Bluttaufe« seines Martyriums, der Apostel durch die von Lukas überlieferte Taufe des von Philippus bekehrten Äthiopiers. Anknüpfend an diese sakramentale Konnotation werden zwischen den beiden Heiligen künftig die barocken Ölgefäße des Domes dauerhaft aufgestellt. Die Blickverbindung reicht dann über den Taufort im Mittelschiff bis zur gegenüberliegenden Beichtkapelle, dem Ort des Bußsakramentes, und akzentuiert auf diese Weise den inhaltlichen Zusammenhang. In der Kapelle der heiligen Elisabeth, der 3. Kapelle von Westen, wird durch das große, nach einem Vorbild von Peter Paul Rubens geschaffene Gemälde mit Anbetung der Könige die Erinnerung an die jahrhundertelange Verehrung dieser Heiligen im Dom wachgehalten. Den östlichen Abschluss der Kapellenreihe bildet die Kapelle der Unbefleckten Empfängnis. Der in wesentlichen Teilen erhaltene Altaraufbau von Paul Egell

Nordwestliches Eingangsportal

(1691–1752) ist eine Stiftung des Hildesheimer Dompropstes und Weihbischofs Ernst Friedrich Freiherr von Twickel (†1734), der in dieser Kapelle auch begraben liegt. Das Figurenensemble, eine der großartigsten Gestaltungen dieses Themas in der europäischen Kunst des 18. Jahrhunderts, zeigt die in den Himmel aufgenommene Maria zwischen ihren Eltern Joachim und Anna. Diese Darstellung der Immaculata ist die einzige, die im Dom unmittelbar Bezug nimmt auf das Patronatsfest am 15. August.

Aus dem zuvor Gesagten mag deutlich werden, dass der Hildesheimer Dom mehr ist als ein Kulturdenkmal von Weltrang. Vor dem Hintergrund und im Kontext der darin gefeierten Liturgie erschließt er sich in seinen komplexen Bedeutungsschichten als ein »heiliger Ort«, ein Ort, der »eine offene Stelle im Gefüge der Welt freihält für den unbegreiflichen Gott.«[2]

Literatur

Michael Brandt, Von der Schatzkammer zum Museum. Aufbewahrung und Ausstellung des Hildesheimer Domschatzes im Wandel der Zeiten, in: das münster 56 (2003), S. 84–94 (Nachdruck mit Kommentar in: Geschaffen wie aus einem Guss. Festschrift für Michael Brandt zum 65. Geburtstag, hg. von Claudia Höhl und Gerhard Lutz, Regensburg 2013, S. 101–116).

Michael Brandt, Bernwards Säule, Schätze aus dem Dom zu Hildesheim Bd. 1, Regensburg 2009.

Michael Brandt, Bernwards Tür, Schätze aus dem Dom zu Hildesheim Bd. 3, Regensburg 2010.

Ego sum Hildensemsis. Bischof, Domkapitel und Dom in Hildesheim 815 bis 1810, hg. von Ulrich Knapp, Petersberg 2000.

Claudia Höhl, Das Taufbecken des Wilbernus, Schätze aus dem Dom zu Hildesheim Bd. 2, Regensburg 2009.

Johann Michael Kratz, Der Dom zu Hildesheim, seine Kostbarkeiten, Kunstschätze und sonstigen Merkwürdigkeiten, Bd. 1–3, Hildesheim 2013, Erstdruck von Band 1, Nachdruck der Bände 2 und 3 von 1840.

Karl Bernhard Kruse, Die Domburg Hildesheim vom 9. bis 11. Jahrhundert: Erste Ergebnisse der Grabung im Hildesheimer Dom, in: Berichte zur Denkmalpflege in Niedersachsen Bd. 31, S. 17–24.

Anmerkung

1 Benedikt XVI. bei der Vesper mit Klerus und Ordensleuten in Paris am 12. September 2008.

2 Rudolf Schwarz, Gottesdienst. Ein Zeitenbuch.

Linke Seite:
Christussäule

Christussäule, Details (rechts oben bis links oben): Berufung von Simon, Petrus und Andreas, Jesus und die Samariterin, Hochzeit zu Kana, Berufung von Jakobus und Johannes

Südöstliche Kapelle mit dem Büstenreliquiar des hl. Bernward

Cäcilienkapelle mit Büstenreliquiar, darüber die Wandnische mit dem Epiphaniusschrein

Laurentiuskapelle

Blick zum Westwerk mit Heziloleuchter, Taufbecken, Orgel und Bernwardtür

Der Dom als Klangraum

Kirchenmusik an der Kathedrale

Musik im Raum der Kirche

Drei Artikel des Konzilsdokumentes *Sacrosanctum concilium* sind es, die der Kirchenmusik einen hohen und besonderen Stellenwert zumessen. Hier wird die Musik der Kirche als ein »Reichtum von unschätzbarem Wert« dargestellt. Sie ist vor allem deshalb »unter allen übrigen künstlerischen Ausdrucksformen« ausgezeichnet, »weil sie als der mit dem Wort verbundene gottesdienstliche Gesang einen notwendigen und integrierenden Bestandteil der feierlichen Liturgie ausmacht«.[1] Die liturgische Handlung nimmt ihre vornehmste Form an, »wenn der Gottesdienst feierlich mit Gesang gehalten wird«.[2] Schließlich fordern die Konzilsväter dazu auf, dass »der Schatz der Kirchenmusik mit größter Sorge bewahrt und gepflegt werden« solle. »Die Sängerchöre sollen nachdrücklich gefördert werden, besonders an den Kathedralkirchen«.[3]

War das Musizieren im Gottesdienst bereits seit Urzeiten üblich, so nimmt es nun, in der Zeit nach dem Zweiten Vatikanischen Konzil (1962–1965), einen besonderen Stellenwert ein. Dagegen stand das Konzertieren im Bewusstsein der Kirche lange Zeit noch weit hinter dem gottesdienstlichen Musizieren. Spielte die Musik im Gottesdienst während der Zeit des Konzils eine so wichtige Rolle, dass ihr im erwähnten Dokument *Sacrosanctum concilium* ein eigenes Kapitel gewidmet wurde, so gab es für das Musizieren außerliturgischer Musik im Kirchenraum bislang keine Vorgaben oder Hinweise. Erst 1987 stellte die Kongregation für den Gottesdienst mit der Verlautbarung »Konzerte in Kirchen«[4] einen ersten hilfreichen Rahmen für diesen Bereich vor. Sie konnte und wollte aber nicht auf die Eigenheiten einzelner Länder eingehen und maßte es sich auch nicht an, über mögliche Entwicklungen zu spekulieren. Wie wichtig der Bereich des konzertanten Musizierens inzwischen aber geworden ist, spiegelt die Tatsache wider, dass sich die Deutsche Bischofskonferenz nun offiziell zu vielen Bereichen dieses Themas geäußert hat.[5] War es nach dem Wiedereinzug in den Hildesheimer Dom im Jahr 1960 – auch noch in den ersten Jahren nach dem Zweiten Vatikanischen Konzil – nicht üblich, hier konzertant zu musizieren, so nehmen die Domkonzerte mittlerweile seit vielen Jahren eine wichtige Funktion ein. Viele Konzertbesucher werden hier mit kirchlicher Kultur und geistlicher Musik im kirchlichen Raum in Berührung gebracht, die

Vor dem Treppenaufgang zur Orgel stehende, neu angefertigte Pfeifen

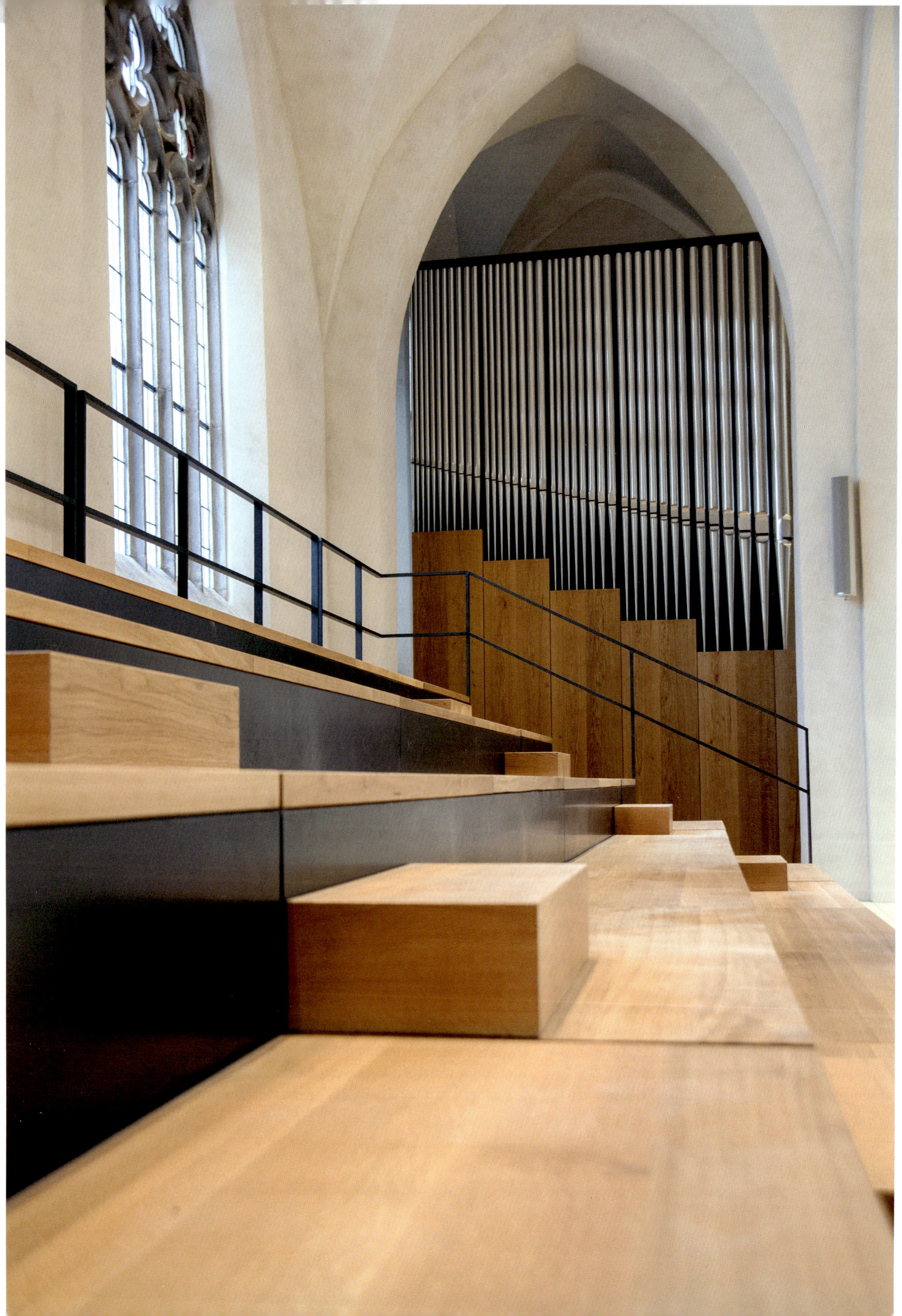

Orgel so aufzustellen ist, »dass sie Sängerchor und Gemeinde beim Gesang unterstützen und auch bei reiner Instrumentalmusik von allen gut gehört werden« kann.[13]

Bereits zu einem frühen Zeitpunkt wurde deshalb überlegt, den Ort des chorischen Musizierens im Falle einer liturgischen Neuordnung des Domes grundsätzlich zu überdenken und zu diskutieren. Nach dem Beschluss, die in den 1950er-Jahren im Zusammenhang mit dem Wiederaufbau des Domes eingezogene Betonempore zu entfernen, musste dann endgültig ein neuer Ort für das chorische Musizieren gefunden werden. Die bereits erwähnten klanglichen[14] und liturgischen Erfahrungen in der Praxis des Singens aus dem Seitenschiff heraus führten in Verbindung mit den Vorgaben durch die genannten Dokumente und den Verzicht auf eine anderweitige liturgische Nutzung der Seitenkapellen dazu, dass der Ort des gottesdienstlichen Musizierens fortan eine große Kapelle auf der Nordseite ist, die aus drei ehemals eigenständigen Kapellen geschaffen werden konnte. Die Chöre finden ihren Platz auf einem neuen Chorpodest, das auch dazu beiträgt, die Kapelle als festen Ort des Chorsingens erkennbar werden zu lassen. In direkter Verbindung zum Chor steht jetzt die neu gebaute Chororgel, deren spezifische Aufgabe es ist, die Chöre zu begleiten. Es soll nicht unerwähnt bleiben, dass der Raum über dem Nordparadies, der sogenannte Godehardichor, der jetzt nicht mehr direkt zum Dom gehört, in den Überlegungen der 1950er-Jahre durchaus eine Rolle als Ort gottesdienstlichen Musizierens gespielt hatte. Messungen bezeichneten ihn jedoch als klanglich ungeeignet. Dies lag in erster Linie an seiner räumlichen Zuordnung als ein vom Hauptschiff akustisch nahezu abgetrennter Raum.

Im Abschnitt »Die Überlegungen zur Neugestaltung der Domorgel« wird noch ausführlich über die akustischen Besonderheiten des Domes berichtet. Hier nur in Kürze: Hörte man den Chören vor Beginn der Domrenovierung zu, so stellte man rasch fest, dass sich tiefe Frequenzen im Gegensatz zu höheren wesentlich schlechter durchsetzten, was dazu führte, dass die Musik ihr stabiles klangliches Fundament verlor. Grundlegende Messungen, Recherchen und Berechnungen führten zu einer Materialauswahl an der Decke, den Wänden und auf dem Boden, die dazu führen soll, dass der Dom nach der Renovierung eine wesentlich bessere Klangcharakteristik aufweisen kann: Das Erreichen des gleichmäßigen Verklingens der unterschiedlichen Frequenzbereiche war das Ziel. In Verbindung mit dem Musizieren nicht mehr von der Empore versprechen sich alle einen »wärmeren« Klang.

Der große Schatz der Kirchenmusik, zu dessen Pflege die Kirchenmusiker aufgefordert sind, berechtigt, verpflichtet aber auch zum konzertanten Musizieren. Dafür wird auch weiterhin der Platz vor und auf den Stufen zum Altar genutzt werden. Hier ist der Ort, an dem die Ausführenden von allen Plätzen aus am besten gehört, aber auch gesehen werden können. Dazu erwähnen die deutschen Bischöfe, dass die »optische Wahrnehmung der Musizierenden das akustische Hörerlebnis intensivieren« kann und deshalb »die Musiker so platziert werden« sollen, »dass sie von möglichst vielen Stellen des Kirchenraumes aus gesehen werden«. Praktische Anforderungen und die sakrale Würde des Raumes sollen dabei in Einklang gebracht werden.[15] Das nachfolgende Foto aus dem Jahr 2010 – unmittelbar vor der Schließung des Domes – zeigt die Mitglieder der Dommusik im Bereich vor dem Altar. Dieser besondere Platz war auch aufgrund seiner breiten Treppenanlage ein idealer Ort des konzertanten Musizierens. Durch die Freilegung der vorderen Kryptazugänge

Chororgel und Chorpodest in der nördlichen Kapellenreihe, von Westen betrachtet

ist der Aufgang zum Altarbereich wesentlich schmaler geworden. Jedoch können für z. B. die Aufführung eines Oratoriums mit großer Besetzung diese Zugänge überbaut werden, so dass auch künftig die frühere Breite zur Verfügung steht.

Die Domsingschule – die neuen Probenräume der Chöre

Die Vorbereitung auf die liturgische Gestaltung und das konzertante Musizieren geschieht zumeist in den Probenräumen der Hildesheimer Dommusik. Wurde dazu bereits vor der Sanierung des Domes und der Neuordnung des Dommuseums das Erdgeschoss der historischen Domschule genutzt – dort gab es einen großen und einen kleinen Probenraum – so kann nun das ausgebaute Dachgeschoss ebenfalls »besungen« werden.

Die erwähnte Neuordnung des Dommuseums hat zur Folge, dass im Erdgeschoss lediglich noch der benannte große Probenraum mit einer Kapazität von maximal 50 bis 60 Personen zur Verfügung steht. Dies ist für die Arbeit der Hildesheimer Dommusik nicht ausreichend, bedenkt man, dass verschiedene Chöre teils parallel proben, sich ein Chor in kleinere Arbeitsgruppen aufteilt oder mehrere

Die Choralschola »Schola Gregoriana« in der Apsis des Hochchores

Chorgruppen gemeinsam einen großen Chor bilden. So sind die Sängerinnen und Sänger der Hildesheimer Dommusik glücklich darüber, dass sie im Dachgeschoss der Domschule einen großzügig bemessenen Bereich für ihre Arbeit erhalten haben, der sich in verschiedene Teile gliedert. Neben einem Probenraum, der vornehmlich als Stimmbildungsbereich sowohl für einzelne Sängerinnen und Sänger, aber auch für eine ganze Gruppe bis zu einer Stärke von 20 Personen genutzt werden kann, ist der bereits erwähnte Godehardichor über dem Nordparadies zu einem großen Probensaal für maximal 110 Personen ausgebaut worden, in dem neben dem obligatorischen Flügel auch eine digitale Orgel ihren Platz finden wird. Die moderne Audio- und Videoausstattung der Räumlichkeiten ergänzt die instrumentale Ausstattung.

Auch das umfangreiche Chornotenarchiv, das bis 2010 in einem unbeheizten Raum unmittelbar hinter der Domorgel untergebracht war, hat nun seinen Platz dort, wo es sinnvollerweise schnell aufgesucht und genutzt werden kann: in der Domsingschule direkt bei den Probenräumen.

Die Orgel als Begleiterin der singenden Gemeinde

Wie zu Beginn dieses Textes geschrieben, sind die singende Gemeinde und die Musik der Chöre ein zentraler Bestandteil der katholischen Liturgie. Neben dem unbegleiteten Singen (a cappella) war es aber schon von Beginn an üblich, den Gesang der Gläubigen mit Instrumenten zu begleiten. Im europäischen Raum wurde so die Pfeifenorgel im Laufe der Jahrhunderte das wichtigste Begleitinstrument.

Heute stehen in fast allen katholischen Kirchen Deutschlands Pfeifenorgeln und es ist für uns selbstverständlich geworden, dass der Gemeindegesang meistens mit einer Orgel – die gewöhnlich hoch oben auf einer abgeschlossenen Empore steht – begleitet wird. Erst wenn ein Kirchenraum von Grund auf saniert werden muss, wird offensichtlich, dass dieses Instrument nicht nur aus den wenigen sichtbaren Pfeifen und einem Spieltisch besteht, sondern dass es sich um ein handwerklich gefertigtes Einzelstück aus mehreren Tausend Einzelteilen handelt und es eines großen Fachwissens bedarf, um eine bauliche Maßnahme daran durchzuführen.

Somit ist es nicht verwunderlich, dass die Orgel auch bei der Domsanierung eine große Rolle spielen musste – nicht nur, weil sie der mit weitem Abstand größte Ausstattungsgegenstand des Domes ist (die Domorgel hat ein Gesamtgewicht von über 20 t und die Hauptorgel allein erreicht schon die Größe eines Einfamilienhauses), sondern auch, weil sie eben »das« Begleitinstrument der katholischen Kirche schlechthin ist. Die Konzilstexte zur Kirchenmusik[16] äußern sich ganz klar: »Die Pfeifenorgel soll in der lateinischen Kirche als traditionelles Musikinstrument in hohen Ehren gehalten werden; denn ihr Klang vermag den Glanz der kirchlichen Zeremonien wunderbar zu steigern und die Herzen mächtig zu Gott und zum Himmel emporzuheben.«[17] In der Praxis zeigt sich genau diese Fähigkeit einer guten Pfeifenorgel, wenn sie von einem ebenso guten Organisten gespielt wird. Der Klang kann dann die verschiedenen Stimmungen in der Liturgie erfassen und mittragen: Freude und Feierlichkeit ebenso wie Trauer und Besinnung.

Durch diese Vorgaben waren die wichtigsten Aufgaben der neuen Domorgel definiert:

- Sie soll zuerst in der Lage sein, bis zu 1.000 Menschen in der Domkirche wir-

Hauptorgel 2014

Blick ins Rückpositiv der Hauptorgel

kungsvoll und farbenreich beim Singen zu unterstützen.

- Sie begleitet die Chöre der Dommusik bei Musik aller Epochen.
- Sie benötigt alle Klangfarben, um von der Musik zur Kommunionausteilung bis hin zum feierlichen Bischofseinzug allen liturgischen Situationen gerecht zu werden.
- Sie muss ein möglichst breites Spektrum der Orgelmusik aus allen Epochen gut darstellen können.

Die Orgel in der Katholischen Kirche Europas

Für viele Menschen sind heute die Begriffe Kirche und Orgel untrennbar miteinander verbunden, da die Orgel seit nunmehr fast 1.100 Jahren ihren Platz in den Kirchenräumen Europas behauptet. Möglich wurde dies durch Ludwig den Frommen, der zu Beginn des 9. Jahrhunderts eine byzantinische Hoforgel durch einen Priester aus Venedig nachbauen ließ.[18] In der Folge wurden binnen kurzer Frist in immer mehr Kloster- und Domkirchen Orgeln erbaut. Beispiele dafür können die In-

Zwei Vorgängerinstrumente der heutigen Hauptorgel: bis März 1945 (links), bis Januar 2010 (rechts)

strumente in Winchester und Kloster Weltenburg sein.[19]

Über die Jahrhunderte hinweg wurden die Orgeln in Klang und Technik immer mehr perfektioniert, so dass im 15. Jahrhundert[20] die noch heute grundlegenden Elemente einer Pfeifenorgel erfunden waren. Ab dieser Zeit sind es vor allem eine Anpassung des Instrumentes Orgel an den Musikgeschmack und die Wünsche der Komponisten und Organisten. In Deutschland spielten dabei im 16. Jahrhundert vor allem die Reformation und im 17. Jahrhundert die Einführung des Generalbasses eine große Rolle. Das 19. Jahrhundert suchte dann nach Möglichkeiten, der Orgel eine orchestrale Dimension zu geben und sie dynamisch flexibler zu machen. Im 20. Jahrhundert beginnt neben einer Rückbesinnung auf ältere Bauweisen im Bereich des historisierenden Orgelbaus auch eine Nutzung der Möglichkeiten von Elektrik und Elektronik, um die Vielseitigkeit der traditionellen Pfeifenorgel zu erhöhen.

Die Orgeln im Hildesheimer Dom

Die Orgeln des Hildesheimer Domes[21] lassen sich bis ins 14. Jahrhundert zurückverfolgen. Vermutlich gab es schon zu dieser Zeit nicht

Überarbeitete Pfeifen in den Regalen der Orgelbaufirma Seifert

nur eine, sondern mehrere Orgeln im Raum: eine Hauptorgel, eine sogenannte Kleine Orgel und eine Orgel in der Krypta.

Die ersten Nachrichten berichten über eine Kleine Orgel, die schon vor 1360 im Dom war. Eine Hauptorgel wird etwas später (um 1367) vermutlich von Conrad von Bernstorp aus Braunschweig gebaut. Die Kleine Orgel taucht in den folgenden Jahrhunderten in den Akten immer wieder mit Reparaturen auf, allerdings ist nicht geklärt, ob es sich dabei immer noch um das Instrument aus dem 14. Jahrhundert handelt oder um einen späteren Neubau, da zwischen 1360 und 1634 keine schriftlichen Zeugnisse über diese Orgel vorliegen. Im Jahr 1713 wird sie nach Steinbrück verkauft.

Die Hauptorgel aus dem Jahr 1367 wurde vermutlich im 15. Jahrhundert ersetzt. Diese Orgel musste dann in der Zeit vor 1571 einem Neubau der Niederländer Cornelius und Michael Slegel weichen. Erst mit einem weiteren Neubau in den Jahren 1616/17 wird die Aktenlage besser: Henning Henke beginnt den Bau einer Hauptorgel, den Conrad Abtt aus Hildesheim vollendet. Dieses Instrument war mit 31 Registern geplant, wurde aber mit der damals großen Zahl von 38 Registern auf drei Manualen und angehängtem Pedal realisiert. 1682/83 kommt es zu einer sogenannten Instandsetzung, die aber mehr zu einem Umbau der Orgel wird. Der Praxis des Generalbasses folgend bekommt das Instrument durch Tobias Bader II nun ein eigenständiges Pedalwerk auf 16′-Basis, wird aber auf zwei Manuale und 32 Register verkleinert. Nach nur 20 Jahren muss diese Orgel dann einem dreimanualigen Neubau mit 41 Registern weichen, den Matthias Naumann 1703–1706 ausführt. Der gelungene Prospekt dieser Orgel hatte bis 1945 im Dom Bestand. Diese Orgel wird auch in der berühmten Schrift *Organographia Hildesien-*

Für den Einbau vorbereitete Pfeifen in einem Emporennebenraum

sis Specialis von Johann Hermann Biermann ausführlich beschrieben. Nach einigen Veränderungen und dem Austausch von Registern wird hinter dem barocken Prospekt im Jahr 1909 von P. Furtwängler & Hammer ein Instrument im deutsch-romantischen Stil mit 54 Registern auf drei Manualen und Pedal erbaut, das am 22. März 1945 ein Raub der Flammen wird. Nach dem Wiederaufbau des Domes baut die Werkstatt Breil eine neue Orgel auf vier Manualen und Pedal mit 52 Stimmen, die den damals beliebten neobarocken Ideen folgt. Der Prospekt des Architekten Heinz Wolff mit den horizontalen Trompeten über dem Spieltisch findet dabei große Anerkennung. Orgelbau Klais aus Bonn ersetzt 1989 die technische Anlage (u. a. die extrem schwergängige Spieltraktur) und fügt ein Schwellwerk ein, da sich der eher spitze Klang der Domorgel über die Jahre als nicht ausreichend tragfähig erwiesen hat.

In der Krypta des Domes gab es vor 1744 ein sogenanntes Regal zur Begleitung der Gottesdienste. Dieses wurde durch eine kleine Orgel mit acht Registern ersetzt. Erbauer war Johann Georg Müller. 1862 werden von August Schaper Teile der alten Orgel in seinen Neubau mit wiederum acht Registern übernommen. Um 1930 wird diese Orgel verkauft. Nach dem Krieg berichtet Ernst Palandt über den Neubau einer nicht weiter beschriebenen »Schwellorgel« in der Krypta. Von 1981–2010 versieht dann eine vierregistrige Truhe ihren Dienst in der Krypta.

Die Überlegungen zur Neugestaltung der Domorgel

Als sich bestätigte, dass die Domsanierung Wirklichkeit würde, erstellten die Dommusiker eine Bestandsaufnahme aller Bereiche der Hildesheimer Dommusik: Räume, Instru-

Generalspieltisch im Kirchenschiff

mente, Gruppen, sonstige Ausstattung und inhaltliche Positionierung. Für die Domkirche konnte damals Folgendes festgestellt werden: Der Raum hat keine tragende und klangfördernde Akustik, die große Domorgel ist in vielen Teilen für eine Wiederverwendung geeignet, dagegen kann die Truhenorgel in der Krypta wegen der faktischen Unstimmbarkeit des Pfeifenwerks im Kontext einer Domkirche nicht weiter verwendet werden.

Die Akustik des Domes wurde daraufhin durch Fachleute überprüft[22] und die subjektiven Eindrücke der Dommusiker bestätigt: Die Akustik des Domes ist für elektronisch unverstärkte Musik (Chor/Orgel) nicht ausreichend tragfähig. Ein beauftragtes Ingenieurbüro entwickelte aus diesen Daten ein Konzept für eine neue Akustik in der Domkirche. Ziel war ein tragender und über alle Frequenzen gleichmäßig verklingender Nachhall von ca. fünf Sekunden.

Bei der Planung der Orgel für den sanierten Dom waren zwei Entscheidungen richtungsweisend: zum einen der Entschluss des Domkapitels für eine vollständige optische Neugestaltung des Inneren der Domkirche und zum anderen die Entscheidung zur Entfernung der alten Orgel- und Chorempore. Der erste Beschluss hatte zur Folge, dass der alte Prospekt der Domorgel von 1960 nicht mehr wiederver-

Ein Blick in der Untergehäuse des Generalspieltisches

Die Chororgel, von Süden betrachtet

ruht auf dem anthrazitfarbenen Unterbau, wodurch die Orgel trotz der enormen absoluten Größe von 8 m Höhe und mehr als 6 m Breite, bei einer sichtbaren Tiefe von 4 m fast zu schweben scheint.

Eine optische Verbindung zwischen der Hauptorgel und der Chororgel entsteht über das neue Chorpodest des Domes: Die Antritte der Podeststufen nehmen die Farbe des Unterbaus der Hauptorgel auf, die Stufen des Podestes sind aus dem gleichen Holz wie der Unterbau der Chororgel.

Zukunftsmusik

Mit dem Bau der Hauptorgel und der Chororgel, der veränderten Raumakustik, dem neuen Chorpodest und der erneuerten Domsingschule sind im Rahmen der Domsanierung durch alle Verantwortlichen sehr gute Bedingungen für eine reiche kirchenmusikalische Arbeit geschaffen worden. Diese Möglichkeiten gewinnbringend zu nutzen und das gegebene Talent nicht zu vergraben, ist für alle an der Dommusik beteiligten Personen eine große Herausforderung, der es sich zu stellen gilt.

Am Ende dieses Textes nennen wir noch einmal die zentralen Aufträge, die es nun zu erfüllen gilt: Im Hildesheimer Dom sollen auch in Zukunft die Liturgien durch feierlichen Gesang ihre vornehmste Form erreichen, der Schatz der Kirchenmusik ist mit größter Sorge zu bewahren und pflegen, die Sängerchöre sollen nachdrücklich gefördert und die Pfeifenorgel in hohen Ehren gehalten werden.

Soli Deo Gloria!

Anmerkungen

1 Konstitution über die heilige Liturgie *Sacrosanctum Concilium*, 1963, Kapitel VI, Art. 112.
2 Ebd., Art. 113.
3 Ebd., Art. 114.
4 Verlautbarungen des Apostolischen Stuhls, Nr. 81
5 Musik im Kirchenraum außerhalb der Liturgie, Arbeitshilfen der Deutschen Bischofskonferenz, Nr. 194, 2005. – Dieses Arbeitspapier entstand in Zusammenarbeit mit den Ämtern/Referaten für Kirchenmusik der Diözesen Deutschlands (AGÄR) und unter Einbeziehung von Vertretern des Allgemeinen Cäcilienverbandes für Deutschland (ACV).
6 Um Kontinuität im Chorsingen gewähren zu können, gründete der damalige Dommusikdirektor Hermann Bode in den zu Ende gehenden 1960er-Jahren einen Domkinderchor, der sich einige Jahre später in die Mädchenkantorei und den Chor der Domsingknaben gliederte.
7 Konstitution über die heilige Liturgie *Sacrosanctum Concilium*, 1963, Kapitel I, Art. 36 und Kapitel II, Art. 54
8 Ebd., Kapitel VI, Artikel 116.
9 Ebd., Kapitel IV, Art. 83–101.
10 Stichwort Gymnasium in G8-Form und die daraus resultierende zunehmende Arbeitsbelastung der Schüler, die die Freizeit deutlich einschränkt, wovon auch Aktivitäten wie das Chorsingen betroffen sind.
11 Allgemeine Einführung in das römische Messbuch, 1975, Art. 274.
12 Instruktion über die Musik in der Liturgie, 1967, Kapitel II, Art. 23.
13 Allgemeine Einführung in das römische Messbuch, 1975, Art. 275.
14 Siehe dazu auch den Abschnitt »Die Überlegungen zu einer Neugestaltung der Domorgel«.
15 Musik im Kirchenraum außerhalb der Liturgie, Art. 4.6 Aufstellung der Musiker, Arbeitshilfen der Deutschen Bischofskonferenz, Nr. 194, 2005.
16 Konstitution über die heilige Liturgie *Sacrosanctum Concilium*, 1963, Kapitel VI, Art. 112–121.
17 Ebd., Art. 120.
18 Vgl. Alfred Reichling (Hg.), Orgel. (Sonderdruck aus MGG), Kassel/Stuttgart, 2001, S. 52.
19 Vgl. Bernhard Ader, Orgelkunde, in: Hans Musch, Musik im Gottesdienst, 2. Band, 4., veränderte Auflage, Regensburg 1994, S. 262.
20 Vgl. ebd.

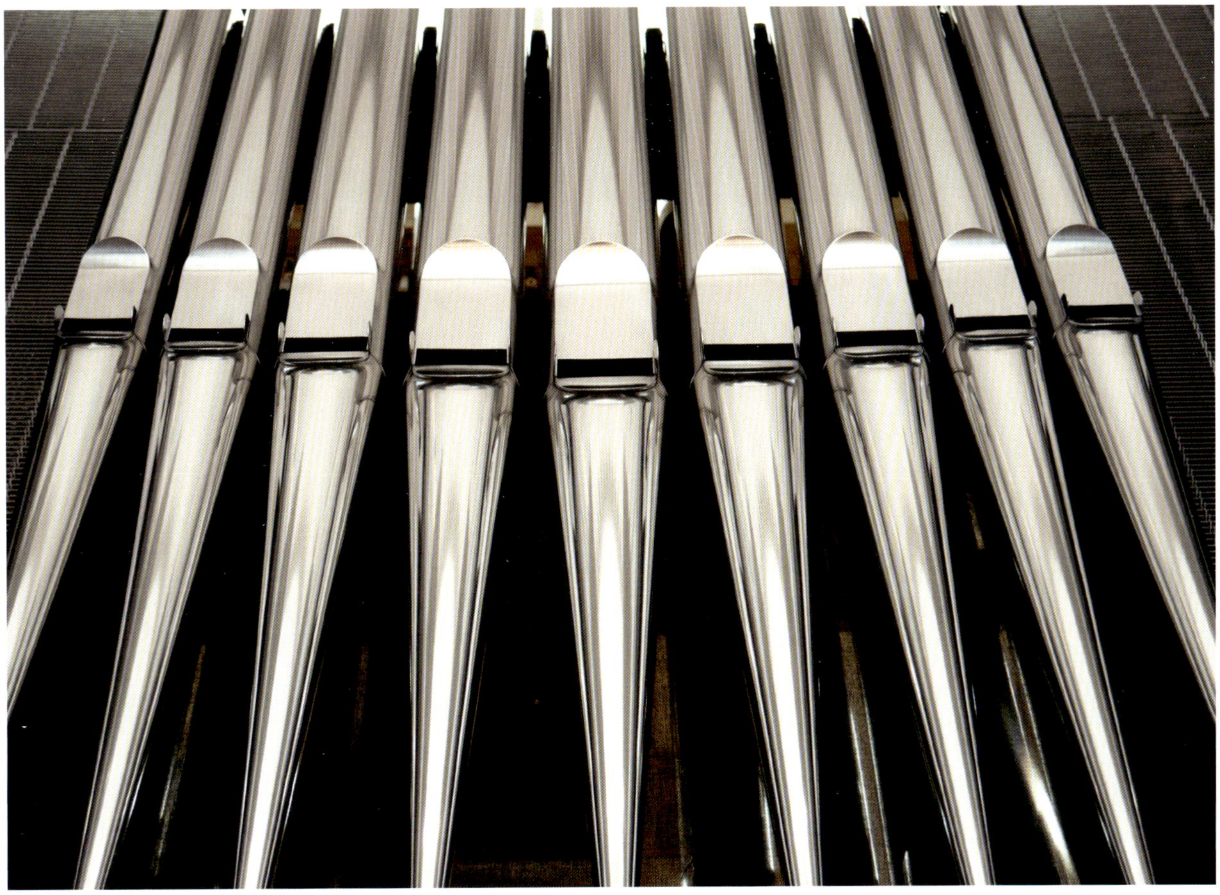

21 Für alle Angaben zur Baugeschichte der Hildesheimer Domorgel vgl. Uwe Pape, Orgeln und Orgelbauer in Hildesheim (Norddeutsche Orgeln Bd. 15), Berlin 2014.

22 Vgl. Gutachten des ISRW Institutes aus Düsseldorf zur Akustik des Domes im Vorfeld der Domsanierung 2009.

23 Vgl. Orgelakte Dom bis 2006 im Referat Liturgie im Bischöflichen Generalvikariat Hildesheim: Kostenanschlag der Fa. Klais vom 25. September 1985 mit Disposition von Fritz Soddemann/Hans-Gerd Klais.

24 Vgl. die Orgeln in vielen englischen Domen, die ihren Standort häufig im Chorbereich haben, oder aber die Schwalbennestorgeln an den Langschiffwänden u. a. in den Domen zu Straßburg, Trier, Köln und Bamberg.

Der Hauptorgelprospekt (Ausschnitt)

Die Glocken des Hildesheimer Mariendoms

Einleitung

»Dum sono, tristatur demon, christus veneratur«, so ist in der Inschrift der großen Domglocke Pretiosa in Köln aus dem Jahr 1448 zu lesen. »Wenn ich erklinge, betrübt sich der Teufel, und Christus wird verehrt« – schon seit anderthalb Jahrtausenden sind Glocken in Deutschland als Stimme der Kirche bekannt. Ihr Klang ist in dieser Funktion so vertraut geworden, dass man an die Herkunft des Musikinstruments aus dem nichtchristlichen Asien eigens erinnern muss. In der griechischen und römischen Antike dienten Glocken zwar als Signalgeber, galten aber für den christlichen Gottesdienst zunächst als nicht geeignet, weil sie in der Heiligen Schrift nicht als Instrumente erwähnt werden. Jedoch war das hohepriesterliche Gewand mit Glöckchen besetzt, die den Amtsinhaber beim Betreten des Allerheiligsten vor dem Tod schützen sollten,[1] denn im Altertum schrieb man dem Erz apotropäische (unheilabwehrende) Wirkung zu, und die aus Erz gefertigten Glöckchen hatten Anteil daran. Auf diesem Wege gelangte die Glocke schließlich doch in den kirchlichen Gebrauch.

Als nämlich die iroschottischen und angelsächsischen Missionare auf dem Festland tätig wurden, brachten sie Handglocken mit, um zu Gebet und Gottesdienst zu rufen. Diese Glocken waren noch nicht gegossen, sondern aus Blech genietet. Sie mussten transportabel und durften deshalb nicht zu schwer sein. In den später als feste Gottesdienststätten errichteten Kirchen fanden größere Glocken ihren Platz. Wie archäologische Befunde zeigen, waren es Mönche, die als Erste den Glockenguss betrieben. Von ihnen übernahmen wandernde Handwerker die Gusskunst, da auf den schlechten Wegen des Mittelalters größere Lasten kaum zu transportieren waren. Deswegen mussten die Glocken nahe ihrem Bestimmungsort in eigens errichteten Gussstätten gefertigt werden. Nachdem Feuerwaffen aufgekommen waren, fanden sich Stück- und Glockengießer häufig in Personalunion. Erst mit der Industrialisierung des 19. Jahrhunderts und den besseren Verkehrswegen und -mitteln kamen die ortsfesten Gießereien auf, wie man sie noch heute kennt.

Zur Geschichte des Domgeläutes

Da bereits Kaiser Karl der Große für die Verbreitung der Kirchenglocken im Frankenreich

Während des Glockenstuhlneubaus abgestellte Glocke

gesorgt hatte, kann angenommen werden, dass schon der erste Dom in Hildesheim Glocken besessen hat. Es fehlen darüber aber schriftliche Zeugnisse, und das bleibt bis zur Zeit des Bischofs Bernward so. Angesichts der großen Erzgusswerke wie der berühmten Domtüren und der Christussäule ist es kaum vorstellbar, dass damals nicht auch Glocken in Hildesheim gegossen worden wären. Der Privatgelehrte Johann Michael Krâtz ist der Geschichte der Domglocken im Jahre 1865 in einem Aufsatz[2] nachgegangen und fand Glocken erstmals für 1035 in der Zeit Bischof Godehards erwähnt. Aus der frühen Geschichte des Geläutes sind zwei Umstände interessant: Nach dem Dombrand des Jahres 1046 entstand unter Bischof Azelin eine für die damalige Zeit mit 100 Zentnern ausgesprochen schwere Glocke, deren Herstellung »nur von den erfahrenen Fachleuten eines so bedeutenden Zentrums der Gießkunst, wie es das damalige Hildesheim darstellte, technisch zu bewältigen war«.[3] Da diese Glocke 1590 zersprungen ist und weder Inschrift noch Tonaufbau bekannt sind, lässt nicht sicher sagen, ob ihr Name Cantabona auf ihren Wohlklang zurückgeht – Namen ähnlich großer Glocken sind etwa Pummerin (Wien, Passau), Hallerin (Eichstätt), Groote Bomm (Kleve) und Dunna (Halberstadt, heute Domina) – oder ihre (segnende, apotropäische) Aufgabe bezeichnet. Um die Mitte des 12. Jahrhunderts schenkte die Witwe Wendelmodis dem Dom eine Glocke, die »mit dem Ton der ersten Glocke besonders harmoniert«. Dabei handelt es sich um eine frühe Erwähnung des musikalischen Zusammenhangs zweier Glocken. Da um diese Zeit Glocken hauptsächlich einzeln geläutet wurden, kamen geordnete Intervallverhältnisse erst später zum Tragen.

Erwähnenswert ist der Guss einer großen Marienglocke mit einem Gewicht von 177 oder 182 Zentnern im Jahre 1350 durch Johannes von Halberstadt, der damals Bürger von Hildesheim war, denn er verpfändete 1351 eine vom Domkapitel erhaltene Leibrente an Ludolph Kuren. Bereits 1348 hatte er eine ebenfalls nicht kleine Glocke für die Ratskirche St. Johannis zu Göttingen gegossen, die seit 1828 leider verloren ist, und auch die Marienglocke des Domes zersprang 1688. Mit Johannes von Halberstadt ist erstmals ein Glockengießer in Hildesheim namentlich fassbar; da sich dem Gießerzeichen auf einer 1468 gegossenen Glocke der Kirche St. Nicolai zu Alfeld bisher kein Name hat zuweisen lassen, tritt der nächste erst um das Jahr 1500 aus dem Dunkel der Geschichte. Von dem sehr produktiven und qualitätvollen Harmen Koster an, der das ganze Stiftsgebiet belieferte, lässt sich die Reihe der Glockengießer in Hildesheim bis zum Beginn des Zweiten Weltkrieges verfolgen, als die Glockengießerei Radler den Betrieb einstellte.

Ohne die Geschichte des Domgeläutes hier in allen Einzelheiten nachzeichnen zu können, lässt sich sagen, dass es zwei große Umbrüche gegeben hat: zum einen den Neuguss des Hauptgeläutes in den Jahren 1765 und 1766 und zum anderen die Veränderungen, die mit dem Zweiten Weltkrieg einhergegangen sind. Nachdem zwei große, in den Jahren 1733 und 1746 gegossene Glocken bereits 1760 und 1763 wieder zersprungen waren, entschloss sich das Domkapitel 1765 zu einem Um- und Neuguss von fünf Domglocken durch Johann Martin Roth (1720–1798) aus Mainz. Er war der Sohn des Würzburger Glockengießers Johann Adam Roth und seit 1746 in Mainz ansässig; dort übernahm er die Gießerei seines Verwandten Georg Christoph Roth.[4] Außer den fünf Glocken für den Hildesheimer Dom goss er u.a. vier Glocken für den Mainzer Dom (1773). Drei 1766 im Zusammenhang mit dem Guss für den Dom entstandene Glocken für die Stiftskirche St. Mauritius in Hildesheim-

Moritzberg sind noch heute vorhanden. Die fünf Glocken waren die Cantabona mariana (die also erstmals die Funktionen der Marienglocke und der Cantabona vereinte), die Peter-und-Paul-Glocke, die Godehardglocke, die Bernwardglocke und die Nikolausglocke.

Von 1840 bis 1848 waren die Glocken des Hauptgeläutes wegen des Neubaus des Westwerkes herabgenommen und konnten nicht geläutet werden. Nachdem die Cantabona 1872 zersprungen war, wurde sie 1875 durch Hermann Große aus Dresden umgegossen. Die Gewichtsangaben für die neue Glocke differieren stark und bewegen sich zwischen 7.650 kg und 8.340 kg. Auf Antrag des Domkapitels blieb das Geläute (13 Läute- und zwei Schlagglocken) im Ersten Weltkrieg vollständig bewahrt und in der Zwischenkriegszeit unverändert. Während des Zweiten Weltkriegs wurden die Glocken wiederum erfasst und für Rüstungszwecke requiriert. Bei dieser erheblich rigideren Maßnahme wurden die Godehardglocke und fünf Glocken des Vierungsturmes in Gruppe D[5] eingeordnet und durften bleiben, während die übrigen Glocken 1942 ausgebaut und nach Hamburg verbracht wurden, um eingeschmolzen zu werden. Wegen des großen Luftangriffs auf Hamburg waren die dortigen Raffinerien lediglich eingeschränkt betriebsbereit, so dass nur die Cantabona von 1875 eingeschmolzen wurde, während die übrigen Glocken, von denen die Bernwardglocke schwer beschädigt war, nach dem Ende des Krieges nach Hildesheim zurückgeführt werden konnten. Dort waren beim Luftangriff am 22. März 1945 die Glocken des Vierungsturmes (eventuell bis auf eine) vernichtet und die im Westwerk verbliebene Godehardglocke schwer beschädigt worden.

Um den Neuguss des Geläutes beim Wiederaufbau des Domes hatte sich der Glockengießer Friedrich Wilhelm Schilling (1914–1971) beworben, der einer bekannten Gießerfamilie in Apolda entstammte. Er eröffnete nach dem Zweiten Weltkrieg in Heidelberg eine Glockengießerei, aus der in 22 Jahren rund 7.500 Glocken hervorgegangen sind; darunter waren als bedeutendste Aufträge (nach dem Gewicht der neuen Glocken) die Geläute des Domes in Würzburg (23.623 kg), des Münsters in Freiburg (21.358 kg) und des Konstanzer Münsters (20.152 kg).[6] Schilling hatte die verbliebenen Domglocken untersucht und mit dem Glockenexperten des Bistums, Aloys Tenge, mehrere Varianten für die Disposition des neuen Geläutes erwogen, die auch die Korrektur (d.h. Umstimmung) mehrerer historischer Glocken vorsahen. Letztlich entschied man sich für die Tonfolge f° as° b° c'

Romanischer Vierungsturm aus den »Gloriosa Antiquitas Hildesina«, Kupferstich von Johann Ludwig Brandes, Hildesheim nach 1724

es' f', in die nur die Peter-und-Paul-Glocke (as°) einbezogen und hierfür etwas tiefer gestimmt wurde. Die anderen Glocken wurden innerhalb der Diözese Hildesheim ausgeliehen, ohne dass die Verbringungsorte im Einzelnen dokumentiert wurden. Allerdings wurden die beschädigten Glocken, die Godehardglocke und die Bernwardglocke, eingeschmolzen. Sie wogen laut Schreiben Schillings an das Bischöfliche Generalvikariat vom 12. Januar 1960[7] 2.005 kg und 809 kg. Die neue große Glocke – wieder mit dem Namen Cantabona und einer marianischen Widmung – ist derzeit die zweitgrößte Kirchenglocke Niedersachsens. Der schon damals geplante weitere Ausbau in höherer Tonlage (g' b' c'' es'' f'' g'') unterblieb zunächst.

Im Folgenden wird die Geschichte des Domgeläutes tabellarisch dargestellt, wobei bei den Geschehnissen bis 1845 die Arbeit von Kratz[8] zugrunde liegt. Dort ist allerdings die Geschichte der einzelnen Glocken in ihrem jeweiligen Verlauf dargestellt, während hier aus diesen Angaben eine zeitliche Abfolge gebildet ist:

1035 Bischof Godehard lässt im Westen des Domes ein Glockenhaus bauen und versieht es mit Glocken.

1046 Die Glocken werden bei einem Dombrand zerstört; Bischof Azelin lässt aus dem geschmolzenen Glockengut eine 100 Zentner schwere Cantabona gießen.

1130–1135 Bischof Bernhard I. beschenkt das Dommünster mit Gemälden und Glocken; in derselben Zeit schenkt die Witwe Wendelmodis eine Glocke, die mit dem Ton der ersten Glocke besonders harmoniert.

1171–1190 Bischof Adelog schenkt dem Dom die Radtklocke (Ratglocke, auch Treddeklocke oder Treheklocke genannt).

12./13. Jh.? Guss einer inschrift- und bildlosen Glocke für den Vierungsturm

1350 Guss einer großen Marienglocke (177 oder 182 Zentner) durch Johannes von Halberstadt

1367 Bischof Gerhard lässt nach der Schlacht bei Dinklar eine Glocke (Silberglocke) zu Ehren der hl. Maria gießen.

1464 Guss der Viertelstundenschlagglocke für den Vierungsturm

1590 Am Neujahrstag zerspringt die Cantabona.

1601 Neuguss der Cantabona (80 Zentner) durch Joachim Schrader aus Hannover; der Guss gelingt erst beim dritten Versuch; außerdem Guss der Stundenschlagglocke für den Vierungsturm

1682 Neuguss der Bramm-, Bramb- oder Noneglocke für den Vierungsturm und Umguss der zersprungenen Silberglocke für die Laterne des Vierungsturmes durch Johann Barward Becker und Heinrich Lampen in Hildesheim

1688 Am 5. Juli zerspringt die große Marienglocke aus dem Jahr 1350.

1718 Bau eines neuen Vierungsturmes

1725 Umguss des Prim- oder Ruheglöckleins für den Vierungsturm durch Johann Heinrich Becker in Hildesheim

1733 Am 20. Oktober Umguss der großen Marienglocke (neu 150 Zentner 87,75 Pfund) und Guss zweier Glocken (davon eine als Sextglocke) für den Vierungsturm durch Thomas Rideweg in Hannover und Verbringung einer anderen Glocke aus dem Vierungsturm in die domkapitularische Amtskirche zu Steinbrück

1744 Guss einer Glocke für den Vierungsturm als Stiftung des Weihbischofs Johann Wilhelm von Twickel durch Heinrich Ludwig Gossmann und Johann Franz Colas in Landau

1745 Neuguss der Silberglocke für die Laterne des Vierungsturmes durch Heinrich Ludwig Gossmann und Johann Franz Colas in Landau

1746 Umguss der unbrauchbar gewordenen Ratglocke durch Christoph August Becker (I) in Hildesheim; die neue Glocke wiegt 60 Zentner und wird zu Ehren der hl. Maria und der hll. Apostel geweiht

1760 Am 20. August zerspringt die 1746 gegossene Apostelglocke.

1763 In der Christnacht zerspringt die große Marienglocke von 1733.

1765/66 Um- und Neuguss von fünf Domglocken durch Johann Martin Roth aus Mainz (Cantabona mariana 153 Zentner, Hl. Petrus und Paulus 97 Zentner 90 Pfund, Hl. Godehard 49 Zentner 50 Pfund, Hl. Bernward 20 Zentner, Hl. Nikolaus 11 Zentner)

1796 Guss der Terzglocke (Hl. Cäcilia) und zweier weiterer Glocken (Hl. Josef und Hll. Cosmas und Damian) für den Vierungsturm durch Christoph August Becker (II) in Hildesheim

1840 Wegen des Neubaus des westlichen Domturmes werden die Glocken heruntergelassen.

1848 Die Glocken werden im neuen Turm installiert und am 7. September erstmals wieder geläutet.

1872 Am 5. Oktober zerspringt die Cantabona beim Betglockenschlag.

1875 Neuguss der Cantabona (fis°, 7.650–8.340 kg [die Angaben differieren stark]) durch Hermann Große aus Dresden

1917 Im Ersten Weltkrieg bleibt offenbar das gesamte Domgeläute mit damals 13 Läute- und zwei Uhrschlagglocken[9] auf Antrag des Domkapitels von der Beschlagnahme befreit.

1940 Die Godehardglocke und fünf Glocken des Vierungsturmes werden bei der reichsweiten Erfassung aller Bronzeglocken in Gruppe D eingeordnet und dürfen im Dom verbleiben.

1942 Am 15. Oktober werden die Cantabona, die Apostelglocke, die Bernwardglocke, die Nikolausglocke und vier (oder fünf) Glocken des Vierungsturmes zu Rüstungszwecken ausgebaut und abgeliefert.

1945 Beim Luftangriff am 22. März wird die im Hauptturm verbliebene Godehardglocke von 1765 schwer beschädigt; die im Vierungsturm hängenden Glocken gehen (eventuell bis auf eine) zugrunde; die Bernwardglocke kehrt ebenfalls schwer beschädigt aus dem Glockenlager in Hamburg zurück; die vier beschlagnahmten Glocken des Vierungsturmes, die Peter-und-Paul-Glocke und die Nikolausglocke kehren unbeschädigt zurück.

1955 Die Domtürme werden abgetragen, die Godehardglocke wird herabgelassen und untersucht.

1960 Neuguss von fünf Domglocken durch Friedrich Wilhelm Schilling in Heidelberg; die Apostelglocke von 1765 wird mit leicht verändertem Schlagton in das neue Domgeläute integriert; die Godehard- und die Bernwardglocke werden eingeschmolzen.

2013/14 Grundlegende Überholung des Geläutes; Zuguss von sechs Glocken durch Albert Bachert in Karlsruhe

Zur Geläutesanierung und -erweiterung

Während die große Domsanierung vorbereitet wurde, konnte der Verfasser in den Jahren 2006 und 2007 das Domgeläute begutachten. Die Glocken waren 1960 bereits in Holzglockenstühlen und an Holzjochen aufgehängt worden. Allerdings ließen die Klöppel insbesondere der größeren Glocken ausgesprochen zu wünschen übrig. Am schlechtesten war der Klöppel der Cantabona bemessen, der nicht nur einen überlangen Vorhang unter dem Ballen hatte, sondern unten zusätzlich beschwert war. Diese Umstände bewirkten, dass der Klöppel bereits anzuschlagen begann, wenn die Glocke bei weitem noch nicht ihre endgültige Läutehöhe erreicht hatte. In der langen Anläutephase kam es zu unausgewogenen Anschlägen, und im vollen Ausschwung blieb die Glocke hinter ihren musikalischen Möglichkeiten zurück. Auch der Klöppel der barocken Apostelglocke entsprach eindeutig nicht dem heutigen Stand der Glockenkunde. Deshalb erschienen ein Klöppelaustausch und der Austausch einiger angerosteter Teile der Glockenaufhängung erforderlich.

Im Gespräch mit den Verantwortlichen bildete sich schnell der Konsens heraus, dass es sinnvoll wäre, angesichts der umfassenden Maßnahmen am Dom auch das Geläute gründlich zu behandeln. Unter diesem Aspekt konnte auch der Plan der Nachkriegszeit aufgegriffen werden, das Geläute um sechs kleinere Glocken zu erweitern. Allerdings riet der Verfasser dem Domkapitel zu zwei Änderungen: Erstens erschien es nicht als sinnvoll, die neuen Glocken in den offenen Dachreiter zu hängen, der aus denkmalpflegerischen Erwägungen auch nicht hätte geschlossen werden können. Die kleineren Glocken im Dachreiter hätten klanglich hervorgestochen und sich mit dem Hauptgeläute im Westwerk nicht gut verbunden, außerdem hätte man sich schwer getan, gemischte Motive aus beiden Geläuten zu bilden. Deshalb war es besser, die neuen Glocken ebenfalls im Westwerk unterzubringen, wofür die Glockenstuben ausreichend Platz boten. Zweitens war die geplante Ergänzung durch g' b' c'' es'' f'' g'' nicht optimal, weil ein Halbton fehlte, der im Geläute für eine gewisse Spannung sorgt und vor allem sehr interessante und ausdrucksvolle Teilgeläute ermöglicht. Deshalb wird die Erweiterung nun die Tonfolge g' as' b' c'' es'' f'' haben, so dass sich das Geläute künftig von f° bis f'' über zwei Oktaven erstreckt. Während die drei Glockenstühle für die größten Glocken in der unteren Glockenstube lediglich statisch optimiert worden sind, wurden nach Plänen des Architekten Dipl.-Ing. Matthias Rüttinger in der oberen Glockenstube durch die Firma Huke aus Sondershausen zwei Holzglockenstühle errichtet, um die neun kleineren Glocken aufzunehmen. Außerdem wurden die Elektrik und die Antriebstechnik modernisiert.

Die Oliver-Plunkett-Glocke wird in den Glockenturm gezogen.

Eine der neuen Glocken bei der Einbringung in den Turm

Schema heraus, das aus Fest-, Wandlungs-, Sonntags-, Marien-, Predigt- und Betglocke bestand; an Kollegiatkirchen trat ein mindestens aus drei Glocken bestehendes Kapitelgeläute hinzu, das aber auch – wie in Hildesheim – bis zu neun Glocken umfassen konnte. Es hatte sowohl liturgische als auch administrative Funktionen.[11] Die Wandlungsglocke diente häufig auch als kleinere Festglocke für die Apostelfeste – möglicherweise findet sich in dem Namen ›Apostelglocke‹ der zweitgrößten Domglocke noch ein Widerhall davon.

Heute ist es üblich, Glocken nicht nur einzeln zu läuten, sondern mehrere zu Geläutemotiven zusammenzustellen, die je nach der Tonfolge unterschiedliche Stimmungen ausdrücken können. Im Advent singt man auch andere Kirchenlieder als in der Osterzeit. So wird künftig eine liturgische Läuteordnung dafür sorgen, dass den gottesdienstlichen Anlässen ein charakteristisches Geläute entspricht, an dem sie der aufmerksame Hörer erkennt. Sie knüpft jedoch auch an den historischen Gebrauch an, denn als Grundglocke des jeweiligen Motivs wird wieder die größte Glocke die höchsten Feste, die zweitgrößte Glocke die kleineren Feste und die drittgrößte Glocke die Sonntage prägen.

Quellen und Literatur

Konrad Bund, Glocken und Musik. Mit einem Funktionsschema der Glocken der Geläute mittelalterlicher und nachmittelalterlicher deutscher Dom- und Stiftskirchen und einem Tonstrukturvergleich fünfzehn romanischer Glocken, in: Jahrbuch für Glockenkunde 9/10 (1997/98), S. 121–156.

Firmenunterlagen Friedrich Wilhelm Schilling, zur Verfügung gestellt durch Herrn Glockengießer Rudolf Perner, Passau.

Hans Fritzen, Glockengießer des Rhein-Main-Gebietes, Teil I, in: Mainzer Jahrbuch 44/45 (1949/50), S. 82–103.

[Richard] Herzig, Beschreibung der Domglocken zur Aufstellung des Fragebogens für die Anmeldung der Glocken wegen Beschlagnahme, Bestandserhebung und Enteignung, handschriftlich, aufgestellt am 2. April 1917, Unterlagen des Provinzialkonservators in Hannover, aufbewahrt durch das Deutsche Glockenmuseum, Gescher.

Kartei des Deutschen Glockenarchivs, Germanisches Nationalmuseum Nürnberg.

J[ohann] M[ichael] Kratz, Historische Nachrichten über die Glocken im Dome zu Hildesheim, in: Zeitschrift des historischen Vereins für Niedersachsen 1865 (1866), S. 357–396.

Dieter Schmidt, Friedrich Wilhelm Schilling. Leben und Werk, Nürnberg 1992.

Adalbert Sendker, Zur Geschichte der Canta bona, der großen Marienglocke des Hildesheimer Domes. Eine Dokumentation, in: Die Diözese Hildesheim in Vergangenheit und Gegenwart. Zeitschrift des Vereins für Heimatkunde im Bistum Hildesheim 52 (1984), S. 185–190.

Aloys Tenge, Das neue Geläut des Domes zu Hildesheim, in: Die Diözese Hildesheim in Vergangenheit und Gegenwart. Zeitschrift des Vereins für Heimatkunde im Bistum Hildesheim 32/33 (1964/65), S. 14–17.

Verzeichnis der Bronzeglocken im Reich, deren dauernde Erhaltung wegen ihres hohen geschichtlichen oder künstlerischen Wertes befürwortet wird (Gruppe D), um 1940.

Anmerkungen

1 Vgl. Ex 28,33 ff.
2 Kratz, Historische Nachrichten.
3 Bund, Glocken und Musik, S. 123, Anm. 4.
4 Vgl. Fritzen, Glockengießer des Rhein-Main-Gebietes, S. 96 ff.
5 Vgl. Verzeichnis der Bronzeglocken im Reich ... (Gruppe D), S. 59.
6 Vgl. Schmidt, Friedrich Wilhelm Schilling, S. 82.
7 Vgl. Firmenunterlagen Friedrich Wilhelm Schilling
8 Vgl. Kratz, Historische Nachrichten.
9 Herzig, Beschreibung der Domglocken.
10 Vgl. Kartei des Deutschen Glockenarchivs, Nr. 5/42/157 C.
11 Vgl. Bund, Glocken und Musik, S. 140 f.

Mittelalterliche Handschriften der Vikarsbibliothek

Frömmigkeit und Gelehrsamkeit

Notizen zu den Büchern am mittelalterlichen Hildesheimer Dom

Mit dem Dom war seit der Gründung des Bistums eine Büchersammlung verbunden. Sie besteht noch heute in ununterbrochener Traditions- und Rechtsnachfolge. Ihre alte Benennung als Dombibliothek verweist sie in den organisatorischen und bis zum Ende des 19. Jahrhunderts auch baulichen Zusammenhang der Kathedrale. Das ist eine Besonderheit in Hildesheim, denn die alten, ursprünglich zahlreichen und oft prominent ausgestatteten Dombibliotheken haben die Säkularisation von 1803 in aller Regel nicht überlebt. Zwar hat manche Neugründungen an die Tradition wieder angeknüpft, gelegentlich blieben auch Buchbestände erhalten und sind heute ausgewiesene Bestandteile anderer kirchlicher oder staatlicher Sammlungen; als lebendige Institutionen haben aber nur die Dombibliotheken in Breslau und Hildesheim die Zeit überstanden.[1]

Die ersten tausend Jahre, bis 1907, war die Büchersammlung eng mit dem Domgebäude verbunden, lange Zeit im Dom selbst untergebracht. Eigentlich waren es sogar zwei Bibliotheken, die im Kirchengebäude selbst aufgestellt waren. Neben der Bibliothek des Domkapitels hatten sich die Vikare (d.i. »Stellvertreter«) in einer eigenen Gemeinschaft organisiert und unterhielten eine eigene Bibliothek. Die Vikare kamen Messverpflichtungen zur Entlastung der Kanoniker nach. Vor allem bestritten sie die Seelenmessen an den verschiedenen Altären, die aus Stiftungen errichtet worden waren.[2] Begonnen hatte es um 1200 mit gerade einmal drei Vikarsstellen. Die Gemeinschaft wuchs aber stetig und erreichte um 1700 ihre größte Ausdehnung mit 40 Vikaren, um 50 Jahre später aber wieder auf immerhin noch 33 zurückgenommen zu werden.[3]

Auf die Bibliothek der Domvikare stoßen wir seit dem Ende des 14. Jahrhunderts in den Schenkungsvermerken, die sich in Handschriften der Dombibliothek erhalten haben. Den Anfang macht ein mächtiger Foliant mit rund 600 Seiten einer Abschrift des Kommentars zum Kirchenrecht, den der Prager Dominikaner Martin von Troppau im 13. Jahrhundert verfasst hatte. Der Domkanoniker Dietrich von Dassel stiftete ihn mit anderen Bänden der Vikarenkommunität »ob salutem anime sue«, zum Heil seiner Seele, also damit seiner im Gebet gedacht werde: »Istum librum

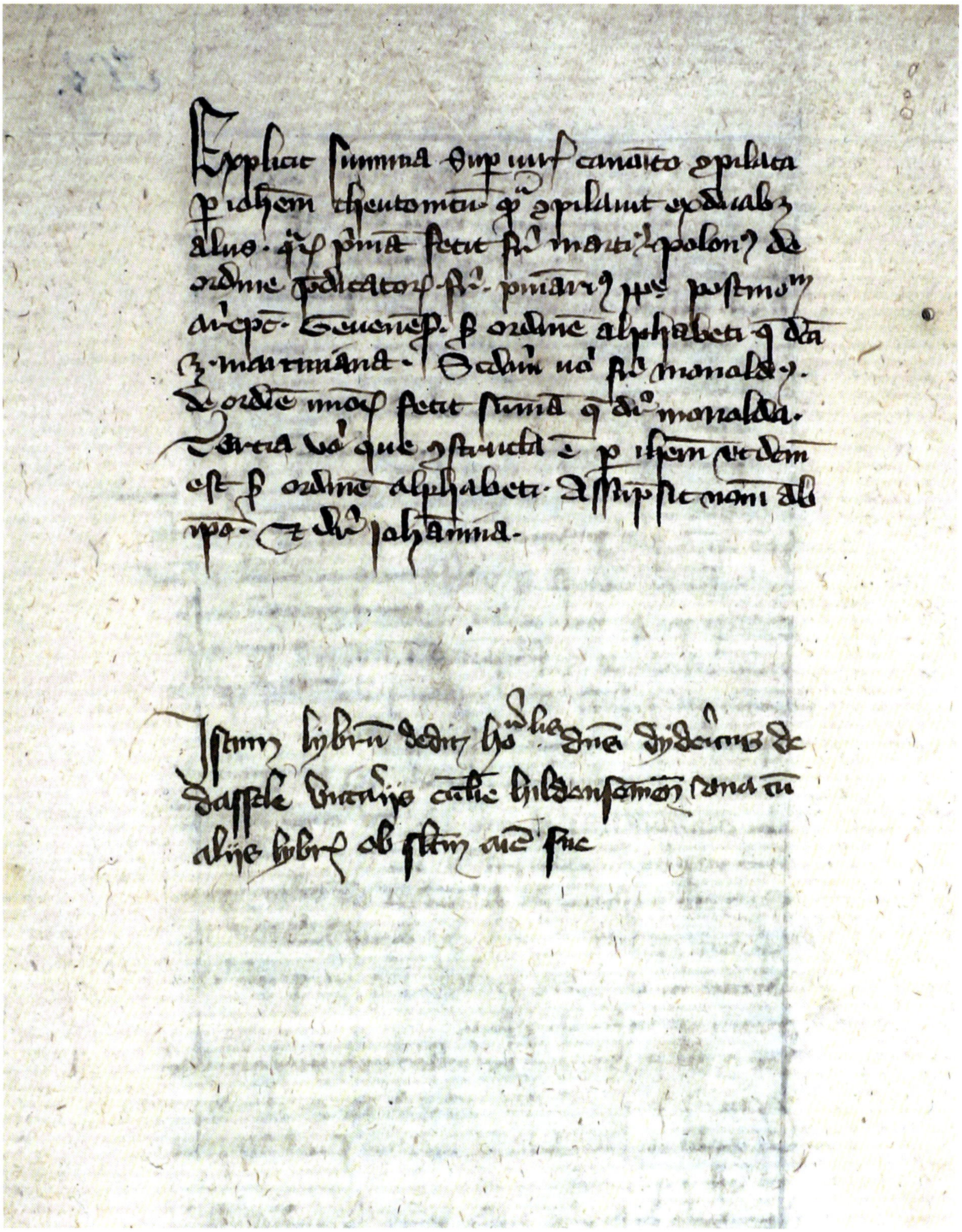

Handschriftlicher Schenkungsvermerk des Vikars Dietrich von Dassel um 1400

dedit honorabilis dominus dydericus de dassele vicariis ecclesie Hildensemensis una cum aliis libris ob salutem anime sue«.[4] Aber auch die Namen anderer Kleriker des späten Mittelalters sind durch ihre Bücherschenkungen an die Vikare im Gedächtnis der Bibliothek haften geblieben, etwa die der Vikare Theodor Roleves und Johannes Rotberg oder auch des Weihbischofs Johannes Karstiken.[5] Als die Bibliotheken am Dom 1684 zusammengeführt wurden, entstand auch ein heute noch erhaltenes Verzeichnis der Bücher der Vikarienkommunität.[6] Darin werden 303 Titel aufgeführt, in ihrer Mehrzahl freilich Drucke der nachmittelalterlichen Zeit. Immerhin aber haben sich mindestens 23 der verzeichneten Handschriften bis heute im Bestand der Dombibliothek erhalten und bestimmen lassen.

Wenn in den Büchern die Stifter eingeschrieben sind, dann ist das oft das Einzige, was man heute noch von ihnen weiß. Mit ihnen wird aber zugleich auch etwas von dem gelehrten Horizont sichtbar, in dem sie ihre Aufgaben am Hildesheimer Dom verstanden; mehr noch, man beginnt auch das kommunikative Netzwerk zu ahnen, in dem sich der Hildesheimer Klerus bewegte und das weit über Hildesheim und Norddeutschland hinaus gespannt war. Das gilt vor allem natürlich für die ältere und ursprünglich gewiss auch noch um einiges umfangreichere Büchersammlung des Domkapitels. Sie war gewachsen aus den Anforderungen der Liturgie, bis heute die zentrale Aufgabe des Domkapitels. Sie trug aber auch zur rechtlichen und organisatorischen Verwaltung der zu Dom und Domkapitel gehörigen, vom bischöflichen Stuhl getrennten Vermögensmasse bei. Nicht zuletzt galt sie der Ausbildung des geistlichen Nachwuchses an der Domschule. Die Schule entwickelte sich rasch und stand bald in weithin sichtbarer Blüte. Prominente Schüler zählten

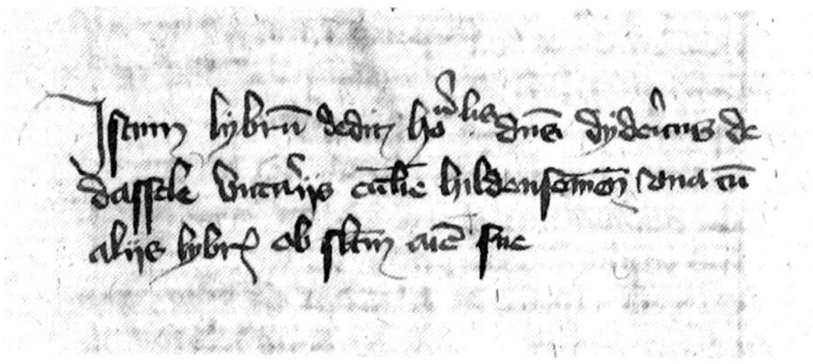

zu ihren Zöglingen. Der spätere Kaiser Heinrich II. (973–1024) gehörte ebenso dazu wie die nachmaligen Bischöfe anderer Hochstifte des 11. und 12. Jahrhunderts, etwa von Mainz, Köln, Paderborn, Schleswig oder Würzburg. Auch Reinald von Dassel (1120–1167), Erzbischof von Köln und Kanzler des Reiches, gehörte zu den Zöglingen der Hildesheimer Domschule.[7] Für die engen Beziehungen zwischen dem kaiserlichen Hof der Ottonen und der Domschule gibt der heilige Bischof Bernward († 1022) ein Beispiel. Er war in Hildesheim ausgebildet worden. Danach trat er in den kaiserlichen Dienst, war Erzieher und bald Vertrauter Kaiser Ottos III.[8]

Einige der heute noch in der Dombibliothek erhaltenen Handschriften machen einen unmittelbaren Zusammenhang zum Schulbetrieb wahrscheinlich. Das gilt vor allem dann, wenn es die Domscholaster, also die für die Schule am Dom Verantwortlichen sind, die uns in den Schenkungsvermerken entgegentreten.[9]

In den Buchbeständen, soweit sie erhalten oder rekonstruierbar sind, begegnet uns dementsprechend eine große Bandbreite der Gelehrsamkeit, die von den Bischöfen, den Kapitularen, den Vikaren gepflegt wurde. Natürlich spielten die liturgischen und die biblischen Bücher und die »Königin der Wissenschaft«, die Theologie, die entscheidende Rolle. Das bedeutet freilich noch keine thematische Verengung. Im Mittelalter und noch weit ins 16. Jahrhundert hinein war alles der Theologie,

Handschriftlicher Schenkungsvermerk des Vikars Dietrich von Dassel um 1400 (Detail)

mithin einem heilsgeschichtlichen Bezug untergeordnet, auch wenn es sich um historische und chronikalische, rechtliche, geographische, philologische oder auch naturkundliche Abhandlungen handelte. Hier ist der Hildesheimer Bischof Bruno († 1161) zu nennen, der in den Streit zwischen Kaiser Friedrich Barbarossa und den Papst geriet. Von ihm heißt es, er habe, vielleicht zermürbt zwischen seiner Hinneigung zum Papst auf der einen und seinem Dompropst Reinald von Dassel auf der anderen, der kaiserlichen Seite, für den Sommer 1158 eine Jerusalem-Wallfahrt geplant. Eine solche Reise war gewiss gefährlich und so verfasste er ein Testament für den Fall »daß er von der Fahrt nach Jerusalem nicht zurückkehren würde«.[10] Seine ungewöhnlich reiche Büchersammlung vermachte er dem Dom. Sie umfasste vermutlich mehr als 70 Titel und war damit die bedeutendste Privatbibliothek im damaligen deutschen Reich, die heute noch dokumentiert werden kann.[11]

Fast gleichlautend findet sich in den erhaltenen Bänden Brunos noch heute der eigenhändige Schenkungsvermerk. Als Priester, an anderer Stelle als Bischof, schenkt er Gott und der heiligen Maria, der Patronin des Doms und damit dem Domkapitel das jeweilige Buch zum Heil seiner Seele. So lautet es in einer kommentierten Abschrift der Johannesapokalypse: »Ego Bruno indignus sacerdos offero deo et sancte Marie hanc Apocalipsim pro remedio anime mee.« Solche und ähnliche Formulierungen kehren bei den Stiftungen vor allem aus den Reihen des Klerus immer wieder. Das hört sich nach einem simplen Tauschgeschäft an. Tatsächlich sollen die kostbaren Stiftungen zur Ausstattung des Domes den Glauben belegen und den Weg zum Himmel ebnen.[12] Sie sind freilich erwachsen aus dem Bewusstsein des eigenen Bedürfnisses nach Vergebung. Sie sind zugleich Appell an die Gemeinschaft der Lebenden und Bitte um eine Gebetshilfe, die über die Zeiten andauert und mit jedem Gebrauch des gestifteten Objekts aktualisiert und neu vorgetragen wird. Darin zeigt sich die aus der Antike übernommene Überzeugung von einem gemeinsamen, heilsgeschichtlich ausgerichteten Zusammenhang der Lebenden und der Toten, das Vertrauen in die Gemeinschaft der Kirche und die Kraft der Fürbitte. Speziell für Büchersammlungen ist auch die bis in die frühe Neuzeit lebendige Vorstellung wirksam, dass die Leser mit dem Autor in einen lebendigen Gedankenaustausch, ein Gespräch eintreten, dass also die Benutzung einer Bibliothek Gemeinschaft stiftet. Der bereits in jungen Jahren 1703 knapp 28-jährig verstorbene Hildesheimer Domkapitular Johann Sigismund von Reuschenberg hat seine Bitte vergleichsweise kurz und eindeutig formuliert. Jeder, der in der Dombibliothek eines der Bücher seiner immerhin mehr als 2.000 Bände umfassenden Sammlung auf-

Bischof Bruno († 1161). Stilisiertes Porträt aus einem Reihenbildnis Hildesheimer Bischöfe um 1700

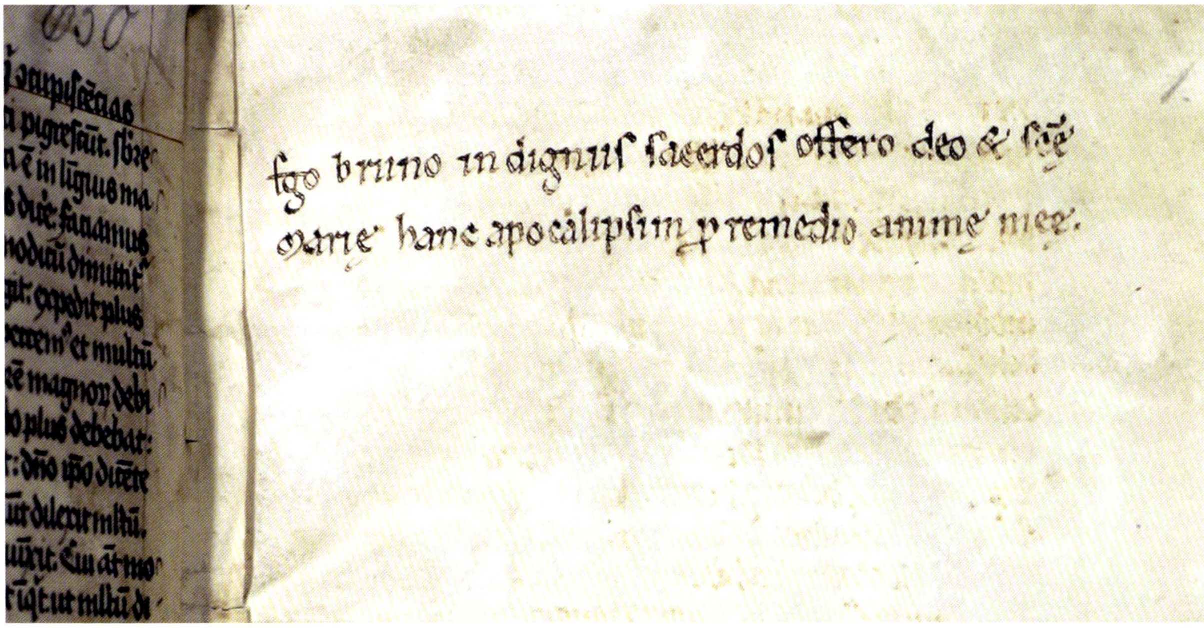

Handschriftlicher Schenkungsvermerk von Bischof Bruno († 1161)

schlägt, findet darin bis heute zu seinem Namenszug die handschriftliche Aufforderung: »Ora pro me«, bete für mich.

Bei den Schenkungsvermerken Bischof Brunos aus dem 12. Jahrhundert ist es bezeichnend, dass er für das Heil seiner Seele den Begriff »remedium« wählt, der ja eigentlich auf Heilmittel, auf Arzneien hinweist. Tatsächlich nehmen in seiner Büchersammlung gerade medizinische Werke der Zeit prominenten Raum ein, Werke des Galen oder der Vertreter der arabischen medizinischen Tradition, also des tunesischen Arztes und Benediktinerbruders Konstantin des Afrikaners (1017–1087) oder des syrischen Christen und Übersetzers Hunain ibn Ishaq (808–873).

Auch in anderen Handschriften der Dombibliothek ist ein durchgängiges medizinisches Interesse kenntlich, wenn in Sammelhandschriften aus dem 13., 15, 16. und 18. Jahrhundert Abhandlungen zu Krankheiten und ihrer Heilung und Rezepte für Arzneien zusammengeführt werden.[13] Solche Bücher waren durchaus keine Fremdkörper im theologischen Selbstverständnis des mittelalterlichen Klerus am Hildesheimer Domhof. Dahinter steht ein ganzheitliches, diätetisches Konzept des Bemühens um das Heil der Menschen: »die Sorge eben um den, der in Not ist, das Helfen beim Wenden der Not, das Führen und Begleiten zum Heile.«[14] Schon von Wigbert, der seit 880 für mehr als 20 Jahre Bischof von Hildesheim war, wird berichtet, dass er sich als Heilkundiger besondere Verdienste erworben habe.[15] Auch im Tugendkanon des heiligen Bischofs Bernward findet seine ärztliche Kunst Erwähnung.

In die gleiche Richtung weisen auch die Handschriften und frühen Drucke in der Bibliothek des Domkapitels, die sich mit Mathematik und Geometrie, mit den mechanischen Künsten oder der Naturkunde beschäftigen. Immer geht es neben den praktischen Anwendungen um die Einsicht in Gottes Schöpfung,

Der Tod Mariens aus der Reichenauer Handschrift der Dombibliothek um 1013

ihre Vielfalt, ihren Sinn und Nutzen. Das wissenschaftliche Interesse an dem, was später zu den Naturwissenschaften gezählt werden würde, zieht sich durch die Geschichte des Hildesheimer Klerus bis in die Gegenwart. Auch in den Buchbeständen der Dombibliothek steht es gewiss nicht im Vordergrund, ist aber doch stets gegenwärtig. Natürlich finden gerade die prächtigen Schatzkammerstücke zur Verherrlichung der Liturgie in aller Regel die größere Aufmerksamkeit, etwa die Reichenauer Handschrift, die vielleicht Heinrich II. im Jahr vor seiner Kaiserkrönung nach Hildesheim brachte. Mit der doppelseitigen Buchmalerei zum Marientod unterstreicht die Handschrift ihre Zugehörigkeit zum Hauptaltar des Hildesheimer Mariendoms. Daneben aber lohnt es, die Spuren einer frühen Naturkunde in der Gelehrsamkeit des Domkapitels zu verfolgen. So ist im Domschatz noch das *Liber mathematicalis Bernwardi* erhalten. Die Handschrift aus der Zeit um 1000 enthält einen großen Teil der Schrift *De Arithmetica* des römischen Gelehrten Boethius, der zwischen 524 und 526 der Beteiligung an einer Verschwörung gegen die Ostgotenherrschaft verdächtigt wurde und hingerichtet worden war. Das Buch soll Bernward schon bei der Erziehung Kaiser Ottos III. gedient haben und später Grundlage für die Maßverhältnisse beim Bau des Michaelisklosters, der Stiftung Bernwards gewesen sein.[16]

Von Bernward wird auch überliefert, dass er im Besitz eines eigenhändig abgeschriebenen »alchemistischen Codex« gewesen sein soll. Die Handschrift selbst ist leider verloren. Wir wissen aber von ihr durch das Bemühen des letzten Besitzers, dem Konvent des Hildesheimer Klosters St. Michael, 1666 ihren Verbleib herauszufinden.[17] Die Alchemie war stets eine umstrittene Kunst. Zu diesem im Westen frühen Zeitpunkt der Rezeption durch den Hildesheimer Bischof aber stand sie noch nicht so ausgeprägt im Zwielicht von Esoterik und Betrügerei. Ähnlich dem diätetischen Verständnis der mittelalterlichen Medizin finden wir hier zunächst und vor allem die gelehrte naturphilosophische Spekulation um die Einheit von Kosmos und Mensch, um die ganzheitliche, damit sinnstiftende Betrachtung der Wirkkräfte in der natürlichen Umwelt.[18] Hinter diesem Buchbesitz scheint auch etwas von dem mit der Kaiserin Theophanu verbundenen Kulturtransfer vom byzantinischen Reich auf, den Bernward ja als Prinzenerzieher am kaiserlichen Hof unmittelbar erlebt hat.[19] Viel handfester verbindet sich die Lektüre allerdings mit seinem kunsthandwerklich-technischen Interesse an den metallurgischen Kenntnissen, wie sie eng mit der Alchemie verbunden sind und wie sie ja im meisterhaften Bronzeguss der Domtüren und der Christussäule ihren berühmten Ausdruck gefunden haben.

Der Bestand der Dombibliothek bezeugt in seinen ererbten Büchern, dass auch spätere Generationen des Hildesheimer Klerus in ihrem naturkundlichen Eifer nicht nachgelassen haben. Die zahlreichen Titel aus dem Werk des berühmten Jesuiten Athanasius Kircher (1602–1680) können das belegen. Vor allem die Artenvielfalt und in ihrer Winzigkeit wohlorganisierte Welt der Insekten scheint es den frühen geistlichen Naturforschern angetan zu haben. Im Altbestand der Bibliothek haben sich unter den naturkundlichen Werken dementsprechend auch die reich illustrierten Bände von August Johann Rösel von Rosenhof (1705–1759)[20] oder die Spinnenkunde von Carl Wilhelm Hahn (1786–1836)[21] erhalten. Dort steht auch die *Théologie des Insectes* des evangelischen Pfarrers und Physikotheologen Friedrich Christian Lesser (1692–1754)[22] und macht deutlich, dass sich das naturhistorische Engagement von Konfessionsgrenzen kaum beeindrucken ließ.

Aus der »Insecten-Belustigung« von August Johann Rösel von Rosenhof. Dritter Theil, 1755

Oft war es die mittelalterliche Domschule und ihre neuzeitliche Nachfolgeeinrichtung, das Gymnasium Josephinum, wo die naturkundliche und naturhistorische Begeisterung entzündet wurde, die sich im heutigen Buchbestand der Dombibliothek niedergeschlagen hat. Als ein neuzeitlicher Höhepunkt muss dabei der Hildesheimer Domvikar und Gymnasialprofessor Johannes Leunis (1802–1873) genannt werden. Ein Pionier des naturhistorischen Unterrichts, lehrte er dieses Fach am Gymnasium Josephinum, noch bevor es die hannoversche Regierung offiziell einführte. Seine botanischen und zoologischen Lehrbücher waren in der zweiten Hälfte des 19. Jahrhunderts die am meisten verbreiteten Unterrichtswerke.[23] Immerhin ist die Pflanzengattung »Leunisia«, nach ihm benannt. Sie gehört zur Familie des Asteraceae, in der sich Gänseblümchen ebenso wie Sonnenblumen finden.

Im Mittelalter muss man sich die Gemeinschaft der Domkapitulare auch außerhalb des Schulbetriebs als einen gelehrten Studienbetrieb vorstellen. In der von Bischof Hezilo 1281 festgesetzten Zahl waren es immerhin 52 Kleriker, die im Domkapitel zusammengefasst[24] und, wie in einem Kloster, einer strengen Ordnung unterworfen waren. Die Gelehrsamkeit in Verbindung mit »strenger Religiosität und religiöser Strenge«,[25] die vorbildliche geistliche Lebensweise also war es, die das Ansehen des Hildesheimer Domkapitels ausmachte. Der um 1100 entstandene Bericht über die Gründung des Hildesheimer Bistums, die *Fundatio Ecclesie Hildensemensis*, rühmt das Leben im Domstift:

> »Denn um davon zu schweigen, wie streng es geahndet wurde, wenn jemand im Chore, bei Tische, in Schlafsaale, ich sage nicht, fehlte, sondern auch nur etwas zu spät er-

Aus der »Insecten-Belustigung« von August Johann Rösel von Rosenhof. Erster Theil, 1746

52

ter und Beine ziemlich dick, mässig lang, ziemlich zottig behaart, mit breiten, dichten Sohlen.

Kopf und Thorax gelbbraun, die Wolle aufs Ockergelbe ziehend; die Fresszangen von derselben Farbe, an der Spitze heller, die längern Borsten gelb; die Fangkrallen gelblichroth, an der Spitze dunkler als an der Wurzel, die Haarfranse unten an den Fresszangen hellrostroth, aufs Röthlichgelbe ziehend. Der Hinterleib gelblich rostroth, der gelbbraune Grund kaum durchstechend. Brust, Taster und Beine gelbbraun; die zwei Linien auf den Tastern und Beinen gelblich weiss; die Fransen an der Spitze der Schenkel, Kniee und Schienbeine hellockergelblich, die Spitze der Tarsen graubraun; die Sohle der Fersen und Tarsen bräunlich ockergelb, ohne andern Farbenschimmer.

Ein Weibchen. Das Männchen fehlt noch.

Vaterland. Brasilien.

Mygale annulipes.

Tab. CCCVI. Fig. 724.

Braun, Beine und Taster braunroth mit einem schwarzen Ringe an der Spitze der Schenkel, an der Wurzel und Spitze der Schienbeine und an der Spitze der Fersen.

Länge ohne Fresszangen 9‴.

Klug. Königliche Sammlung in Berlin.

Der Vorderleib länglich, fast um $^1/_4$ länger als breit, ziemlich gewölbt, mit deutlichen Querfalten des Thorax

Aus der Spinnenkunde von Carl Wilhelm Hahn, Band 9, 1842

schien – falls er nicht durch eine ernste Notwendigkeit behindert oder mit Erlaubnis versehen, solches tat – so wurden die Kanoniker, obwohl vom Joche der Schulzucht befreit, doch mit strafferem Zügel im Kloster im Zaume gehalten; täglich mussten sie, was sie geschrieben hatten, dem Dechant vorzeigen, das Evangelium nebst der Lektion, sowie den Gesang, auch die Psalmen mussten sie aufsagen, so dass es schien, als ob sie im Kloster mit mehr Furcht als in der Schule die Hand unter der Rute wegzuziehen bemüht waren.«

Die Schreibarbeit stand im Mittelpunkt der geistlichen Qualifikation. Sie vereinigte Kunstfertigkeit und Gelehrsamkeit. Sie bezog Verwaltungswissen ein, etwa zur Ausfertigung von Urkunden. Nicht zuletzt aber war sie fromme, asketische Übung, zeitraubend und anstrengend. Sie war liturgische Handlung, etwa wenn es um Konzeption und die angemessene Form im Buchschmuck der Bücher zum Gebrauch im Gottesdienst ging. Und sie verlangte die demütige Unterwerfung unter die Text- und Bildtradition, damit eine getreue, verlässliche Abschrift gewährleistet war.

Aus der Spinnenkunde von Carl Wilhelm Hahn, Band 13, 1846

Die Dombibliothek am Kreuzgang um 1900

Die Dombibliothek am Kreuzgang um 1900

Die Schreiber wurden in hohen Ehren gehalten. In besonders mühevoll hergestellten, reich geschmückten Manuskripten durften sie sich mit ihrem Namen »verewigen«. Auf diese Weise wissen wir von dem Mönch des Hildesheimer Michaeliskloster Ratmann[26] aus der Mitte des 12. Jahrhunderts oder von dem aus Bamberg stammenden Guntbald, der Anfang des 11. Jahrhunderts eine ganze Reihe kostbarer Handschriften verfertigte.[27] Von Bischof Wigbert aus dem 9. Jahrhundert wird berichtet, dass er eine ganze Bibel eigenhändig abgeschrieben habe[28] und auch den heiligen Bischöfen Bernward und Godehard wird die Schreibarbeit nachgerühmt.[29]

Die eigene Schreibstube[30] vermehrte also die Bücherschätze am Dom. Sie kamen aber auch als Geschenke und umfangreichere Stiftungen in die Bibliothek oder wurden auf Reisen erworben.

Von Othwin, der von 954 bis 984 Bischof von Hildesheim war und als Begleiter Kaiser Ottos des Großen Italien bereiste, schreibt ein Hildesheimer Domkleriker im 11. Jahrhundert: »Ebenso sammelte er in großer Menge Bücher, solche der göttlichen Lesung ebenso wie solche philosophischer Schriftstellerei, damit sich die, welche vorher aus Mangel an Lektüre in träger Beschäftigungslosigkeit erstarrt waren, nun zu reger Studientätigkeit erwärmten.«[31]

So waren es vermutlich schon einige Hundert Bände, die in den mittelalterlichen Bibliotheken im Dom zusammenkamen. Einen ersten Ort fanden die Bücher des Domkapitels in einem Nebengelass direkt am Chor des Doms. Als es 1013 in der Kirche brannte, ging auch eine Fülle kostbarer Handschriften in den Flammen unter.[32] Ein weiteres, verheerendes Feuer brach 1046 im Dom aus und wieder waren auch die Bücher in Mitleidenschaft gezogen. Spätestens jetzt entschloss man sich an der Südseite des Domes zu einem Sakristei-Anbau mit feuerfesten Gewölben. Zu ebener Erde und direkt dem Altar zugeordnet war die Sakristei zur Aufbewahrung der Paramente und des liturgischen Geräts für den Gottesdienst untergebracht. Darüber, im Obergeschoss, noch immer in ideellem Zusammenhang zum liturgischen Vollzug, wurden die Bücher und Urkunden aufbewahrt.[33] Direkt gegenüber, am nördlichen Ende des Querhauses, über dem »Neuen Paradies« war seit dem Ende des 15. Jahrhunderts der Ort der Vikarsbibliothek.[34] Die Mehrzahl der heute noch erhaltenen und identifizierbaren mittelalterlichen Handschriften tragen am hinteren Buchdeckel die Spuren von Metallösen; die Sammlung ist dementsprechend als Studienbibliothek vorzustellen, deren Bände teilweise an Pulten angekettet waren und in der Bibliothek gelesen werden mussten.[35]

1684 wurden die Bibliotheken am Dom zusammengeführt. Anlass war die Stiftung des Pastors von Großförste Martin Bever (1625–1681). Er hatte seine umfangreiche private Bibliothek dem Domkapitel hinterlassen mit der Auflage, sie öffentlich zugänglich zu machen. Sein Vermögen setzte er aus, um damit Stipendien für Theologiestudenten zu finanzieren und von den Überschüssen seine Bibliothek zu ergänzen. Das Domkapitel führte nun die eigene Bibliothek, die der Vikare und Bevers Privatbibliothek zusammen und richtete dafür neue Räume im Ostflügel des oberen Kreuzgangs her.[36] Die Dombibliothek firmierte jetzt als »Bibliotheca publica« oder auch als »Beverinsche Bibliothek«. Von der Neuregelung ausgenommen waren nur einige besonders kostbare Handschriften, die im Domschatz, also im Eigentum des Kapitels verblieben.

Die unmittelbare Anbindung der Büchersammlung an den Dom blieb noch bis 1907 erhalten. Der damalige Dombibliothekar, spä-

Bischof Norbert Trelle mit Konzelebranten

Die liturgischen Feiern des Bischofs in seiner Kathedralkirche

Das Zweite Vatikanische Konzil hat die Bedeutung des Bischofsamtes in der Kirche und des Bistums als Ortskirche neu ins Bewusstsein gerufen. Seinen besonderen Ausdruck findet diese theologische Bestimmung in der Dogmatischen Konstitution über die Kirche *Lumen Gentium* (LG) und im Dekret über die Hirtenaufgabe der Bischöfe in der Kirche *Christus Dominus* (CD). Dieser Neubesinnung auf das Amt des Bischofs in der Kirche entspricht eine Neubewertung der Liturgie des Bischofs in seiner Kathedralkirche. Die Liturgiekonstitution *Sacrosanctum Concilium* (SC) schreibt in der Nr. 41, dass die Kirche insbesondere dann sichtbar wird, wenn das Volk Gottes in der Kathedrale als dem Versammlungsort der Ortskirche zusammenkommt, um unter dem Vorsitz des Bischofs, umgeben von Presbytern, assistiert von Diakonen und den übrigen Diensten, Eucharistie feiert. Dann »sollen alle das liturgische Leben des Bistums, in dessen Mittelpunkt der Bischof steht, besonders in der Kathedralkirche aufs höchste wertschätzen.« (SC Nr. 41) In der Kathedrale soll die Liturgie in ganzer Fülle und beispielhafter Gestaltung gefeiert werden. Sie hat Vorbildfunktion für die liturgischen Feiern im ganzen Bistum. Papst Johannes Paul II. schrieb in seinem Apostolischem Brief *Sacrosanctum Concilium* zum 25. Jahrestag der Liturgiekonstitution 1989, Nr. 9: »Vor allem in der Liturgie wird das Geheimnis der Kirche verkündet, verkostet und gelebt.« Von da liegt es auf der Hand, dass die Feier der Liturgie in ihren verschiedenen Formen an erster Stelle zu den Aufgaben eines Bischofs gehört. Diese liturgische Funktion darf nicht als eine neben den anderen verstanden werden. Ihr Vorrang besteht darin, dass in ihr die Einzigartigkeit und die Transzendenz des bischöflichen Amtes symbolisiert wird. Der Bischof feiert die Liturgie nicht aus bloßer Frömmigkeit, sondern wenn er der Eucharistie vorsteht, vollzieht er auf vollkommene Weise das, was er in den vielfältigen Tätigkeiten seines Leitungsamtes tun muss. Wenn der Bischof der Liturgie vorsteht, erreicht das Leben des Bistums seinen Höhepunkt und schöpft dabei aus seiner tiefsten Quelle.

Im Folgenden sollen die Gottesdienste kurz vorgestellt werden, die der Bischof normalerweise im Hildesheimer Dom feiert.

1. Tagzeitenliturgie

Schon die frühen Christengemeinden folgten der Mahnung des Apostels Paulus »Betet ohne Unterlass« (1 Thess 5,17). Sie versammelten sich am Morgen und Abend zum täglichen Gebet, aber auch zu anderen festen Zeiten. Aus diesen Gebetszeiten entwickelte sich die Tagzeitenliturgie, vor allem in Klöstern und geistlichen Gemeinschaften; aber auch die Gemeinden sind eingeladen, sich diesen Gebeten anzuschließen, insbesondere dem Morgenlob (Laudes) und dem Abendlob (Vesper). Diese Gebetszeiten (Horen) bestehen zum größten Teil aus Psalmen.

Im Dom wird die Vesper an folgenden Tagen unter Vorsitz des Bischofs gefeiert:

Ostersonntag, Pfingstsonntag, 1. Weihnachtstag, dazu bei besonderen Gelegenheiten: Jubiläen und pastoralen Zusammenkünften. Der Bischof gilt dabei als erster Beter seiner Teilkirche.

In einfacher Form werden Lesehore und Laudes an folgenden Tagen gefeiert: vom 17. bis 24. Dezember und an den Werktagen der Karwoche. Am Gründonnerstag, Karfreitag und Karsamstag werden Lesehore und Laudes in der Form der Karmetten mit Gesang begangen.

Da jede liturgische Feier sich auf das Wort Gottes stützt und von ihm getragen wird, haben auch Wort-Gottes-Feiern in der Kathedralkirche ihren eigenen Ort. »Jesus Christus ist das Wort Gottes, das Mensch geworden ist. Er ist gegenwärtig, wenn sich die Gemeinde versammelt, das Wort Gottes hört und in Gebet und Gesang Antwort gibt. So vollzieht sich in der Wort-Gottes-Feier ein Dialog zwischen Gott und dem Menschen.« (»Gotteslob« Nr. 668,1) Wort-Gottes-Feiern werden im Dom je nach Gelegenheit in verschiedenen Gruppierungen gefeiert. Eine eigene Form haben sie an den Sonntagen der Österlichen Bußzeit im Zusammenhang mit der sogenannten Fastenpredigt.

2. Das Kirchenjahr

»Als liebende Mutter hält die Kirche es für ihre Aufgabe, das Heilswerk ihres göttlichen Bräutigams an bestimmten Tagen das Jahr hindurch in heiligem Gedenken zu feiern. In jeder Woche begeht sie an dem Tag, den sie Herrentag genannt hat, das Gedächtnis der Auferstehung des Herrn, und einmal im Jahr feiert sie diese Auferstehung zugleich mit dem seligen Leiden des Herrn an Ostern, ihrem höchsten Fest. Im Kreislauf des Jahres entfaltet sie das ganze Mysterium Christi von der Menschwerdung und Geburt bis zur Himmelfahrt, zum Pfingsttag und zur Erwartung der seligen Hoffnung und der Ankunft des Herrn.« (SC Nr. 102)

Der Sonntag als Herrentag ist Kern und Fundament des Kirchenjahres. Er ist gleichsam eine wöchentliche Osterfeier. Da der Bischof an den Sonntagen für gewöhnlich in den Gemeinden des Bistums die Eucharistie feiert, kommt eine sonntägliche Bischofsmesse im Dom nur selten vor. Der Bischof wird an normalen Sonntagen durch das Domkapitel vertreten.

Im Ablauf des Kirchenjahres feiert der Bischof in der Domkirche die Eucharistie am Fest der Darstellung des Herrn (Mariä Lichtmess) im Zusammenhang mit der Kerzenweihe und der feierlichen Einzugsprozession.

Am Mittwoch vor dem 1. Fastensonntag, dem Aschermittwoch, beginnt die Österliche Bußzeit, die zur Feier des Osterfestes hinführt. In

der Messfeier dieses Tages wird den Gläubigen als Zeichen der inneren Reinigung und Bereitschaft zur Buße die Asche aufgelegt.

Mit dem Palmsonntag tritt die Kirche in das Mysterium der Kreuzigung, der Grabesruhe und der Auferstehung des Herrn ein, der mit seinem Einzug in Jerusalem seine Majestät ahnen lässt. Die Christen tragen Zweige als Zeichen des königlichen Triumphes, den Christus unter der Last des Kreuzes errungen hat. Die Segnung der Zweige und die anschließende Palmprozession finden an einem Ort außerhalb des Domes statt (früher in der St. Antoniuskirche). Die Prozession begibt sich durch den Kreuzgang in den Dom, wo sich die Messfeier mit der Lesung der Leidensgeschichte anschließt.

Am Mittwoch in der Karwoche feiert der Bischof gegen Abend in Konzelebration mit den Priestern die sogenannte Chrisammesse. In dieser Messfeier weiht der Bischof die heiligen Öle: den Chrisam (ein duftendes Öl), mit dem die Neugetauften gesalbt und in der Firmung besiegelt werden. Mit ihm werden die Hände der Priester, das Haupt des Bischofs, die Kirche, der Altar und gegebenenfalls die Glocken gesalbt. Er weiht das Katechumenenöl: Mit ihm werden Taufbewerber/innen bei der Vorbereitung auf die Taufe gesalbt. Als drittes Öl

Weihe der heiligen Öle in der Chrisammesse

wird das Krankenöl geweiht, mit dem die Kranken gesalbt und in ihrer Schwäche aufgerichtet werden sollen. Innerhalb dieser Messfeier erneuern die Priester ihr Weiheversprechen. Im Bistum Hildesheim werden dazu besonders die Jugendlichen eingeladen. Diese Feier bietet den Jugendlichen die Gelegenheit, aus der Zerstreuung im Diasporabistum zusammenzukommen und Gemeinschaft untereinander, mit dem Bischof und den Priestern zu erleben. Die besondere musikalische Gestaltung dieser Feier ist vornehmlich auf die Jugendlichen ausgerichtet. Im Anschluss an die Messfeier werden die heiligen Öle verteilt und in die einzelnen Gemeinden des Bistums übertragen.

Am Abend des Gründonnerstag beginnt mit der Abendmahlsmesse die Feier der drei Österlichen Tage. »Das Werk der Erlösung der Menschen und der vollendeten Verherrlichung Gottes hat Christus, der Herr, vor allem vollzogen durch das Pascha-Mysterium, indem er durch seinen Tod unseren Tod überwunden und in der Auferstehung das Leben wieder hergestellt hat. Darum sind die Drei Österlichen Tage vom Leiden, vom Tod und von der Auferstehung des Herrn Höhepunkte des ganzen Kirchenjahres. So gilt mit Recht: Was der Sonntag für die Woche bedeutet, ist Ostern für das ganze Jahr.« (Römischer Kalender Nr. 18)

In der Abendmahlsmesse des Gründonnerstag gedenkt die Kirche in besonderer Weise der Einsetzung der Eucharistie und des Priestertums. Der Bischof vollzieht in dieser Messfeier an zwölf Gläubigen die Fußwaschung. Diese Zeremonie erinnert an das Beispiel Jesu, wie es uns im Johannesevangelium überliefert wird: Jesus wäscht seinen Jüngern die Füße. Sinnvollerweise wird in dieser Messfeier allen Gläubigen die Möglichkeit der Kelchkommunion gegeben. Am Schluss der Messfeier werden die geweihten Hostien in die Sakramentskapelle übertragen, wo eine Anbetungsstunde (oder Ölbergwache) begangen wird. Die geweihten Hostien werden für die Kommunion am Karfreitag benötigt.

Am Karfreitag begeht der Bischof mit der Gemeinde die Feier vom Leiden und Sterben Christi. Der erste Teil dieses Gottesdienstes besteht aus Schriftlesungen, insbesondere der Leidensgeschichte nach Johannes. Darauf folgen die Großen Fürbitten. Nach den Fürbitten wird das Kreuz verehrt. Ein großes verhülltes Kreuz wird den Gläubigen gezeigt und in drei Schritten enthüllt, wobei jeweils gesungen wird »Seht da, das Holz des Kreuzes, an dem das Heil der Welt gehangen«. Alle antworten: »Kommt, lasset uns anbeten«. Nachdem das Kreuz enthüllt ist, wird es vom Bischof, dem anwesenden Klerus und den Gläubigen durch eine Kniebeuge verehrt. Dann wird das Kreuz auf den Altar gestellt und die Gesamtfeier mit einem kurzen Kommuniongottesdienst abgeschlossen.

Der Karsamstag ist der Tag der Grabesstille. Am Morgen feiert der Bischof mit den Gläubigen die Karmette.

Die Osternacht ist nach ältester Überlieferung eine »Nacht des Wachens für den Herrn« (Ex 12,42). Diese Feier ist die höchste und vornehmste aller Feiern im liturgischen Jahr und gehört bereits zum Ostersonntag. Die Feier gliedert sich in folgende Teile:

Vor dem Dom Segnung des Feuers und Bereitung der Osterkerze; Prozession mit der Osterkerze in den Dom, wobei der Diakon dreimal die Osterkerze emporhebt und ruft »Christus, das Licht«, die Gläubigen antworten »Dank sei Gott«. Im Laufe dieser Prozession werden nach und nach die Kerzen aller Anwesenden entzündet. Im Altarraum angekommen, singt der Diakon das Osterlob des Exsultet. Die Kerze erhält einen hervorragenden Platz im Altarraum.

Darauf folgt ein Wortgottesdienst mit neun Lesungen, die allerdings in der Zahl verkürzt werden können. Nach der letzten Lesung aus dem Alten Testament stimmt der Bischof den Gloriahymnus an. Darauf folgen Epistel, Österliches Halleluja und Evangelium. Nach der Predigt des Bischofs beginnt die Tauffeier. Wenn möglich, findet in dieser Nacht auch die Taufe und Firmung von Erwachsenen statt. Dabei tritt im Dom die besondere Stellung des Taufbeckens in Erscheinung. Alle erneuern nach Taufe und Firmung das Taufversprechen und werden mit dem in der Nacht geweihten Wasser besprengt. Dann beginnt die Eucharistiefeier in der Form einer feierlichen Bischofsmesse.

Die Zeit der 50 Tage vom Ostersonntag bis zum Pfingstsonntag wird dann als ein einziger großer Festtag begangen, als »Der große Tag des Herrn«. Als Zeichen dafür behält die Osterkerze im Altarraum ihren hervorgehobenen Platz. Ab Pfingsten befindet sie sich in der Nähe des Taufbeckens.

Eine besondere Ausformung erhält noch das Hochfest des Leibes und Blutes Christi (Fronleichnam). Die Gemeinden der Stadt versammeln sich im Dom zur Messfeier und zur anschließenden Prozession durch einen Teil der Stadt. Diese Prozession ist ein deutliches Zeichen des gemeinsamen Glaubens und der Anbetung des eucharistischen Herrn.

3. Sakramentale Feiern

Die Feier der Eingliederung in die Kirche (Taufe, Firmung, Eucharistie) betrifft vom Grundverständnis her Erwachsene, die zum Glauben an Jesus Christus kommen und die Sakramente als Zeichen ihrer Bekehrung empfangen. Der erste Spender dieser Sakramente ist der Bischof, die er allerdings in vielen Fällen an Priester in den Gemeinden abgibt. In der Pastoral des Bistums Hildesheim werden erste Schritte getan, der Spendung der Eingliederungssakramente zumindest bei Jugendlichen und Erwachsenen eine angemessene Zeit der Vorbereitung (Katechumenat) vorausgehen zu lassen. Diese Zeit wird durch verschiedene Feiern gegliedert. Die Aufnahme in den Katechumenat vollzieht in der Regel der Bischof, die übrigen Feiern bis hin zur Spendung der Sakramente geschehen überwiegend in den Pfarrgemeinden.

Das Sakrament der Firmung wird in der Regel durch den Bischof und die Weihbischöfe in den Gemeinden des Bistums gespendet.

Als große Feier wird im Dom die Spendung des Weihesakramentes in seinen drei Stufen begangen (Bischofs-, Priester-, Diakonenweihe). Bischofsweihen kommen naturgemäß nicht so häufig vor, Priester- und Diakonenweihen jedoch regelmäßig und bilden Höhepunkte unter den liturgischen Feiern des Domes. »Um Gottes Volk zu weiden und immerfort zu mehren, hat Christus, der Herr, in seiner Kirche verschiedene Dienstämter eingesetzt, die auf das Wohl des Leibes ausgerichtet sind.« (LG Nr. 18)

Bischofsweihe Dr. Josef Homeyer 13. November 1983

Die Feier der Trauung wird gewöhnlich nicht vom Bischof vorgenommen, ist aber grundsätzlich im Dom möglich.

Die Feier der Buße hat im Dom ihren regelmäßigen Platz, und zwar in der Form des Bußsakramentes (im Beichtraum oder Beichtstuhl) und als gemeinschaftliche Feier der Versöhnung, vor allem in der Adventszeit und in der Österlichen Bußzeit.

4. Tod und Begräbnis des Bischofs

Beim Tod des Bischofs wird der Leichnam des Verstorbenen im Dom oder in der St. Annenkapelle des Kreuzganges aufgebahrt. Dort können die Gläubigen Abschied vom Verstorbenen nehmen. Am Begräbnistag wird der Verstorbene an den Stufen des Altarraumes aufgebahrt. Die versammelte Gemeinde singt die Laudes und feiert die heilige Messe für den Verstorbenen. Am Schluss erfolgen die Verabschiedung und die Beisetzung des Verstorbenen in der neu erstellten Bischofsgruft unter dem Mittelschiff des Domes.

5. Liturgische Dienste

»In der zur Feier der Liturgie versammelten Gemeinde haben alle das Recht und die Pflicht, ihren Teil auf verschiedene Weise je nach Stand und Aufgaben beizutragen, besonders dann, wenn der Bischof der Feier vorsteht.« (Zeremoniale der Bischöfe Nr. 19) Die verschiedenen liturgischen Dienste stellen sich im Dom folgendermaßen dar:

a) Die Priester sollen möglichst mit dem Bischof konzelebrieren, um so die Einheit des Presbyteriums mit dem Bischof in Erscheinung treten zu lassen. Sie können auch die Aufgaben von Diakonen übernehmen, sofern diese fehlen. Konzelebration gibt es im Dom aus Anlass von Priestertreffen und bei einigen Feiern, bei denen insbesondere das Domkapitel anwesend ist.
b) Unter den besonderen liturgischen Diensten nehmen die Diakone den ersten Platz ein. Sie unterstützen den Bischof und die Priester im »Dienst des Wortes, des Altares und der Liebe.« (Zeremoniale der Bischöfe Nr. 24) Ihre vornehmste Aufgabe ist die Verkündigung des Evangeliums und die Leitung der Gläubigen durch Hinweise und Aufforderungen.
c) Kommunionhelfer/-innen und Ministranten/-innen unterstützen den Bischof, Konzelebranten und Diakone mit den notwendigen Handreichungen (Buch, Kreuz, Kerzen und Rauchfass). Kommunionhelfer/innen helfen dem Bischof, den Priestern und Diakonen bei der Austeilung der heilige Kommunion, sofern das bei einer großen Anzahl von mitfeiernden Gläubigen erforderlich ist.
d) Lektoren/innen tragen in der Messe und in anderen liturgischen Feiern die Schriftlesung mit Ausnahme des Evangeliums vor.
e) Der/die Kantor/in ist für den Vortrag der Gesänge zwischen den Schriftlesungen, für den Ruf beim Fürbittgebet und eventuell für das Anstimmen von Gemeindegesängen zuständig.
f) Da Musik ein wesentlicher Bestandteil der gottesdienstlichen Feiern ist, gibt es am Dom einige besondere musikalische Dienste: den Dommusikdirektor und den Domkantor, die auch den Organistendienst versehen. Darüber hinaus trägt der Domchor mit seinen verschiedenen Chören (Erwachsenenchor, Mädchenkantorei, Domsingknaben, Schola) zur feierlichen bischöflichen

Einzug in den Dom mit der Lipsanothek (Gründungsreliquiar)

Liturgie bei. Durch Gesang und Musik wird der Charakter der jeweiligen liturgischen Zeit zum Ausdruck gebracht. Die Musiker und die Chöre vertiefen die liturgischen Feiern auch durch ihre konzertante Tätigkeit bei kirchenmusikalischen Andachten.

Die kurze Darstellung der bischöflichen Liturgie am Dom zu Hildesheim zeigt, wie der Wunsch des »Zeremoniale« nach dem Maß der Möglichkeiten verwirklicht wird: »Deshalb gilt die Kathedralkirche mit Recht als Mittelpunkt des liturgischen Lebens der Diözese.« (Zeremoniale für die Bischöfe Nr. 43)

Literatur

Vatikanum II, vollständige Ausgabe der Konzilsbeschlüsse, Osnabrück 1966

Der römische Kalender, lateinisch-deutsch, Nachkonziliare Dokumentation, Band 20, Trier 1969

»Gotteslob«, Katholisches Gebet- und Gesangbuch, Ausgabe für die (Erz-)Bistümer Hamburg, Hildesheim und Osnabrück, Stuttgart, 2013

Zeremoniale für die Bischöfe in den katholischen Bistümern des deutschen Sprachgebietes, hg. im Auftrag der Bischofskonferenzen Deutschlands, Österreichs und der Schweiz sowie der Erzbischöfe von Bozen-Brixen, Lüttich, Luxemburg und Straßburg, Freiburg i.Br. 1998

Liste der Bischöfe des Bistums Hildesheim

815–834	Gunthar
834–845	Rembert
845–851	Ebo
851–874	Altfrid
874–880	Markward
880–903	Wigbert
903–919	Walbert
919–928	Sehard
928–954	Dithard
954–984	Otwin
985–989	Osdag
990–992	Gerdag
993–1022	Bernward
1022–1038	Godehard
1038–1044	Dithmar
1044–1054	Azelin
1054–1079	Hezilo
1079–1114	Udo
1119–1130	Berthold I.
1130–1153	Bernhard I.
1153–1161	Bruno
1161–1170	Hermann
1171–1190	Adelog
1190–1194	Berno
1194–1198	Konrad I.
1199–1216	Hartbert
1216–1221	Siegfried I.
1221–1246	Konrad II.
1246–1257	Heinrich I.
1257–1260	Johann I.
1260–1279	Otto I.
1279–1310	Siegfried II.
1310–1318	Heinrich II.
1318–1331	Otto II.
1331–1362	Heinrich III.
1363–1365	Johann II.
1365–1398	Gerhard
1398–1424	Johann III.
1424–1452	Magnus
1452–1458	Bernhard II.
1458–1471	Ernst I.
1471–1481	Henning
1481–1502	Berthold II.
1502–1503	Erich
1503–1527	Johann IV.
1527–1531	Balthasar Merklin
1531–1537	Otto von Schaumburg
1537–1551	Valentin von Teteleben
1551–1556	Friedrich von Holstein
1557–1573	Burchard von Oberg
1573–1612	Ernst II., Herzog von Bayern, Erzbischof und Kurfürst von Köln
1612–1650	Ferdinand, Herzog von Bayern, Erzbischof und Kurfürst von Köln
1650–1688	Maximilian Heinrich, Herzog von Bayern, Erzbischof und Kurfürst von Köln
1688–1702	Jobst Edmund von Brabeck
1702–1723	Joseph Clemens, Herzog von Bayern, Erzbischof und Kurfürst von Köln
1724–1761	Clemens August, Herzog von Bayern, Erzbischof und Kurfürst von Köln
1763–1789	Friedrich Wilhelm von Westphalen
1789–1825	Franz Egon von Fürstenberg
1829–1835	Godehard Josef Osthaus
1836–1840	Franz Ferdinand Fritz
1841–1849	Jacob Joseph Wandt
1849–1870	Eduard Jakob Wedekin
1871–1905	Wilhelm Sommerwerck
1906–1914	Adolf Bertram
1915–1928	Joseph Ernst
1929–1934	Nikolaus Bares
1934–1956	Joseph Godehard Machens
1957–1982	Heinrich Maria Janssen
1983–2004	Josef Homeyer
2006–ad multos annos	Norbert Trelle

DURCH STARTEN

DEUTSCH

4. KLASSE GYMNASIUM/HS/NMS

VERITAS

TEST BUCH

LÖSUNGSHEFT

Verfasst von Ewald Cerwenka, Sandra Krenn und Helmut Schwabegger

FÜR DIE 8. SCHULSTUFE

TEST 1

Aufgabe 1

Chase schob sie zur Seite, ohne sie dabei auch nur anzusehen. Er hob weder das Messer noch fügte er ihr sonst wie Schaden zu. Er ging einfach weiter. Kate heftete sich mit einem halben Schritt Abstand an seine Fersen.
Am hinteren Ende des Hofes lehnte ein windschiefer Holzschuppen an einer Mauer. Die Tür war nur angelehnt und aus dem Inneren strömte der Schein einer einzelnen Glühbirne durch den Spalt. Chase riss die Tür auf. Der erschrockene Aufschrei einer Frau durchbrach die Stille. Kate spähte ihm über die Schulter und entdeckte die Frau, die sie aus der Bar hatte kommen sehen. Sie war gerade dabei, das Schloss ihres Fahrrades aufzusperren. Als sie den Mann sah, der mit dem Messer in der Hand auf sie zukam, wich sie nach hinten, bis eine Wand ihren Rückzug beendete.

Aufgabe 2

1. **D**u willst dich wieder einmal vor der Verantwortung drücken!
2. „Kann ich **I**hren Ausweis sehen?“, fragte die Beamtin.
3. Zur **N**ot kann er da bestimmt etwas organisieren.
4. Im Grunde hast du ja völlig **R**echt/**r**echt. (Beide Schreibungen richtig!)
5. Also ganz im **E**rnst, darauf legt sie großen Wert.
6. Frag doch deinen Freund um **R**at, er verfügt über ein großes Wissen!
7. Das Gesetz tritt mit 1. Jänner nächsten Jahres in **K**raft.
8. Ich führe mir mal die Betriebsanleitung zu **G**emüte.

Aufgabe 3

nachts	in der Nacht	am Montagmorgen	einmal
freitagabends	seit **gestern**	das erste Mal	heute **Mittag**
das nächste **Mal**	der Freitagabend	ein andermal	eines Morgens

Aufgabe 4

1. Der Anblick war zum **W**einen schön.
2. Vor lauter Lachen vergaß sie völlig zu **w**einen.
3. Weiß doch ein jeder, dass man zum **F**ischen eine Angel braucht!
4. Das kleine Tier machte sich mit einem schrillen **P**feifen bemerkbar.
5. Mit deinem **W**ippen machst du mich etwas nervös.
6. Kannst du mal schnell **k**ommen?
7. „Beim **E**ssen sollte man nicht schmatzen“, sagte Opa.
8. „Jetzt lass mich doch in Ruhe **s**pielen, Nick!“, schrie Ivo.
9. Lass das **R**auchen lieber gleich!
10. Sie verletzte sich beim **H**andballspielen.

Aufgabe 5

1. Jetzt hätten wir gerne etwas Kaltes zu **t**rinken!
2. Vor dem **E**inlegen des Toners das Gerät vom Netz nehmen!
3. In diesem Stück gab es nichts zu **l**achen.
4. Möchtest du noch etwas zu **e**ssen?
5. Gegen die Klimaerwärmung müssten mehr Leute etwas **t**un.
6. Magst du das **h**aben, mein Kleiner?
7. Du hast wirklich Talent zum **S**chreiben.
8. Beim **V**ortragen von Texten zeigt sie ihre schauspielerische Begabung.

Aufgabe 6

das **B**este wäre es, ...	ins **L**ächerliche ziehen	etwas **N**ettes sagen
am **b**esten wäre es, ...	sich **l**ustig machen über	etwas **n**etter sein

TEST 2

Aufgabe 1

„Und ist euch **irgendetwas** untergekommen, was Ähnlichkeit mit der Erde hat? Ein Planet, auf dem wir leben könnten?“, **fragte** Eric seinen Kollegen.
„Wir haben ein **paar** gefunden, die vielleicht, aber wirklich nur vielleicht, so etwas wie eine zweite Erde sein könnten. Aber unsere **Planetensuche** geht weiter.“

„Vielen Dank, Sam", sagte Eric. „Und jetzt möchte ich, dass wir Georges **Fragen** beantworten, wir alle. Jeder **Einzelne** von euch", fuhr er fort, während er Papier und Stifte austeilte, „darf bis zum Ende der Party ein oder zwei Seiten über das **schreiben**, was seiner Meinung nach das **Interessanteste** an der Forschungsarbeit ist, die er macht. Wenn euch die Zeit nicht reicht, um damit fertig zu werden, könnt ihr **sie** mir später per Post oder E-Mail schicken."
Die Wissenschaftler schienen alle ganz beglückt. Sie berichteten für ihr **Leben** gern über die interessantesten Aspekte ihrer Arbeit.

Aufgabe 2

1. Deine Party letztes Wochenende war einfach **s**pitze.
2. Nach der Niederlage konnte er seinen **T**rotz leider nicht ablegen.
3. Wir sind dir zu großem **D**ank verpflichtet.
4. Seit dem Kinobesuch Freitagabend bin ich völlig **p**leite.
5. Du hast hier nicht ganz **U**nrecht (oder: **u**nrecht)!
6. Hast du ein **p**aar Minuten für mich Zeit?
7. Sie war die ganze **Z**eit unruhig.
8. Findet das Spiel überhaupt **s**tatt?
9. Also ehrlich, es tut mir sehr **l**eid!
10. Das wirkt schon ein **b**isschen unhöflich.

Aufgabe 3

1. Diese Bank lädt zum entspannten <u>Sitzen</u> ein.
2. Fällt Ihnen (oder ihnen – *anderer Sinn!*) denn nichts <u>Besseres</u> ein?
3. Verwenden Sie beim <u>Lackieren</u> immer die Schutzmaske.
4. Für unerlaubtes <u>Parken</u> musste ich heute Früh 20 Euro bezahlen.
5. Du musst einfach das <u>Beste</u> daraus machen!
6. Aus Freude am <u>Laufen</u> joggte er ein paar Stunden durch den Regen.
7. Wir konnten im letzten Urlaub täglich <u>Neues</u> erleben.
8. Ich wünsche mir etwas <u>Schönes</u> zum Geburtstag.

Aufgabe 4

1. Am besten ist es, wenn **A**lt und **J**ung miteinander im Gespräch bleiben.
2. In diesem Mantel sieht er ziemlich **a**lt aus.
3. Als er in der Kreuzung war, schaltete die Ampel auf **R**ot.
4. Er tippte auf das **r**ote Feld.
5. Wir werden doch nicht **k**lein beigeben, oder?
6. Haben Sie das Modell auch in **B**litzblau?
7. Was heißt „lachen" auf **F**ranzösisch?
8. Das ist für mich nichts **B**esonderes!
9. Wir wünschen dir alles, alles **G**ute!

Aufgabe 5

Sehr geehrter Herr Nachbar!
Letztens haben **Sie** mich aufgefordert, ich solle meine Kinder darauf hinweisen, dass sie bei Ihrem Haus nicht so laut mit **ihren** Rädern vorbeifahren. Ich habe inzwischen mit **ihnen** darüber gesprochen und die beiden zeigen sich einsichtig. Sie werden in Zukunft vor Ihrem Fenster nur mehr einmal mit ihren Radglocken läuten. Ich hoffe sehr, **Ihnen** damit geholfen zu haben. Grüßen **Sie** mir Ihre Gattin! Sie darf auch in Zukunft die über den Zaun hängenden Früchte unseres Apfelbaumes pflücken!
Ihr lieber Nachbar

TEST 3

Aufgabe 1

In der Käserei bereiten die Molkerei- und KäsereifacharbeiterInnen zunächst die Milch vor, indem sie **s**ie einen Tag vor **i**hrer Verarbeitung reinigen und Milchsäurebakterien zugeben. Die so entstandene „Käsereimilch" bringen sie durch **A**brahmen oder **A**uffetten mit einer Zentrifuge auf den gewünschten Fettgehalt. Im **K**äsefertiger mengen sie Lab bei, das die Milch gerinnen lässt. Dieses **G**emisch zerschneiden die Molkerei- und KäsereifacharbeiterInnen zu Körnchen, wodurch sich die **T**rockenmasse vom Wasser trennt. Der so entstandene „Käse-Bruch" wurde früher mit einer Käseharfe **h**ändisch hergestellt. Heute erfolgt das **B**ruchschneiden im Käsefertiger, wobei die Molkerei- und KäsereifacharbeiterInnen die Bearbeitungsintensität steuern und kontrollieren. Durch **F**ormen, **W**enden und **P**ressen wird die Molke maschinell ausgeschieden und der Käse gefestigt. Nach einer **B**ehandlung im Salzbad lassen die Molkerei- und KäsereifacharbeiterInnen den Käse im Gär- bzw. Lagerkeller **r**eifen.

Aufgabe 2

noch ein **N**iemand sein	vor dem **N**ichts stehen
sich **e**iniges vornehmen	ein freudiges **A**h
mit **A**ch und **K**rach ins Ziel kommen	noch **e**tliches zu tun haben
den **b**eiden helfen	ein **j**eder

Aufgabe 3

Schweizer Käsefondue • **s**teirischer Apfel • **H**amburger Speck • **B**erliner Weiße • **b**öhmische Knödel • **K**ärntner Nudeln • **u**ngarisches Gulasch • **W**iener Schnitzel

Aufgabe 4

1. Sie ist an die **dreißig** und sehr sportlich.
2. Das macht **eintausendfünfhundertdreißig** Euro!
3. Wir sahen **tausende** (oder: **Tausende**) Fans im Stadion.
4. Komm in einer **viertel Stunde** (oder: **Viertelstunde**) wieder!
5. Nikolaus und Sophie treffen sich um **Viertel nach zwei** (oder: **viertel drei**).
6. Nimm mir noch ein **viertel** Kilo Butter mit, bitte!
7. Du bestellst noch eine **Halbe** Honigmilch? Musst du nicht heimgehen?
8. Warum hast du von der **Fünf** in Mathe nichts gesagt?

Aufgabe 5

1. Sie ist von allen Schülerinnen die **l**ustigste.
2. Das ist das einzig **R**ichtige, was du tun kannst!
3. Von allen Songs ist mir der **n**ächste am liebsten.
4. So viele Hosen! Und du musst dir wieder die **t**euerste aussuchen.
5. Jetzt gilt es, **s**chnell und **r**ichtig zu handeln.
6. Er rief den **N**ächsten ins Zimmer.

Aufgabe 6

das Römische Reich • Alexander der Große • der **Zweite** Weltkrieg • die **New Yorker** Modelagentur • das Tote Meer • das neue Jahr • aus dem Nahen Osten • die Heilige Schrift • der **Heilige** Abend • das r/Rote Kreuz • das g/Gelbe Trikot • der **Schiefe** Turm von Pisa

TEST 4

Aufgabe 1

1. Wie hei**ß**t dein neuer Hund?
2. Herau**ß**en ist die Luft besser.
3. Bezahlen bitte bei der Ka**ss**a!
4. Nimm dir dazu einen Me**ss**becher!
5. Der Wagen ra**s**te um die Ecke.
6. Alle lieben die wei**ß**e Pracht im Winter.
7. Sei doch nicht so bo**s**haft!
8. Wie kann das pa**ss**ieren?
9. Das ist ein mä**ß**ig cooler Spruch.
10. Wir kommen jetzt zum Schlu**ss**.
11. Er war vom Schreien ganz hei**s**er.
12. Er wohnt auf Schlo**ss** Neugansstein.

Aufgabe 2

die Walnuss	die **Walnüsse**
der **Schulbus**	die Schulbusse
das Zeugnis	die **Zeugnisse**
das Erlebnis	die **Erlebnisse**
das **Schloss**	die Schlösser
der Fluss	die **Flüsse**

Aufgabe 3

ma**ß**los	drau**ß**en	Rei**ß**verschlu**ss**
bewu**ss**tlos	Stra**ß**enschuhe	Reisebu**ss**e (!)

Aufgabe 4

Riss	entreißen	Rast	ausrasten
Reise	verreisen	Fraß	auffressen
Stoß	verstoßen	Fluss	einfließen
Schluss	verschließen	Gruß	(freundlich) grüßen

Aufgabe 5

„Genau **das** glaube ich. Und die ausfindig zu machen wird **spaßig** werden. Glenskehy hat nämlich rund vierhundert Einwohner, die Farmen **ringsherum** mitgezählt, und keiner von denen **ist** bereit, mir bei der Eingrenzung möglicher Verdächtiger behilflich zu sein."
„Dabei könnte ich dir helfen", sagte ich. „Na ja, mit einem Profil. Ich kann's jedenfalls **versuchen.** Über Vandalen werden leider nicht so viele psychologische Daten gesammelt wie über Serienkiller, daher wird das **m/Meiste** *(besser: Kleinschreibung!)* Spekulation sein, aber **zumindest** gibt es ein halbwegs erkennbares Muster, so **dass** ich dir ein paar Sachen sagen kann."
„Ich bin auch mit Spekulationen zufrieden", sagte Sam munter. Ich hörte Seiten rascheln, ein Knistern, als er das Telefon zwischen Ohr und Schulter klemmte, um **besser** schreiben zu können. „Ich nehm alles, klar. **Schieß** los."

Aufgabe 6

das Licht ausknipsen • die Pinsel auswaschen • um die Ecke **sausen** • in Saus und Braus leben • völlig **ungenießbare** Äpfel • in Ruhe lassen • ganz besessen sein • extrem **hässlich**

TEST 5

Aufgabe 1

Der Kressdorf hat immer lachen mü**ss**en, wenn die Leute ihn als Baulöwen bezeichnet haben. Sogar seine Frau hat manchmal zu ihm ge**s**agt: „Gut, dass ich damals nicht gewu**ss**t habe, dass du so ein Baulöwe bi**s**t." Son**s**t hätte er bei ihr keine Chance gehabt, weil sie hat am Anfang geglaubt, mehr in die Richtung Architekt.
Das hat den Kressdorf amü**s**iert, und der hat sich umgekehrt gedacht, gut, dass sie damals nicht mitgekriegt hat, da**ss** ich noch gar nichts gewe**s**en bin. Weil für die Rosensträu**ß**e hat er noch jahrelang den Kredit abgezahlt. Für die Leute fängt ja der Baulöwe schon beim grö**ß**eren Baumeister an. Wenn du heute dein erstes Einfamilienhaus auf die Wie**s**e gestellt hast und es bricht nicht schon am ersten Tag zu**s**ammen, sofort Baulöwe.

Aufgabe 2

Weisenrat	**Inhaltsverzeichnis**	Verlies	herumhopsen
Weinlese	**weiße Pisten**	**Fußfessel**	Gießkanne
Verlust	Interessenkonflikt	**Begrüßungscocktail**	**äußerlich**
Gute **Besserung**!	rülpsen	Hülsenfrucht	**riesenhaft**

Aufgabe 3

1. Ich muss schon sagen: Sie ist eine sehr **fleißige** Helferin!
2. **Draußen** ist ein furchtbares Wetter! Bleiben wir lieber zu Hause.
3. Mir **graust** schon vor diesem Tag! Ich und die ganze liebe Verwandtschaft!
4. Unser Meerschweinchen Bärli **frisst** mir schon aus der Hand.
5. Stell dir vor: Er musste im Theater **niesen!**
6. Steh nicht untätig herum: Sag mir die **Maße** des Kastens!
7. Im Bereich Computertechnologie gibt es wirklich **rasante** Entwicklungen.
8. Wir kommen jetzt zum **Schluss,** meine sehr geehrten Damen und Herren!

Aufgabe 4

1. Heute kommt endlich das Paket, auf das ich schon so lange gewartet habe. ☑
2. ~~Das~~ **Dass** du hier nichts unternommen hast, das ist wirklich ungeheuerlich! ☒
3. Sie wünscht sich, dass dieser Augenblick nie vergehen möchte. ☑
4. Er hat keinerlei Schuld daran, dass die Sache nicht geklappt hat. ☑
5. Es besteht kein Zweifel, ~~das~~ **dass** die Zeitung hier manipulativ berichtet. ☒
6. Wir haben noch immer die Hoffnung, dass ihr die Entscheidung überdenkt. ☑
7. Wie kommst du bloß darauf, ~~das dass~~ **dass das** nicht stimmen könnte? ☒
8. Jetzt haben wir genau ~~dass~~ **das**, was wir nicht wollten! ☒
9. Dass sie nicht die Wahrheit sagten, ist offensichtlich. ☑
10. Ich fürchte, ~~das~~ **dass** du hier falsch liegst. ☒

Aufgabe 5

las	biss	bliesest	**schießt**
heißt	**fraß**	misst	geküsst
floss	**beweist**	nieste	goss
rast	stieß	**lastet**	passierte

Aufgabe 6

boshaft • **heraußen** • knausrig • Raffinesse • Preußen • Hornisse • **Karosserie** • spießig • Meißel • Business • Rezession • Fassaden • Kassette • **Insassen** • Karussell • massiv

TEST 6

Aufgabe 1

Auf einen Schlag, als zerquetsche ein unsichtbarer **Riese** sie mit der Hand, versanken sie im weingetränkten Boden des Pavillons. Und mit ihnen verflüchtigte sich auf unerklärliche Weise die rote **Flüssigkeit.**

Ich **stieß** einen tiefen, keuchenden Seufzer der Erleichterung aus. Fast **unbewusst** drehte ich mich zu Damien um. „Danke, Wind. Du darfst gehen."

Er wollte die Kerze **ausblasen**, aber das war nicht nötig – ein winziger spielerischer Windstoß nahm es ihm ab. Damien **grinste** mich an. Und dann wurden seine Augen rund und riesengroß. „Zoey! Dein Mal!"

„Was?" Ich hob die Hand an die Stirn. Es prickelte bis hinunter in Hals und Schultern. Klar, bei **Stress** bekam ich immer Nacken- und Schulterschmerzen. **Bisher** hatte ich es nicht bemerkt, weil mein ganzer Körper noch von der Macht der Elemente vibrierte.

Damiens bestürzter Blick verwandelte sich in **Begeisterung.** „Schließ den Kreis weiter. Dann **kannst** du immer noch in einen von Erins vielen Spiegeln schauen."

Aufgabe 2

Gu**s**to auf Sü**ß**es haben	ein Paar Bratwür**s**tel	den Fu**ß**weg entlanggehen
ein Sto**ß** in die Rippen	der sü**ß**liche Duft	der bei**ß**ende Gestank
die trostlo**s**e Einsamkeit	durch die Ga**ss**en laufen	die Auspuffga**s**e
das brem**s**ende Auto	von der Menge mitgeri**ss**en	intere**ss**ierte Zuhörerinnen

Aufgabe 3

mehrere Passagiere • grässliche Szenen • ein süßes **Schoßhündchen** • preisbewusst kaufen • mit dem Geld prassen • jemanden bloßstellen • im allgemeinen **Getöse** • miese Laune • das pulsierende Nachtleben • das antike Mosaik • sich **losreißen** • Grießschmarren

Aufgabe 4

1. Dass du mir das antust, das verzeihe ich dir nie! ☑
2. Du musst das einsehen, ~~dass~~ **das** hat einfach keinen Sinn mehr. ☒
3. ~~Dass~~ **Das** sei jetzt Mode, meinte sie nur knapp. ☒
4. Die Erkenntnis, dass die Grenzen des Wachstums erreicht sind, ist bitter. ☑
5. Deine Angst, ~~dass~~ **das** könnte vielleicht schiefgehen, ist völlig unbegründet. ☒
6. Wo ist das Modellauto, das du mir zu Ostern geschenkt hast, Papa? ☑
7. ~~Das~~ **Dass** du mir ja von diesem Gehege wegbleibst! ☒
8. Wir wollen uns lieben, bis dass der Tod uns scheidet. ☑
9. Der Kommissar merkte natürlich, dass hier etwas falsch lief. ☑
10. ~~Das~~ **Dass** du mir zu Hilfe gekommen bist, das finde ich echt toll. ☒

Aufgabe 5

ziemlich nervö**s** sein	eine Musik, die richtig elektri**s**iert
jemanden hypnoti**s**ieren können	der historische Soziali**s**mus
eine explo**s**ive Mischung	von großem Intere**ss**e
eine neue Dimen**s**ion	ein gutes Rhythmu**s**gefühl

Aufgabe 6

Pessimistische Zeitgenossen werden manchmal richtig aggressiv, wenn man sie zur **Analyse** und zur **Diskussion** ihrer tristen Prognose veranlasst. Schnell müssten sie sich nämlich eingestehen, dass es manch Positives und Kurioses in ihrem Leben gibt, das absolut nicht **strapaziös** oder stressig ist. Lieber blenden sie das aus und bleiben ihrer **Depression** oder Neurose treu ...

TEST 7

Aufgabe 1

Die Reise durch die Geschichte des menschlichen Denkens

Für die alten Griechen war die Erde der Mittelpunkt des Universums und dann gab es **relativ** nah die Planeten, die Sonne und die Sterne. Dieses geozentrische (*geos* = Erde) Weltbild wurde im 16. Jahrhundert zerstört, als Kopernikus **nachwies**, dass sich die Erde und andere Planeten um die Sonne **bewegen**. Allerdings hatte dieses heliozentrische (*helios* = Sonne) Weltbild nicht sehr lange Bestand. Einige **Jahrzehnte** später konnte Galilei mit einem selbst gebauten **Fernrohr** nachweisen, dass die Milchstraße, die man damals nur als Lichterband am Himmel kannte, aus **zahlreichen** Sternen wie der Sonne besteht. Durch diese Entdeckung verringerte sich nicht nur der Stellenwert der Sonne, auch die **Größe** des bekannten Universums erweiterte sich ganz ungeheuerlich. Im 18. Jahrhundert setzte sich **schließlich** die moderne Vorstellung von der Milchstraße als Sternenscheibe – als Galaxie – durch, die von der **Schwerkraft** zusammengehalten wird.

Aufgabe 2

I. „Das hab ich d**i**r doch so oft gesagt: Hätte ich so gefaulenzt wie du, als ich jung war, wäre ich nie zu dem Verm**ö**gen gekommen, das ich heute habe!", schimpft der Vater mit seinem S**oh**n.
„Aber das hast du doch von Tante Rosemar**ie** geerbt!", verteidigt sich selbstbewusst der Sohn.
„Schon, aber was glaubst du, was das für eine Arbeit war, sie dav**o**n zu überzeugen, dass sie mich ins Testament einsetzt!"

II. Auf dem Gemeindeamt spricht ein Mann vor: „Guten T**a**g! Ich möchte gern eine Namensänderung beantr**a**gen!" – „Und wie heißen Sie?"
„Mein N**a**me ist Brenz!" – „Das ist doch ein ganz norm**a**ler Name."
„Schon, schon! Aber wenn ich telefon**ie**re und mich mit ‚Hier Brenz!' melde, kommt jedes M**a**l die Feuerwehr anger**a**st!"

Aufgabe 3

Pistole	vergrämen	Eistüte	Speiseöl
schnüren	Garderobenhaken	tun	**säen** (oder: **sehen**)
abholen	Schwur	**persönlich**	Tomaten
Hörgerät	**Fahrspur**	Krone	Spülmittel

Aufgabe 4

aufspießen	Zuhörerin
Klaviernoten	Einsamkeit
offenbar	Schicksalsschlag

Aufgabe 5

Peter: „Halten wir doch hier an! Ich möchte unbedingt ein p**aa**r Souven**i**rs kaufen!"
Elisabeth: „T**u**t mir leid, aber zur Mittagszeit r**uh**t hier alles. Alle L**ä**den sind geschlossen, alle Masch**i**nen stehen still. Am besten, wir legen uns ein wenig an den Strand und erh**o**len uns von der F**ah**rt!"

Aufgabe 6

Möwe • **Tiger** • Vieh • Känguru • **Schwa**n • Reh • Floh • Kater • Meerschweinchen • Ziege

Aufgabe 7

leer	Moos	Orchidee	Jeep	Armee
Püree	ein paar	Barkeeper	Allee	Moschee
Tournee	Idee	**verheerend**	Waage	Zoo

TEST 8

Aufgabe 1

Schwer tragen mit Würde

Die äußeren Umstände eines Museumsbesuchs haben sich generell zum Besseren gewendet: Buffets für den kleinen Hunger, Garderobenkästchen zum **Nulltarif** und Audioguides in sämtlichen Sprachen. Wer kann da schon Nein sagen?

Ein Louvre-Besucher höchstens. Denn ein Museum von Weltformat, das vor allem als Sightseeing-Objekt **gestürmt** wird, kommt im wachsenden Kulturtourismus mit den Kapazitäten **allmählich** an sein Ende. Nicht dass das Haus klein **wäre**, ist ja schließlich ein ehemaliger Königspalast. Doch im Gegensatz zu den **zahllosen** Ausstellungssälen fehlt es der Institution an jenen Nebenräumen, die den Besuch von 8,3 Millionen Menschen **jährlich** halbwegs würdevoll abwickeln helfen. Wer sich im Louvre seiner Tragtasche **entledigen** möchte, wird abgewimmelt. **Nachhaken**, weil man die Tasche echt nicht an allen Gemälden vorbeitragen möchte, hilft nicht: „You have to."

Man begegnet in den ohnehin gut gefüllten **Sälen** dann schwer beladenen Menschen, deren Rucksäcke sich unfreiwillig aneinander reiben. Und der Audioguide, der hilfreich wäre, weil der Louvre **rigoros** in Französisch beschriftet, würde eine Wartung vertragen. **Viele** Inhalte sind „out of order" oder beschränken sich auf deskriptive Infos. Im Fall der Mona Lisa macht das wieder Sinn. Man kriegt sie im **Gewühl** ja kaum zu sehen.

Aufgabe 2

1. Das alles gefällt **ih**m ganz gut.
2. Die Zeichnungen in der Felsenh**öh**le
3. Die Untert**a**nen feierten ihren König.
4. Sie spielten live auf der B**üh**ne.
5. „Gesegnete M**ah**lzeit!", wünschte er allen.
6. Wann sind Sie geb**o**ren?
7. Ich fiel fast vom St**uh**l.
8. Sie spielt eine feine D**a**me.
9. Hast du Z**ah**nschmerzen?
10. Der Strauch ist in voller Bl**ü**te.

Aufgabe 3

das Tal	die Qu**a**l	der Schal	schm**a**l
s**eh**r	das Gewehr	der Verkehr	der Verz**eh**r
die Liebe	die S**ie**be	die H**ie**be	die Triebe
der S**oh**n	der Mohn	der H**oh**n	der Lohn

Aufgabe 4

1. Partnervermittlung PAARSCHIFF – „Lieber gemeins**a**m durchs Leben rudern!"
2. Du g**i**bst mir jetzt leider allen Grund, misstrauisch zu sein!
3. Lebewesen lernen vielfach auch durch Nach**ah**mung.
4. Gibt es irgendwelche Wünsche, Anregungen oder Beschw**e**rden?
5. Ich habe mir das n**ä**mlich so gedacht.
6. Achtung: Gutes Ben**eh**men ist nicht immer gefragt!
7. Das ist nur ein scheinb**a**rer Widerspruch, verehrtes Publikum!
8. Sie befinden sich hier auf fremdem Eigent**u**m!
9. Er gab z**ie**mlich urtümliche Geräusche von sich.
10. Wo machen wir heuer **U**rlaub?

Aufgabe 5

Alles war seit langer Zeit gepl**a**nt. • Dieses Angeb**o**t fiel mir sofort auf. • Wer zuerst kommt, m**ah**lt zuerst, heißt es. • Mach einfach gute M**ie**ne zum bösen Spiel! • Das Verbot von Landm**i**nen ist immer noch nicht weltweit gültig. • Klar, ist doch **Eh**rensache! • Dieses Auto hat St**i**l. • Der Saunaofen ist innen und außen aus Edelst**ah**l gefertigt.

TEST 9

Aufgabe 1

I. **Mitternacht**. Auf dem Friedhof öffnen sich zwei Gräber und zwei Skelette **klettern** heraus. Sie laufen los und kommen zu zwei unter einem Baum **abgestellten** Motorrädern.
Das eine Skelett steigt auf und startet.
Plötzlich sagt das andere: „Warte mal einen Moment, ich hab was **vergessen**!"
Als es wiederkommt, schleppt es einen Grabstein hinter sich her.
„Bist du **übergeschnappt**?", fragt sein Freund, „was soll das denn?"
„Bin ich blöd? Ich fahre doch nicht ohne Papiere!"

II. Sitzt ein Fernfahrer in einer Autobahnraststätte und **isst** zu Abend. Kommen zwei betrunkene Biker herein, nehmen das Ketchup, **schütten** es dem Mann auf die Haare und werfen sein Essen auf den Boden.
Der Mann sagt nichts, steht auf, zahlt sein Essen und geht.
Verblüfft fragen die Rowdys den Kellner: „Was ist **denn** das für ein Typ?"
„Weiß ich auch nicht, muss ein völliger Idiot sein. Und Auto fahren kann er auch nicht. Jetzt gerade **rammt** er mit seinem Laster zwei Motorräder."

Aufgabe 2

Alle, die gefürchteten Pi**r**aten und die Gefangenen, denen der Tod drohte, verfolgten ganz geba**nn**t dieses spannende und seltsame Schauspiel. Der Kampf ging hi**n** und her, der Pirat erwie**s** sich als ein durchaus guter Spieler und mehrmals war die schwarze Partei nahe dran zu verlieren. Das hä**tt**e den Tod Montanas und den seiner Gefährten bedeu**t**et. Doch es gelang ihm, das Unheil abzuwenden und einen Gegenangriff zu starten.
Die meisten Zuschauer hatten noch nie im Leben eine Schachfigur berührt, geschweige denn wu**ss**ten sie, wie man sie zu bewegen hatte. De**nn**och spürten sie, dass eine Entscheidung nahte. Sie drängten sich um das Brett des Kapitäns, [...]: Schwarz war am Zug. „Ihr seid in spätestens sechs Zügen schachma**tt**!", rief Montana.

Aufgabe 3

fallen	du **fällst**	locken	ihr **lockt**
kennen	er **kennt**	attackieren	er **attackiert**
können	ihr **könnt**	hoffen	du **hoffst**
schalten	ihr **schaltet**	haften	er **haftet**
kommen	er **kommt**	rinnen	es **rinnt**

Aufgabe 4

	Verb im Satz	passendes Nomen
einheizen	Er **heizt** ein.	die **Heizung**
schmerzen	Es **schmerzt** uns sehr.	der **Schmerz**
kränken	Clara **kränkt** ihren Bruder.	die **Kränkung**
provozieren	Das **provoziert** Widerstand.	die **Provokation**
fabrizieren	Ihr **fabriziert** etwas Interessantes.	die **Fabrik** (oder: die **Fabrikation**)
spuken	Das Gespenst **spukt** durch die Gänge.	das **Spuk**schloss

Aufgabe 5

1. Der dritte Fall heißt Dativ, der vierte Fall ist der A**kk**usativ.
2. Hast du das Fernsehprogra**mm** irgendwo gesehen?
3. Jetzt wusste der Ko**mm**issar, wie das Messer in die Schulter gekommen war.
4. Konsu**m**enten profitieren oft von der Konku**rr**enz verschiedener Supermärkte.
5. Zieh dir bei diesen Temperaturen die Kapu**z**e über!
6. An diesem Gerücht ist bestimmt etwas dra**n**, sag ich dir!
7. Der Roboter filmt alle Rohre von innen mit einer Ka**m**era.

TEST 10

Aufgabe 1

Muskeltraining beginnt beim richtigen Schuh. „Rücksichtsvoll" gehen – jetzt!
Ein gesunder Rü**ck**en beginnt mit einer aufrechten Haltung. Doch die wenigsten Menschen können sich glü**ck**lich schätzen, wir**k**lich aufrecht zu gehen. Die Folge: Rü**ck**enschmerzen und Verspannungen über den ganzen Körper. Medi**k**amente und Krankengymnasti**k** helfen nur im a**k**uten Fall, anhaltender Erfolg stellt sich nicht ein. Effe**k**tiver ist das Training mit NCU. Mit der patentierten Sohlenkonstru**k**tion stärkt und trainiert NCU den gesamten Muskelapparat und lo**ck**ert verspannte Bereiche. Denn für einen schmerzfreien Körper ist ein gezielter Aufbau der gesamten Rücken-, Bauch- und Beinmus**k**ulatur wichtig. Hier wir**k**t NCU ebenso effektiv wie andauernd. Testen Sie jetzt Ihren persönlichen Fit-Schuh aus der neuen Kolle**k**tion! Attra**k**tive Angebote erwarten Sie!

Aufgabe 2

Tipps für das Erstellen und Halten von Referaten

1. Wähle ein Thema, zu dem du einen persönlichen Be**z**ug herstellen kannst.
2. Um die Informationen aus dem Netz optimal zu nü**tz**en, musst du ge**z**ielt suchen.
3. Im Internet findest du un**z**ählige Texte, sogar fertige Referate zu spe**z**iellen Themen.
4. Sei aber grundsä**tz**lich vorsichtig: Vieles ist fehlerhaft oder schlampig gemacht.
5. Achtung: Neben Infos zur kostenfreien Benu**tz**ung finden sich auch viele kommer**z**ielle Seiten, für deren Leistung du be**z**ahlen musst!
6. Erstelle einen prä**z**isen Plan, der neben den Infos auch Noti**z**en zum Ablauf deines Referats enthält (Einsa**tz** von Bildern, Timing der PowerPoint-Folien, Leseproben ...).
7. Schreib das Referat in ganzen Sä**tz**en mit deiner Sprache auf. Mit fremden Texten kannst du dein Publikum nicht fas**z**inieren!
8. Eine kur**z**e inhaltliche Vorschau zu Beginn des Referats kann für das Publikum nü**tz**lich sein.
9. Die Zuhörerinnen und Zuhörer werden es schä**tz**en, wenn du die Standardsprache benü**tz**t. Sprich möglichst frei und halte Blickkontakt!
10. Optimal vorbereitet kommst du beim Referieren fast hundertpro**z**entig nicht ins Schwi**tz**en!

Aufgabe 3

„TR-90." In Barbies Ohren klang seine eigene **Stimme** gleichgültig und lustlos.
„Egal. Wir haben mit einer Kiesgrube angefangen, die schon über zwölf **Meter** tief war. Ich habe spektrographische Aufnahmen gesehen, die mich vom Stuhl gehauen haben. Lange **Platten** metamorpher Gesteine, die glatt **zerschnitten** sind. Es gibt keine **Lücke**, aber man kann sehen, wo der nördliche Teil der Platte ein **bisschen** abgesackt ist. Wir haben die seismographischen Daten der Wetterstation Portland **kontrolliert** und sind fündig geworden. Um 11:44 Uhr hat´s *rums!* gemacht. Zwo **Komma** eins auf der Richter. Da ist es also **passiert**."

Aufgabe 4

Eine neue **Plattform** für eine ganze **Palette** von E-Autos wird entwickelt. 1,65 **Tonnen** wiegt so ein EV [Anm.: = Electric Vehicle], aber das entspräche der heutigen C-Klasse von Mercedes. Die Reichweite soll 160 Kilometer betragen.
Natürlich hat auch das Aufladesystem **essenziellen** Anteil am Erfolg – man wird unterscheiden zwischen Homecharging und **öffentlicher** Kundenbedienung bei Supermärkten, in Einkaufszentren. Achtzig Prozent der **Batteriefüllung sollen** in 25 Minuten absolviert sein. (Aber **dann** wird es zäh.)

TEST 11

Aufgabe 1

Obwohl die Planeten mit günstigen Umweltbedingungen im Uni**v**ersum ziemlich zahlreich waren, standen die Chancen da**f**ür, dass sich auch nur auf einem einzigen Planeten **f**ortgeschrittenes Leben entwickelt, äußerst schlecht. Das bedeutet: Nur auf einem sehr kleinen Bruchteil von ihnen würde es dazu kommen. Der Planet, auf dem wir uns be**f**inden, muss eine dieser seltenen Ausnahmen gewesen sein. Und trotzdem hätte es leicht schie**f**gehen können, wie entsprechende Berechnungen von Astro**ph**ysikern zeigen. Unsere Sonne wird nämlich nicht unbegrenzt so weiterleuchten, wie sie es jetzt tut, sondern nur so lange, bis in den Kernbrennprozessen, die sie zum Leuchten bringen, all ihre **V**orräte an Wasserstoff **v**erbraucht sind. Während der Zeit, die die E**v**olution auf der Erde gebraucht hat, um intelligentes Leben her**v**orzubringen, hat die Sonne bereits einen großen Teil ihrer Wasserstoffreser**v**en aufgebraucht. Anders gesagt: Wenn unsere Evolution nur ein kleines bisschen langsamer **v**erlaufen wäre, hätte die Sonne ihren Brennsto**ff** bereits verbraucht gehabt, be**v**or wir Menschen auf den Plan getreten wären!

Aufgabe 2

1. Auch heuer besuchen wir **wieder** das Musikfestival.
2. Kannst du das noch einmal **wieder**holen?
3. In diesem Bild spiegelt sich die Armut der Näherinnen **wider**.
4. Wann werden wir uns **wieder**sehen.
5. Die Demonstranten versuchten, dem Militär **Wider**stand zu leisten.
6. Das ist alles andere als **wider**sinnig!
7. Drücke auf **Wieder**gabe, die Taste mit dem grünen Pfeil!
8. Keine **Wider**rede, du übst jetzt deine Klavierstücke!

Aufgabe 3

Seit Kurzem wohnen sie nicht mehr hier. • **Seid** ihr denn völlig wahnsinnig? • Ihr **seid** bestimmt sauer auf uns, oder? • **Seit** ich dich kenne, hast du ein sonniges Gemüt. • **Seid** endlich ruhig! • **Seit** wann kannst du schon Rad fahren?

Aufgabe 4

1. Ich hatte auf einmal richtige To**d**esangst.
2. Es war so lustig, wir mussten uns fast to**t**lachen.
3. Ich wusste, dass ich gewinnen würde; ich war mir to**d**sicher.
4. Um diese Zeit herrschte in der Fabrik wahre To**t**enstille.
5. Was ist los mit dir? Du siehst ja to**d**unglücklich aus!
6. Was du da machst, kann tö**d**lich enden! Steig sofort herunter!

Aufgabe 5

e**x**klusive Mehrwertsteuer	mitta**gs** Geld we**chs**eln wollen
in der Pra**x**is	zu einem halbwe**gs** vernünftigen Preis
allerdin**gs** La**chs** bevorzugen	mit seinen Aufgaben wa**chs**en
ein schlauer Fu**chs**	schnurstra**cks**
immer auf **Ach**se sein	jemandem auf den Ke**ks** gehen

Aufgabe 6

Das ist die richtige **Ent**scheidung.	Der Anblick war **ent**setzlich.
Der Zug sollte **ent**gleisen.	Sie sind fristlos **ent**lassen!
Er **ent**ledigt sich der Bananenschale.	Das Team kam in die **End**runde.

Aufgabe 7

der Staatsvertrag	Stadtbetriebe	unentgeltlich	Gesandter
Gaststätte	städtisch	**morgendlich**	schlussendlich

TEST 12

Aufgabe 1

Ares kam mit zuversichtlichem Grinsen auf mich zu. Ich ließ die Klinge sinken, als sei ich zu erschöpft, um weiterzumachen. *Moment noch*, bat ich das Meer. Der Druck warf mich fast um. Ares hob sein Schwert. Ich ließ der Flut ihren Lauf, sprang los und wurde auf einer Welle über Ares hinweggeschleudert.

Eine fast zwei Meter hohe Wasserwand traf ihn voll im Gesicht und er spuckte fluchend Seetang. Wasser spritzte, ich landete hinter ihm und tat so, als zielte ich auf seinen Kopf, wie ich das schon einmal getan hatte. Er drehte sich rechtzeitig um, um sein Schwert zu heben, aber diesmal war er verwirrt und sah nicht voraus, was ich vorhatte. Ich änderte meine Richtung, zielte seitwärts, bohrte mein Schwert ins Wasser und traf mit der Spitze in die Ferse des Gottes.

Aufgabe 2

1. Ich weiß nicht, <u>was das alles zu bedeuten hat</u>.
2. <u>Wer immer auch diese Tür beschädigt hat</u>, soll sich jetzt melden.
3. Die Skulpturen, <u>die echt vergoldet sind</u>, hat der Künstler aus Italien mitgebracht.
4. Es tut mir so leid, <u>dass ich deinen Geburtstag verschwitzt habe</u>.
5. Lass uns ein wenig Rad fahren, <u>damit wir nicht einrosten</u>!
6. <u>Weil hier nichts unternommen worden ist</u>, ist das Chaos heute so groß.
7. Erstaunlicherweise fällt mir nichts ein, <u>was ich mir wünschen könnte</u>.
8. Finde ich echt toll, <u>dass wir jetzt keinen Schlüssel haben</u>!
9. Sag mir doch, <u>was hier los ist</u>!
10. <u>Wann die Party stattgefunden hat</u>, kann er nicht mehr sagen.
11. Niemand weiß, <u>was der morgige Tag bringt</u>.
12. Wann bäckst du wieder den Kuchen, <u>der mir so schmeckt</u>?

Aufgabe 3

1. Du verstehst, was ich meine, wenn ich von Betrug spreche.
2. Bald wissen wir, wer das Lied komponiert hat, das alle singen.
3. Sie sagte, sie würde gern wissen, wer das Rätsel gelöst hat.
4. Sie gingen dorthin, weil sie sicher waren, dass dort keiner war.
5. Die Fee erschien, weil sie den Auftrag hatte, Glück zu verbreiten.
6. Nur jetzt nicht fluchen, wo doch alles so ist, wie wir es wollten.

Aufgabe 4

1. Man sagt, er könne seinen Colt schneller ziehen als sein eigener Schatten.
2. Du wirst schneller nass sein, als du glaubst.
3. Weißt du denn nicht, wie das zustande gekommen ist?
4. Es war etwas anders, als es die Zeitung berichtete.
5. So philosophisch wie Bart Simpson müsste man sein!

Aufgabe 5

Versuche so schnell ~~als~~ **wie** möglich, die Anschlusszeiten in Erfahrung zu bringen!

TEST 13

Aufgabe 1

Dr. Seraphina kam jeden Mittag, um nach uns zu sehen, und brachte uns zum Lunch einen Korb mit Brot und Käse, ein Töpfchen Senf und eine Flasche kaltes Wasser. Meistens konnte ich ihre Ankunft kaum erwarten, aber an diesem Vormittag war ich so vertieft in meine Arbeit, dass ich gar nicht merkte, wie schnell die Zeit der Mittagspause heranrückte, bis Dr. Seraphina hereinkam und den Korb vor uns auf den Tisch stellte. In den vergangenen Stunden hatte ich nichts anderes gesehen als die scheinbar endlos wuchernden Daten, vor allem die Aufzeichnungen der Valkos von ihrer ersten Expedition, einer strapaziösen Reise durch die Pyrenäen. Die Abmessungen von Höhlen und die Gradation und Dichte von Granitformationen füllten zehn Expeditionstagebücher. Erst als Dr. Seraphina sich zu uns setzte und ich mich von meiner Arbeit losgerissen hatte, merkte ich, dass ich großen Hunger hatte. Ich schob die Unterlagen zusammen, klappte die Bücher zu und räumte den Tisch ab.

Aufgabe 2

1. Peters Plan, die Mauer aus alten Steinen zu bauen, stieß auf ungeteilte Zustimmung.
2. Ohne die Lehrerin zu grüßen, stürzte Isabelle mitten in der Stunde in die Klasse.
3. Es scheint dein Wunsch zu sein, alles geordnet zu hinterlassen.
4. Statt etwas Ordentliches zu essen, hast du dein Geld in Kaugummi investiert?
5. Aber Gerda hat mir doch versprochen, sich in Zukunft mehr zu schonen!
6. Der Gedanke, zu dieser Stunde jemandem zu begegnen, ließ ihn erschaudern.
7. Der Boxer weigerte sich auf einmal, wieder in den Ring zu steigen.
8. Wir hoffen alle, dem drohenden Wirbelsturm entgehen zu können, und bleiben optimistisch.
9. Hilf uns lieber, anstatt hier untätig herumzuliegen, und pack mit an!

Aufgabe 3

1. Naomi, komm mal kurz her zu mir!
2. Die Kuchenformen, die alten von Großmutter, wo habe ich die letztens hingetan?
3. Meine liebe Maria, wo hast du dich versteckt?
4. Ich liebe Süßigkeiten, insbesondere Sachertorte und Rehrücken.
5. Einen Oldtimer, ein wirklich altehrwürdiges Auto, hast du noch nicht!
6. Sie trägt gebrauchte Kleider, meist im Secondhandshop gekauft.
7. Nur sie, die Tante meiner Frau, konnte Erdäpfelsalat so zubereiten.
8. He, was soll denn das werden?
9. Liebe Freunde, lasst uns anstoßen auf unseren Erfolg!
10. Susanne, heuer werden wir dich wieder in Hamburg besuchen.

Aufgabe 4

1. Frau Mitter kam aufs Polizeirevier: „Ich möchte eine Vermisstenanzeige aufgeben. Mein Mann ist verschwunden!“
2. Der Beamte: „Wann war das?“
3. „Vor zehn Jahren“, sagte sie.
4. „Und da kommen Sie erst jetzt?“, fragte der Polizist.
5. Darauf die Frau: „Ja! Wir feiern nächste Woche silberne Hochzeit, und da hätte ich ihn gern dabeigehabt!“

Aufgabe 5

Gefahr erkannt, Gefahr gebannt, denn Gefahren lauern außerhalb des Käfigs, aber auch innerhalb. Überprüfen Sie die Einrichtung von Zeit zu Zeit: Ist alles, was Sie in das Gehege gestellt haben, stabil, kipp- und verletzungssicher?
Achten Sie darauf, dass beim Zusammenbauen von Käfig-Verbundsystemen alle Öffnungen dicht verschlossen sind. Dabei dürfen Zuschnitte aus Maschendraht keine hervorstehenden Drähte haben. Verdrahtungen so bauen, dass keine Schnauzenspitze, kein Pfötchen, keine Zehe hängen bleiben kann!

TEST 14

Aufgabe 1

Make-up	Playback	Boom	Freestyle
Fun	**Beat**	**Fastfood**	Clinch
Run	Dealer	Notebook	Matchball
Cocktail	Jeans	Attachment	**Music-Remix**
Trainer	Teenager	Sketch	Collection
Trailer	**Swimmingpool**	**Handicap**	**Performance**

Aufgabe 2

die Story	die **Storys**	der Rowdy	die **Rowdys**
die Party	die **Partys**	die Rallye (!)	die **Rallyes**
das Baby	die **Babys**	der Download	die **Downloads**

Aufgabe 3

STRA/ZEN/PA	die **Strapazen**	NEW/MER/CO	der **Newcomer**
ON/STA/TI	die **Station**	PAGE/HOME	die **Homepage**
KON/LE/SO	die **Konsole**	TER/IN/VIEW	das **Interview**
FORT/KOM	der **Komfort**	NAP/KID/PEN	**kidnappen**

Aufgabe 4

1. Sie hat zwei Lieblingsfächer in der Schule, Ma**th**ematik und **Ph**ysik.
2. Das ist nur graue **Th**eorie, die Praxis sieht anders aus.
3. Die Bücher sind al**ph**abetisch geordnet.
4. Medizin gibt es in der Apo**th**eke, Bücher in der Biblio**th**ek.
5. Sie kann so gut reden, sie ist ein **rh**etorisches Genie!
6. Du musst bei diesem Tanz nur im **Rh**y**th**mus bleiben!
7. Das würde **th**ematisch gut passen.

Aufgabe 5

Demo**k**ratie	rhy**th**misch
Sym**p**tom	**A**kustik
Atmos**ph**äre	Sympa**th**ie
H**y**giene	Me**th**ode

Aufgabe 6

Vandalismus	**eventuell**	primitiv	**Revier**
effektiv	Motiv	privat	Vegetation

Aufgabe 7

provinziell	substanziell	Katastrophe
Fotograf	existenziell	Asphalt
Grafit	Phonologie	**Panther/Panter**
Seismograph	**Triumph**	Grafologie

Aufgabe 8

(Anm.: Rezension = kritische Besprechung von Büchern, Theateraufführungen u. a.)
Bas Bötcher: Die Poetry-Slam-Expedition. Ein **Text**-, Hör- und Filmbuch mit Audio-CD und Video-DVD. Schrödel 2009
Bas Bötcher ist Slammer der ersten Stunde: Er hat die 1. deutschsprachigen Poetry-Slam-Meisterschaften gewonnen und zieht seither als Slam-Poet durch die Lande. Der **stylish** gestaltete Band bietet **Basics** zum Poetry-Slam und Bas' Gedichte zum Lesen, zum Anhören (auf CD) und – am besten – als Poetry-**Clips** zum Anschauen (auf Video-DVD).

TEST 15

Aufgabe 1

1. Das fällt mir auf.	Das ist mir aufgefallen.
2. Wir laufen heute eis.	Wir sind heute eisgelaufen.
3. Es tut uns wirklich leid.	Es hat uns wirklich leidgetan.
4. Ihr lauft doch sicher Ski?	Ihr seid doch sicher Ski gelaufen?
5. Das Konzert findet nicht statt.	Das Konzert hat nicht stattgefunden.
6. Gehen sie schon heim?	Sind sie schon heimgegangen?
7. Alles steht heute kopf.	Alles ist heute kopfgestanden.
8. Du schreibst das Adjektiv klein.	Du hast das Adjektiv kleingeschrieben.

Aufgabe 2

1. Du musst jetzt ~~gutaufpassen~~ **gut aufpassen**! ☒
2. Hier wird leider sehr laut geredet. ☑
3. Butter soll man im Kühlschrank ~~frischhalten~~ **frisch halten**. ☒
4. Wir werden unser Haus blau streichen. ☑
5. Du musst noch scharf stellen (oder: scharfstellen)! ☑
6. Sie hat ihm die Suppe warm gemacht (oder: warmgemacht). ☑
7. Du darfst dich nicht ~~schmutzigmachen~~ **schmutzig machen**! ☒
8. Wir wollen jetzt ~~barfußgehen~~ **barfuß gehen**. ☒
9. Sie mussten leider leer ausgehen. ☑
10. Sie haben die Zeit totgeschlagen. ☑

Aufgabe 3

MANCHESMAL	manches Mal	KEINMAL	keinmal
EINPAARMAL	ein paarmal	AUFEINMAL	auf einmal
DIESMAL	diesmal	ZUMERSTENMAL	zum ersten Mal
DIESESEINEMAL	dieses eine Mal	EINMAL	einmal
JEDESMAL	jedes Mal	MANCHMAL	manchmal

Aufgabe 4

allein erziehend	**dunkelblau**	sprungbereit	allgemein gültig
mondbeschienen	**konsumbesessen**	ein **spielsüchtiger** Bub	**freudestrahlend**
nasskalt	riesengroß	superschnell	rasend eifersüchtig
riesig groß	**supercool**	felsenfest	gastfreundlich
Eisen verarbeitend	steinreich	videoüberwacht	schwer krank

Aufgabe 5

klein und zusammen	groß und getrennt
aufgrund, nachhause, von zuhause, zurande kommen, zugrunde richten, außerstande sein, zumute sein, **zunutze machen**, mithilfe, zustande bringen, zugrunde gehen, anstelle, infrage stellen	zu Stande bringen, an Stelle, zu Mute sein, **von zu Hause**, auf Grund, zu Rande kommen, nach Hause, außer Stande sein, in Frage stellen, mit Hilfe, zu Nutze machen, zu Grunde richten, **zu Grunde gehen**

Aufgabe 6

Nachdem du gestern gegangen bist …	Der Film, **in dem** Tom mitspielt …
Indem du die Kurbel drehst, kommt …	**Nach dem** Film gingen wir etwas essen.
Seitdem du eine PSP hast, gehst du …	**Seit dem** Frühling sind wir Freunde.

TEST 16

Aufgabe 1

1. Gott sei Dank, du bist nicht schwer verletzt worden. P
2. Dein verunfallter Wagen wurde von den Einsatzkräften geborgen. P
3. Die Verantwortlichen sprechen von 21 Verletzten. A
4. Nach der Beseitigung der gröbsten Schäden wurde die Straße wieder freigegeben. P
5. Danach konnte der Verkehr wieder ungehindert fließen. A
6. Allerdings werden die Unfallopfer von noch nicht abschätzbaren Spätfolgen betroffen sein. P
7. Hoffentlich wird ihnen die beste Betreuung und Versorgung angeboten werden. P

Aufgabe 2

1. Die Statue wird beleuchtet/ist beleuchtet.
2. Die Haare werden geschnitten/sind geschnitten.
3. Die Wohnung wird renoviert/ist renoviert.
4. Der Esstisch wird gedeckt/ist gedeckt.
5. Die Schäden werden beseitigt/sind beseitigt.
6. Das Opfer wird verletzt/ist verletzt.
7. Meine Freunde werden eingeladen/sind eingeladen.

Aufgabe 3

Vorgangspassiv
Das Cover wird (von Pink) signiert.
... wurde signiert.
... ist signiert worden.
... war signiert worden.
... wird signiert werden.
... wird signiert worden sein.

Zustandspassiv
Das Cover ist (von Pink) signiert.
... war signiert.
... ist signiert gewesen.
... war signiert gewesen.
... wird signiert sein.
... wird signiert gewesen sein.

Aufgabe 4

1. Eine Sturmwarnung wird (...) ausgegeben.
2. Die Häuser sind verriegelt (...) worden.
3. Enorme Schäden wurden (...) verursacht.
4. Achtung, Falle: Dieser Satz steht schon im Passiv.
5. Zwei vermisste Camper werden (...) gesucht.
6. Das Ausmaß der Schäden wird bis morgen berechnet worden sein.

TEST 17

Aufgabe 1

1. Wer oder Was? ► Nominativ
2. Wem? ► Dativ
3. Wen oder Was? ► Akkusativ
4. Wem? ► Dativ
5. Wessen? ► Genetiv
6. Wer oder Was? ► Nominativ

Aufgabe 2

Facebook ist ein so genannt**es** *sozial**es** Netzwerk*. Sozial**e** Netzwerk**e** sind Plattform**en** im virtuell**en** Raum, die ihr**en** Mitglied**ern** erlauben, dort mit ander**en** User**n** in Kontakt zu treten. Wenn man jemand**en** auf sein eigen**es** Profil zugreifen lässt, ist derjenig**e** ein Freund. Oft wird die Bedeutung ein**er** Person an der Anzahl ihr**er** Freund**e** gemessen. Um möglichst viel**e** Freund**e** zu bekommen, muss der User viel**e** Stund**en** täglich auf Facebook verbringen. Eine Folge davon könnte sein, dass man sein**e** real**en** Freund**e** vernachlässigt und vielleicht verliert.

Aufgabe 3

1. Dem Mädchen mit den beiden Zöpfen wurde ...
2. Dem scheinbar aggressiven Skater ist ...
3. Dem Reinigungspersonal mussten ...
4. Den Statistiken sollte ... (Vorsicht Falle! Der Dativ steht schon am Beginn des Satzes.)
5. Dem Restaurant bescherte ...
6. Den Aussagen ist ...

Aufgabe 4

Nominativ (N), 1. Fall; Genitiv (G), 2. Fall; Dativ (D), 3. Fall; Akkusativ (A), 4. Fall

Das (N) hatte sich leider angekündigt. Sie (N) haben einfach nicht kapiert, dass sie (N) das Geld, das (A) sie (N) gefunden hatten, nicht behalten konnten. Es (N) war einfach nicht richtig, auch wenn es (N) sich vorerst verführerisch anhörte, was *sie* (N) uns (D) über das Geld erzählte: Es (N) sei von diesen (D) erst durch Drogenverkauf verdient worden, dann von jenen (D) gestohlen worden, dann von weiteren (D) versteckt worden. Und wir (N) hätten es (A) gefunden und niemandem (D) gehe es (N) ab. Ich (N) hatte noch versucht, sie (A) zu überzeugen, es (A) der Polizei zu übergeben, aber ihre (G) Gier war größer. Jetzt sitzen sie (N) in der Zwickmühle – die einen (N), die Gangster, sind hinter ihnen (D) her, weil sie (N) ihr (A) Geld zurückwollen, die anderen (N), die Polizei, ist hinter ihnen (D) her, weil diese (N) denkt, meine (N) Freunde wären Drogenkuriere. Das (N) kann ja noch heiter werden. Ich (N) denke, ich (N) muss ihnen (D) reinen Wein einschenken.

TEST 18

Aufgabe 1

Infinitiv	Imperativ 2. Pers. Sg.	Imperativ 2. Pers. Pl.
1. hinschauen	schau hin	schaut hin
2. zieren	zier(e)!	ziert!
3. googeln	goog(e)le!	googelt!
4. vertikutieren	vertikutier(e)!	vertikutiert!
5. verlieren	verlier(e)!	verliert!
6. anrufen	ruf(e)!	ruft!
7. zusammensetzen	setze zusammen!	setzt zusammen!
8. layouten	layoute!	layoutet!

Aufgabe 2

HV VV VV HV VV
Wir waren einmal fünf gewesen (0,5 P.). Jetzt sind wir noch zwei (0,5 P.). Meine ganze Familie ist zerrissen
HV HV VV VV HV
worden (0,5 P.). Wir sind hierhergekommen (0,5 P.), weil in unserem Land Krieg geherrscht hat (0,5 P.) und alles
VV HV MV VV VV VV
kaputtgegangen war (0,5 P.). Wir konnten dort nicht mehr zur Schule gehen, spielen oder arbeiten (0,5 P.).
VV
Denn es gab keine Schule, keinen Spielplatz, keine Fabrik mehr (0,5 P.). Wenn wir dort eine Zukunft
VV HV HV VV VV
gesehen hätten (0,5 P.), wären wir geblieben (0,5 P.), denn wer verlässt schon gerne seine Heimat (0,5 P.). Also
VV (Teil1) VV(Teil2) MV VV
suchten wir in Österreich um Asyl an (0,5 P.). Wir dürfen aber nicht bleiben (0,5 P.), denn die Behörden
VV
sagen (0,5 P.), dass der UNHCR unser Heimatland drei (!!!) Tage vor unserer Ankunft in Österreich
VV HV VV
wieder als SICHER eingestuft hat (0,5 P.). Drei Tage – was ändert sich in drei Tagen (0,5 P.)?!

Aufgabe 3

1. Petra, Bernadette, seid beim nächsten Mal pünktlich!
2. Streng dich in Zukunft ein bisschen mehr an!
3. Lauft schon voraus, wir möchten uns noch allein unterhalten!
4. Bringen Sie mir einen Apfelsaft mit Leitungswasser und eine Buttersemmel!
5. Stellt euch gefälligst in Zweierreihen auf!
6. Lassen wir uns nicht aus der Ruhe bringen!
7. Hör endlich auf zu lachen, Charlie, sonst lachen alle mit!
8. Sucht den Täter, denn es ist eure Aufgabe!

Aufgabe 4

1. d; **2.** e; **3.** b; **4.** f; **5.** a; **6.** c

TEST 19

Aufgabe 1

1. Das Grundstück, auf dem sie gewohnt haben, ist durch die Abwässer der nahen Lederfabrik verseucht.
2. Mein Großvater erzählte uns von einer Schlacht in Stalingrad, in der er schlimme Entscheidungen treffen musste und während der er dann auch gefangen genommen wurde.
3. Ich glaube, ~~dass~~ wenn wir bald den Termin fixieren, werden wir keine Probleme mit der Organisation haben ~~werden~~. Oder: Ich glaube, dass wir keine Probleme mit der Organisation haben werden, wenn wir bald den Termin fixieren.
4. Der neue Zahnarzt machte auf mich ganz schön Eindruck, indem er meinen Weisheitszahn fast schmerzlos entfernte.
5. Der neue Zahnarzt zieht in das Labor ein, in dem vorher die Blutbank ihren Sitz gehabt hat.
6. Die alte Frau Müller, wegen der der Hausmeister nachfragt (oder: nach der der Hausmeister fragt), lebt schon lange im Pflegeheim.

Aufgabe 2

(1) oder, (2) in der, (3) was, (4) und, (5) denn, (6) was, (7) und, (8) weil, (9) damit, (10) und, (11) was, (12) die, (13) um, (14) deren, (15) Und, (16) dass

Aufgabe 3

1. weil er Lust auf ein Schinkenbrot hat/denn er hat Lust auf ein Schinkenbrot.
2. weil der Installateur die Heizung repariert hat/denn der Installateur hat die Heizung repariert.
3. weil das Treppenschutzgitter offen war/denn das Treppenschutzgitter war offen.
4. weil sonst Passanten ausrutschen könnten/denn sonst könnten Passanten ausrutschen.
5. weil es sonst herreinregnet/denn es regnet sonst herein.

Aufgabe 4

1. **Was** dem einen die zentrale Frage des Lebens ist, **das** ist dem anderen lediglich ein Lächeln wert.
2. Das Lokal, **das** neu eröffnet hat, hat genau **das** alles, **was** ich mir unter einer gemütlichen Chillzone vorstelle.
3. **Was** er gestern zu meiner Freundin gesagt hat, **das** geht ja wohl auf keine Kuhhaut.
4. **Das** wird nie 100%ig geklärt werden können, **was** gestern unter diesen mysteriösen Umständen geschehen ist.
5. Warum wird **das**, **was** wir eigentlich meinen, durch **das**, **was** wir dann sagen, so oft nicht genau ausgedrückt?
6. „**Was** für eine Verschwendung!", riefen die einen, „**Das** ist doch nicht gerecht", stimmten die anderen ein, aber die Dritten meinten: „**Das** vergönne ich jedem!", als sie von seinem Lottogewinn erfuhren.

TEST 20

Aufgabe 1

1. aus dem Infinitiv (der Nennform), zB gehen, lernen
2. aus der 1. Person Singular (Einzahl) im Präteritum (Mitvergangenheit), zB ich ging, lernte

Aufgabe 2

Indikativ Präsens	**Konjunktiv I**	**Konjunktiv II**
1. sie geht	sie gehe	sie ginge
2. du bist	du seist	du wärst
3. ich fliege	ich fliege ► flöge	ich flöge
4. wir tun	wir täten	wir täten
5. er lässt	er lasse	er ließe
6. ihr zögert	ihr zögert ► zögertet	ihr zögertet
7. sie belagern	sie belagerten	sie belagerten
8. sie sehen	sie sehen ► sähen	sie sähen
9. ich breche	ich breche ► bräche	ich bräche
10. sie ruft an	sie rufe an	sie riefe an
11. es will	es wolle	es wollte
12. es muss	es müsse	es müsste
13. sie schlagen	sie schlagen ► schlügen	sie schlügen
14. wir stehen	wir stehen ► ständen/stünden	wir ständen/stünden

Aufgabe 3

1. Wenn ich rechtzeitig auf dem Flughafen gewesen wäre (auch: Wäre ich ... gewesen,), hätte ich die Maschine erwischt.
2. Wenn unser Fußballteam in der letzten Minute den Strafstoß verwandelt hätte (auch: Hätte ... verwandelt,), hätte es gewonnen.
3. Meine Mutter hätte von der eingeschlagenen Fensterscheibe nicht erfahren, wenn mich mein Bruder nicht verraten hätte. (auch: hätte ... verraten.)
4. Wir wären rechtzeitig zum Konzert gekommen, wenn wir nicht in einem Stau gesteckt wären (auch: wären ... gesteckt).

Aufgabe 4

Drei Männer flogen in einem Heißluftballon durch einen Canyon. Einer meinte, sie verlören die Orientierung. Einer der drei Männer hatte die Idee, sie sollten einfach um Hilfe rufen. Er lehnte sich aus dem Korb und schrie, so laut er konnte, ob ihm jemand sagen könne, wo sie sich befänden. Nach etwa 15 Minuten bekamen sie die Antwort von unten zugerufen, sie säßen in einem Heißluftballon.
Darauf meinte einer der drei Männer, das müsse ein Mathematiker gewesen sein. Seine Kollegen fragten ihn, wieso er das wisse. Das lasse sich leicht begründen, antwortete er. Erstens habe seine Antwort sehr lange gedauert, zweitens sei die Antwort richtig und drittens nutze sie niemandem.

TEST 21

Aufgabe 1

Wenn einer eine Reise tut, dann hat er etwas zu erzählen. Diesem Spruch bleibt meine Tante Adele treu. Damit auch wir Nichten und Neffen etwas davon haben, werden wir jedes Jahr mit einer Einladung beglückt, auf der ganz harmlos „zu Tee und Schokokuchen" prangt. Mittlerweile wissen wir, was dahintersteckt: blanke Folter, denn Tante Adele besitzt noch einen Diaapparat aus dem Jahre Schnee. Ich persönlich denke ja, dass diese Apparatur ursprünglich von der Spanischen Inquisition erfunden worden ist, damit alle Teenager Küchendienst oder freiwillige Zusatzhausübungen erledigen, nur damit sie den muffigen, verdunkelten Nachmittagen bei ihren Tanten entrinnen. Aber was tut man nicht alles für den Familienfrieden. Als Tante Adele nach gestoppten 2h41m34s ihr letztes Bild eines Krebses, der auf einer Muschel sitzt, die am Strand liegt, der vor ihrem Hotel verläuft, das neben zwanzig anderen und doch gleichen Hotels steht, weggedrückt – so heißt das bei Diaapparaten – hat, ist es draußen schon dämmrig. Wir verabschieden uns und versprechen, dass wir uns schon auf die Bilder ihrer nächsten Reise freuen würden, weil uns diese sooooo gut gefallen hätten. Dafür bekommen wir jeder zumindest ein Lächeln und 10 Euro, denn auch Tante Adele ist nicht ganz von gestern.

Aufgabe 2

Attributsatz = Att; Objektsatz = Obj; Subjektsatz = Subj

Der Oskar ist die wichtigste Auszeichnung, die in der Filmbranche vergeben wird (Att). Gespannt warten ProduzentInnen, SchauspielerInnen und RegisseurInnen darauf, dass die Kuverts auf der Bühne geöffnet werden (Obj) und dass gesagt wird (Obj): „And the Oscar goes to ..." Auch Österreich, das als Filmland ja nicht gerade ein Riese ist (Att), hat schon mal eine der Statuetten mit nach Hause genommen. Dass 2008 Stefan Ruzowitzky mit dem Film *Die Fälscher* (Subj, Teil 1), dessen Handlung im Zweiten Weltkrieg in einem KZ spielt (Att), den Auslandsoskar gewonnen hat (Subj, Teil 2), war schon eine Sensation. Dass zwei Jahre später mit Christoph Waltz (Subj, Teil 1), der ebenfalls in einem NS-Film einen Judenjäger spielt (Att), schon wieder ein Österreicher einen kleinen Goldkerl einsteckt (Subj, Teil 2), ist doch überraschend. Einige Filmkritiker in Österreich sind jedoch trotzdem verärgert, dass 2010 nicht auch noch der Auslandsoskar an Michael Haneke gegangen ist (Obj), der ja dafür Favorit gewesen ist (Att).

Aufgabe 3

1. Wie man in den Wald ruft (Modalsatz/Artsatz), so schallt es zurück.
2. Obwohl die Lehrerin streng auftritt (Konzessivsatz/Einräumungssatz), mögen sie die Kinder.
3. Philipp ist ein äußerst musikalischer Typ, trotzdem hat er es nicht in die nächste Castingrunde geschafft. (Achtung: Hier sind zwei Haupsätze! Wenn du diese Falle erkannt hast, kannst du dir einen Punkt geben.)
4. Während mich die Müdigkeit übermannte (Temporalsatz/Zeitsatz), stahl man mir meinen Pass und meine Brieftasche, weil ich beides nicht direkt am Körper getragen hatte (Kausalssatz/Begründungssatz).
5. Da er in der Nacht nicht nach Hause gekommen war (Kausalsatz), setzte ihn seine Freundin auf die Straße.
6. Dass er den Zug noch erwischt hat (Subjektsatz), grenzt an ein Wunder.
7. Die ältere Dame wirkte während des Essens fahrig, also schon bevor sie den Nervenzusammenbruch erlitt (Temporalsatz).
8. Ein Vater, der mit Anzug und Krawatte vor des Direktors Büro lauerte (Relativsatz/Beifügungssatz), verlieh der Pausensituation etwas Groteskes.
9. Indem er ständig mit den Fingern auf den Tisch trommelte (Modalsatz), störte er den Vortrag, den seine Vorgesetzte organisiert hatte (Relativsatz).
10. Wenn Kaspar seine Suppe gegessen hätte ([irrealer] Konditionalsatz/Bedingungssatz), wäre er nicht am fünften Tage gestorben.
11. Damit die Übung endlich ein Ende hat (Finalsatz/Zwecksatz), bestimmen wir auch diesen Satz noch!

TEST 22

Aufgabe 1

Scheinbar **aus** einer Laune heraus war der Junge **im** Pyjama **auf** das Dach geklettert. Nun stolzierte er **neben** dem Schornstein vorbei und stellte sich **hinter** die TV-Antenne. Seinen Stoffhasen hielt er immer noch **an** sich gedrückt, während **unter** ihm schon die Feuerwehr **mit** heulender Sirene ankam. So etwas wäre **in** ihrem Haus noch nicht vorgekommen, weinte seine Mutter, die **wegen** der Lockenwickler im Haar etwas komisch aussah. **Nach** ein paar Minuten schlich auch schon sein jüngerer Bruder **zwischen** den Feuerwehrwagen herum. Sein Vater versuchte **durch** die Dachluke **zu** ihm zu gelangen. Als der Vater endlich **vor** dem Knaben stand, erkannte er **dank** der hellen Scheinwerfer der Feuerwehr, dass sein scheinbar **von** allen guten Geistern verlassener Sohn schlafwandelte und **während** all dem, was **um** ihn herum geschehen war, nicht aufgewacht war. Bei dem nächtlichen Spaziergang war **trotz** der gefährlichen Situation glücklicherweise nichts passiert.

Aufgabe 2

1. **In** dem Baum vor meinem Fenster wohnt ein Buntspecht.
2. **In** der Hauptstadt Tirols, **Inn**sbruck, zu wohnen, ist ziemlich teuer, aber **in**.
3. Ich werde sicher nicht mehr **in** dein Zimmer gehen, solange auf deinem Bett noch die Spinne herumirrt.
4. **Im** (selten auch: In) Hinblick auf die **im** Herbst stattfindenden Konzerte, die **im** Eventkalender stehen, wird man **in** diesem Jahr vorher sparen müssen, um **in** alle gehen zu können.
5. **Im** Sommer, **in** der Ferienzeit, stehen **in** Schärding am **Inn** diverse Ausschankhütten, sogenannte **Inn**s, direkt am **Inn**ufer. **In** diesen **Inn**s ist immer was los, die sind ganz schön **in** am **Inn**.

Aufgabe 3

In meinen kühnsten Träumen (Dativ) hatte ich mir den Aufstieg nicht so mühselig vorgestellt. Auf meinem Weg (Dativ) versuche ich immer wieder in die Fußstapfen (Akkusativ), die vor mir (Dativ) getreten worden sind, zu steigen, damit ich mit meinen Schneeschuhen (Dativ) Halt finde. Wegen der dünnen, eisigen Luft (Genitiv) geht es ohne Keuchen (Akkusativ) nicht mehr.
In Gedanken (Dativ) liege ich auf einer Couch (Dativ) und wühle während meiner Lieblingsserie (Genitiv) in einer Packung Chips (Dativ), deren Inhalt ich mir genüsslich in den Mund (Akkusativ) schiebe. Tja, von meiner großkotzigen Aussage (Dativ), dass auf diesen Gipfel (Akkusativ) doch jedes Kindergartenkind steigen könne, war nicht mehr viel übrig. Auch aus diesem Grund (Dativ) schleppe ich mich weiter. Nahe dem Gipfel (Dativ) brechen wir durch die Wolkendecke (Akkusativ). Wie durch Zauberhand (Akkusativ) öffnet sich der Vorhang zu einer unendlichen Weite (Dativ). Und über mir (Dativ) nur Himmel.

TEST 23

Aufgabe 1

1. aus der Haut
2. bei einer/der Zeitung
3. aus dem Internet; von den (oder: unseren) Eltern
4. mit den Rohstoffen
5. außer ihm
6. nach reiflicher Überlegung; zu dem Entschluss; von Ihnen; von höherer Instanz
7. entgegen der ersten Annahme
8. zu uns

Aufgabe 2

Kontrolliere mit der Ersatzprobe „mir" oder „dir", ob du den richtigen Fall gewählt hast.

Aufgabe 3

1. gegen den (oder: die) Schüler
2. durch eine Kochshow
3. ohne die Schulleitung, den Klassenvorstand; um (eine) Erlaubnis
4. für mich
5. um den Fragen; durch den Hintereingang
6. für eigenständiges Denken; wider das Geläut

Aufgabe 4

Kontrolliere mit der Ersatzprobe „mich" oder „dich", ob du den richtigen Fall gewählt hast.

Aufgabe 5

1. wegen seiner Stärke (Genitiv); auf der letzten Länge (Dativ)
2. gegen (den) Sport (Akkusativ); im (= in dem) Fernsehen (Dativ); von ihnen (Dativ)
3. entgegen der Einschätzung (Dativ); in einer Pressekonferenz (Dativ); vom (= von dem) aktiven Rennsport (Dativ)
4. Kraft seines Amtes; von den Olympischen Spielen
5. in der rhythmischen Sportgymnastik (Dativ); zu belegten Dopingfällen (Dativ)
6. In diesem Geschäft (Dativ); um die Einschaltquote (Akkusativ); dank derer (Genitiv) oder dank der (Dativ); in verschiedenen Sportarten (Dativ); von unglaublichen Summen (Dativ)

TEST 24

Aufgabe 1

Fremdwort	Übersetzung	Namensgeber für das
1. demonstrativ	(auf etwas) hinweisend	Demonstrativpronomen
2. indefinit	unbestimmt	Indefinitpronomen
3. relativ	(auf etwas) beziehend	Relativpronomen
4. interrogativ	(dazwischen) fragend	Interrogativpronomen
5. possessiv	besitzanzeigend	Possessivpronomen
6. reflexiv	rückbezüglich	Reflexivpronomen

Aufgabe 2

1. Karl hat **sich** (Reflexivpronomen) beim Sprung vom 10-Meter-Turm das Handgelenk verstaucht.
2. Das Team hat leider nicht begriffen, **was** (Interrogativpronomen) der Trainer in der Kabine gepredigt hat.
3. **Dieses** (Demonstrativpronomen) Mal ist der jugendliche Gewalttäter noch mit einer milden Strafe davongekommen.
4. Über die Sparbuchzinsen, **die** (Relativpronomen) die Bank gegenwärtig anbietet, kann die Kundin nur lachen.
5. Den genauen Verlauf des Spiels kann **jeder** (Indefinitpronomen) via Livestream in Netz verfolgen.
6. Immer zu den Feiertagen besuchen **unsere** (Possessivpronomen) Eltern **ihre** (Possessivpronomen) Großtante Cilli im Defereggental.

Aufgabe 3

Personalpronomen	Demonstrativpr.	Possessivpr.	Indefinitpr.	Relativpr.
dich	das	deines	anderer	das
ihr	jene	ihr	beide	den
meiner	dieses	meiner	jede	deren
uns		unser	manche	dessen
			wenige	

Aufgabe 4

andere: als die Zähne
die: andere Körperteile
uns: wir
sich: eine Zyste
sich: Zahnfleischentzündung
dessen: was sich Frauen unter der Hölle vorstellen
die: die Eckzähne
ihrem: Namen der Schneidezähne
es: Fleisch (2x)
die: Zähne
alles: was die Natur zuwege gebracht hat
was: alles

TEST 25

Aufgabe 1

Zeitergänzung: Temporalergänzung
Ortsergänzung: Lokalergänzung
Umstandsergänzung: Modalergänzung
Begründungsergänzung: Kausalergänzung

Aufgabe 2

1. Ich bin (neben meiner großen Liebe) gesessen.
2. Uns lief ein Reh vor den Wagen.
3. Dass ich gewinnen würde, steht außer Frage.
4. Auch wenn er sich danebenbenommen hat, bleibt er mein Bruder.
5. Ich kann telefonieren.
6. Ich beneide ihn.

Aufgabe 3

1. heute Morgen: Temporalergänzung; im Bus: Lokalergänzung
2. auf dem Weg zum U2-Konzert: Lokalergänzung
3. seit meinem ersten Auftritt: Temporalergänzung
4. wegen seiner Freundin: Kausalergänzung
5. schnurlos: Modalergänzung
6. ja ein wenig: Modalergänzung; wegen seiner coolen Art: Kausalergänzung

Aufgabe 4

einen Luxuswagen: 04
wechseln wollte: Prädikat
der Wagenheber: Subjekt
zum nächsten Haus: Lokalergänzung; einen: 04
sie: Subjekt; Geld: 04

von mir: Präpositionalobjekt im Dativ
fünfzig: 04
dringend: Modalergänzung; brauche: Prädikat
dem Haus: 03
beim Haus: Lokalergänzung; er: Subjekt
ein Dieb: 01 (Gleichsetzungsglied im 1. Fall)
können ... behalten: zweiteiliges Prädikat

Aufgabe 5

Ein Mann fuhr einen Luxuswagen und hatte eine Reifenpanne. Als er den Reifen wechseln wollte, bemerkte er, dass der Wagenheber fehlte. Er dachte, dann **werde er** zum nächsten Haus gehen und **sich** einen ausleihen, und machte sich auf den Weg.

Er sagte sich, **sie wollten** vielleicht, wenn sie seinen Wagen **sähen**, Geld dafür haben. Bei so einem Wagen **würden** sie von **ihm**, wenn **er** um Hilfe **bitte**, sicher zehn Dollar verlangen. Nein, vielleicht **verlangten** sie fünfzig, weil sie **wüssten**, dass **er** den Wagenheber dringend **brauche.**

Je näher er dem Haus kam, desto höher stieg der Preis. Als er beim Haus anlangte und der Besitzer die Tür öffnete, schrie er, **er** (der Hausbesitzer) **sei** ein Dieb, (denn) ein Wagenheber **sei** nicht so viel wert und **er könne** ihn behalten!

TEST 26

Aufgabe 1

Eigenschaftswort	► **Adjektiv**	Geschlechtswort	► **Artikel**
Vorwort	► **Präposition**	bezügliches Fürwort	► **Relativpronomen**
beigefügt	► **attributiv**	umstandswörtlich	► **adverbial**

Aufgabe 2

Nomen	**Adverb**	**Verb**	**Adjektiv**	**Pronomen**
Aggregatzustand	heute	joggen	hart	ihrer
Erwartung	vielleicht	schlenderte	seltsam	jeder
Element	darauf	stieß	feiner	mich
Lust		reparieren	plump	
		lag	witzig	

Aufgabe 3

Wer nicht wirbt, der stirbt

„Schokolade ist die zarteste Versuchung, seit es Kakao gibt."
Durch häufiges Aufscheinen in der Öffentlichkeit werden Produkte erst bekannter.
Ein pfiffiger Slogan muss daher eingängig und leicht zu merken sein.
Erst die lautstarke Wiederholung lässt Werbung erfolgreicher werden.
Von zwei Schokoriegeln wird nicht der öfter gekauft, der am köstlichsten schmeckt, sondern der, der einprägsamer beworben wird.

Aufgabe 4

zarteste	attr.	lautstarke	attr.
häufiges	attr.	erfolgreicher	adv.
bekannter	adv.	zwei	Numeral
pfiffiger	attr.	öfter	adv.
eingängig	adv.	köstlichsten	adv.
leicht	adv.	einprägsamer	adv.

Aufgabe 5

Na, du bist mir *einer* (P = Pronomen)! Da hast du doch *dem* (A = Artikel) Mann, *der* (P) *den* (A) Hut an *den* (A) Haken, *der* (P) dort angebracht ist, gehängt hat, *den* (A) Regenschirm, *den* (P) er doch so dringend gebraucht hätte, hinter *der* (A) Theke versteckt, *deren* (P) Kuchenschaufenster nach *einer* (A) Reinigung mit *der* (A) biologisch abbaubaren Seifenlauge wieder äußerst appetitlich aussieht. Der wird jetzt nass!

TEST 27

Aufgabe 1

Infinitiv	3. Pers. Sg. Präs.	2. Partizip	2. Pers. Pl. Plusquamperfekt	2. Pers. Sg. Futur II
1. binden	bindet	gebunden	ihr hattet gebunden	du wirst gebunden haben
2. versenden	versendet	versandt	ihr hattet versendet/versandt	du wirst versendet/versandt haben
3. landen	landet	gelandet	ihr wart gelandet	du wirst gelandet sein
4. laden	lädt	geladen	ihr hattet geladen	du wirst geladen haben
5. auffädeln	fädelt auf	aufgefädelt	ihr hattet aufgefädelt	du wirst aufgefädelt haben
6. downloaden	downloadet	downgeloadet	ihr hattet downgeloadet	du wirst downgeloadet haben
7. sinken	sinkt	gesunken	ihr wart gesunken	du wirst gesunken sein
8. riechen	riecht	gerochen	ihr hattet gerochen	du wirst gerochen haben

Aufgabe 2

Die Ups versuchten sich an die Downs heranzupirschen. Sie schlurften geduckt durch die Hinterhöfe des Viertels und hofften, irgendwo gegnerische Gangmitglieder in Unterzahl zu erwischen. Nach einer halben Stunde waren sie erfolgreich. Sie erkannten zwei blitzende Mercedessterne, das Markenzeichen der Downs, die auf der Brust zweier Halbwüchsiger prangten. In ihrer Gier nach einer Prügelei rannten sie ohne Auskundschaften der Umgebung auf die beiden zu. Noch bevor sie sie erreichten, wurden sie von mindestens 15 anderen Downs umringt. Sie saßen in der Falle. Die Downs nahmen sie ordentlich in die Mangel, letzten Endes flohen sie und wurden nicht verfolgt. Seit diesem Vorfall ließen sich die beiden rivalisierenden Gruppen in Ruhe.

Aufgabe 3

Bevor Monika in ihren Schulbus gelangen konnte, musste sie sich durch ein irres Gedränge kämpfen.
Sobald sie ihre letzten Kräfte mobilisiert hatte, zwängte sie sich Richtung Tür.
Sie versuchte noch auf die Treppe des Busses zu hüpfen, nachdem sie das Kommando „Vorsicht! Türen schließen!" gehört hatte.
Da der Schulbus die Tasche Monikas eingeklemmt hatte, wurde das Mädchen einige Meter mitgeschleift.
Der Busfahrer stoppte, sobald er die gefährliche Situation erkannt hatte, und öffnete sofort die pneumatischen Türen.
Bevor jemand verletzt worden war, konnte größerer Schaden verhindert werden – diesmal!

Aufgabe 4

Nachdem ich in Wien am Westbahnhof **angekommen sein werde**, **werde** ich die U-Bahn Richtung Ernst-Happel-Stadion **nehmen**.
Bevor ich im Stadion meinen Sitzplatz **gefunden haben werde**, **werde** ich mir noch einen Fanschal **kaufen**.
Nach dem Abpfiff **werde** ich diesen Schal jubelnd **schwenken**, weil dann die Österreicher die Färinger **besiegt haben werden**.

TEST 28

Aufgabe 1

Projektil (lat./franz.): Geschoss, Gewehr- oder Pistolenkugel
Geste (lat.): Gebärde, hier: symbolische Handlung
charakteristisch (griech.): bezeichnend, kennzeichnend
Uniform (lat./franz.): einheitliche Dienstkleidung
Ideologe (griech.): Lehrer oder Vordenker einer bestimmten (gesellschaftlichen) Idee
Soldaten (lat.): Angehöriger der Streitkräfte (Armee) eines Landes
Prawda (russ. „Wahrheit"): Moskauer Tageszeitung
international (lat.): staatsübergreifend
Patriotismus (griech./lat.): Liebe zum Vaterland
Revolution (lat.): Umdrehung, Umwälzung
Exil (lat.): Verbannung[sort]
die Internationale: Kampflied der Arbeiterbewegung

Aufgabe 2

Statik: Lehre von den unbewegten Kräften (zB im Bauwesen)
hydraulisch: mit Flüssigkeitsdruck arbeitend
Biografie: Lebensbeschreibung einer Person
Anglizismus: Lehnwort aus dem angloamerikanischen (englischen) Sprachraum im Deutschen
Paragraf: nummerierter Abschnitt zB eines Gesetzestextes
Philanthrop: Menschenfreund, eigentlich Menschenliebhaber
Misanthrop: Menschenfeind, eigentlich Menschenhasser
Theorie: auf (nicht bewiesenen oder beweisbaren) Überlegungen beruhende Erkenntnis
Grafologie: Lehre von der Deutung der Handschrift
Logopädie: Sprachheilkunde, Sprecherziehung

Aufgabe 3

Individuelle Lösung

Aufgabe 4

BBQ-Sauce zum Schnitzel

Total **uncool** und **out**! **Facebooken** steht noch nicht im **Reader**, aber **googeln** schon! Ich habe diesen **Business**fehler sofort in meinem **User-Account gepostet**. Nachdem ich noch einige **Checks** zwecks meiner neuen **Job**idee, einem **Eventmarketing** durch **oldstyle Folder**-Verteilen von von mir (ge)**layouteten pics**, in Kombination mit einem **Webinfopoint**, auf die jeder **Dummy** seine **funny Podcasts** von der **chilligen After-Show-Party uploaden** kann, von meiner **To-do**-Liste **gemanagt** habe, **maile** ich noch meinem **buddy**, dass er heute Abend nicht wieder mit der **Overall-Sneaker**-Kombination antanzt. Das ist definitiv ein **no-go**. Momentan ist man **simply V.I.P.**, wenn das **Posing** ein wenig an **eighties fashion** erinnert, auch wenn man sich nur einen **Burger** im **Fastfood-Franchise**-Laden um die Ecke reinzieht.

TEST 29

Aufgabe 1

Ich möchte manchmal einfach weglaufen. Eigentlich wollte ich ja mal eine coole Schülerin werden, die trotzdem lauter Sehr gut bekommt. Aber das hat nicht sein sollen. Ich komme zwar durch, aber ich kann diesen Druck des unbedingten Müssens fast nicht mehr aushalten. Und jetzt soll ich mich auch noch entscheiden, ob ich in eine andere Schule gehen will oder einen Lehrberuf ergreifen soll. Gott sei Dank sind meine Eltern halbwegs okay und lassen mir noch ein wenig Zeit.
So, ich konzentriere mich aber wieder auf das vor mir Liegende – meine Englischmappe! Denn Können kommt durch Wollen, sagt mein Paps.

Aufgabe 2

Ich mochte manchmal einfach weglaufen. Eigentlich wollte ich ja mal eine coole Schülerin werden, die trotzdem lauter Sehr gut bekommt. Aber das hatte nicht sein sollen. Ich kam zwar durch, aber ich konnte diesen Druck des unbedingten Müssens fast nicht mehr aushalten. Und dann sollte ich mich auch noch entscheiden, ob ich in eine andere Schule gehen wollte oder einen Lehrberuf ergreifen sollte. Gott sei Dank waren meine Eltern halbwegs okay und ließen mir noch ein wenig Zeit.
So, ich konzentrierte mich aber wieder auf das vor mir Liegende – meine Englischmappe! Denn „Können kommt durch Wollen", sagt mein Paps (Falle: bleibt auch in der Erzählzeit so).

Aufgabe 3

Ein Experimentalphysiker, ein theoretischer Physiker und ein Mathematiker streiten darüber, was besser sei: eine Frau oder eine Freundin. Der Experimentalphysiker erklärte, das sei ganz klar für ihn. Er wolle eine Freundin, weil man dann verschiedene ausprobieren könne. Nein, da denke er ganz anders, meinte der Theoretiker, eine Frau gebe viel mehr Sicherheit und Geborgenheit. Der Mathematiker erwiderte daraufhin, er bevorzuge beides. Wenn er nicht bei seiner Frau sei, denke sie, er sitze bei seiner Freundin und bei seiner Freundin verhalte es sich umgekehrt. So könne er ungestört in der Bibliothek arbeiten.

Aufgabe 4

Nomen	Adverb	Verb	Adjektiv	Pronomen
Leichtmetall	vorgestern	einigen	wütend	einigen
Entwarnung	eigentlich	begangen	komisch	andere
Biologie	darum	getippt	ekelig	den
Frust	besonders	sanieren	besser	sich
		brächte		

TEST 30

Aufgabe 1

Die Simpsons sind eine gelbe Familie aus Springfield. Springfield ist dabei als Synonym für die gesamten USA gemeint, denn es (Personalpronomen) existieren insgesamt sechs Städte, die (Relativp.) Springfield heißen, in verschiedenen Bundesstaaten der USA.
Die Familie selbst spiegelt viele (Indefinitp.) Gesellschaftsschichten innerhalb der USA wider: Der Vater, Homer, steht unter anderem (Indefinitp.) für Wankelmütigkeit, Konsumgier, Verantwortungslosigkeit und Egoismus – das (Demonstrativp.) alles (Indefinitp.) aber mit Herz! Die Mutter, Marge, steht für den Zusammenhalt in der Familie, die (Relativp.) ihr (Personalp.) hin und wieder zu viel (Indefinitp.) wird, aber auch dafür, dass viele (Indefinitp.) Frauen ihr (Possessivp.) Potenzial nicht ausschöpfen. Ein wirkliches Anliegen ist ihr (Personalp.) die allgemeine Moral. Bart, der Älteste, hingegen bildet eine Identifikationsfigur für viele (Indefinitp.) Rowdys, denen (Relativp.) eine gelungene Schandtat mehr bedeutet als ihre (Possessivp.) Zukunft, von der (Relativp.) sie (Personalp.) glauben, sowieso keine (Indefinitp.) zu haben. Lisa ist die Unverstandene, die Gebildete, diejenige (Demonstrativp.), die (Relativp.) die richtigen Entscheidungen treffen will zum Wohle der Gesellschaft, der Umwelt, der Demokratie – meistens scheitert sie (Personalp.) trotz ihrer (Possessivp.) Klugheit daran. Maggie, die Jüngste, wird als die Vernachlässigte, die Unterschätzte dargestellt.
„Die Simpsons" ist eine Zeichentrickserie, die (Relativp.) deshalb so erfolgreich ist, weil die Zuseherinnen und Zuseher hier über ihr (Possessivp.) eigenes Leben, das (Relativp.) in satirischer Form überspitzt dargestellt wird, lachen können.

Aufgabe 2

Synonym: bedeutungsähnliches, sinnentsprechendes Wort
existieren: da sein, leben
Konsum: der (oft wahllose) Kauf und Verbrauch von Waren
Egoismus: (übertriebene) Ichbezogenheit
Potenzial: Fähigkeit, etwas zu leisten
Moral: allgemeingültige Verhaltensregeln einer Gesellschaft
Identifikationsfigur: eine Person, in der man sich selbst wiedererkennt und mit der man sich deshalb verbunden fühlt
Rowdy: (gewalttätiger) Jugendlicher, der in der Öffentlichkeit bewusst als Flegel auftritt
Demokratie: auf Wahlen beruhende Herrschaft des Volkes
satirisch: ironisch-witzige Darstellung und Kritik menschlicher Schwächen und Laster

Aufgabe 3

Vorgangspassiv	**Zustandspassiv**
Die Katze wird (von Lisa) gefüttert.	Die Katze ist (von Lisa) gefüttert.
... wurde gefüttert.	... war gefüttert.
... ist gefüttert worden.	... ist gefüttert gewesen.
... war gefüttert worden.	... war gefüttert gewesen.
... wird gefüttert werden.	... wird gefüttert sein.
... wird gefüttert worden sein.	... wird gefüttert gewesen sein.

Aufgabe 4

1. Die Werkstatt hat mir versichert (Perfekt), dass der Laptop bis 17:00 Uhr repariert sein wird (Futur II).
2. Als Kathrins Freund von ihrem Fahrradunfall gehört hatte (Plusquamperfekt), raste er sofort zur Notaufnahme (Präteritum).
3. Der Busfahrer wurde entlassen, (Präteritum), da aufgekommen war (Plusquamperfekt), dass er gar keinen Führerschein besessen hatte (Plusquamperfekt).
4. Die Überflutung ist endlich zurückgegangen (Perfekt), nun sind die ersten Schäden sichtbar (Präsens).
5. Ich werde mich beim Naschen zurückhalten müssen (Futur), sonst gehe ich zu sehr in die Breite (Präsens).
6. Aber einige Vanillekipferl und Zimtsterne werde ich mir schon einverleiben (Futur), denn ein paar Rundungen sehen doch sexy aus (Präsens)!

TEST 31

Aufgabe 1

1. stimmt nicht
2. stimmt nicht
3. stimmt
4. stimmt
5. stimmt
6. stimmt nicht
7. stimmt nicht
8. stimmt nicht

Aufgabe 2

Reportage

Aufgabe 3

Abschnitt 1: **b.** Schlagzeile
Abschnitt 2: **g.** Vorspann
Abschnitt 3: **a.** Nachrichtenkörper: *Die Regeln des Rodeo-Wettbewerbs*
Abschnitt 4: **f.** Nachrichtenkörper: *Anreise zum regionalen Wettbewerb*
Abschnitt 5: **e.** Nachrichtenkörper: *Pech für McKena*
Abschnitt 6: **d.** Nachrichtenkörper: *Verschiedene Turnier-Disziplinen*
Abschnitt 7: **h.** Nachrichtenkörper: *Rückblick auf McKenas Turniervorbereitung*
Abschnitt 8: **c.** Nachrichtenkörper: *Turnierentscheidung*

Aufgabe 4

1. Arena: Kampfplatz; Platz, auf dem das Turnier ausgetragen wird
2. Manöver: (militärische) Übung, geschickte Wendung
3. quirlig: lebhaft, unruhig
4. Rodeo: Reiterwettkampf der Cowboys
5. Konkurrent: Gegner
6. Parcours: Hindernisbahn für Reiter/-innen
7. Attrappe: ein nachgebildeter Gegenstand
8. Miene: Gesichtsausdruck

TEST 32

Aufgabe 1

1. Nudeln mit Fleischragout (= Fleischsoße), Spaghetti bolognese
2. Nein
3. Eine Soße, ein Ragout
4. Auf den Rotwein
5. Nicht ganz zwei Stunden ($1\frac{3}{4}$ Stunden)

Aufgabe 2

1. richtig
2. falsch
3. richtig
4. falsch
5. richtig
6. falsch
7. falsch
8. richtig
9. falsch
10. richtig

TEST 33

Aufgabe 1

1. Die Ballade handelt von einem Turner, der einen **waghalsigen Handstand** auf dem berühmten **Loreley-Felsen** gemacht hat. Dabei musste er an das Loreley-Lied von Heinrich Heine denken. Er wurde kurz nachdenklich, verlor die Kontrolle und **stürzte tödlich** ab.
2. Die Loreley ist ein **sagenumwobener Fels am Rhein**, über den es viele Geschichten und Lieder gibt: Auf dem Felsen sitzt eine **wunderschöne Jungfrau**, die ihr goldenes **Haar kämmt und dabei lieblich singt** – dadurch, so erzählt es zum Beispiel das Loreleylied, sind viele **Schifffahrer so abgelenkt**, dass sie **vergessen, ihr Schiff zu steuern**, und sie finden dadurch den Tod.

Aufgabe 2

1. Wiedergabe von Stimmungen und Gefühlen: Lyrik
2. Erzählung einer interessanten Begebenheit: Epik
3. Höhepunkt, Spannungsmoment: Dramatik

Aufgabe 3

Text 1: Die Loreley bezeichnet eine Fee und einen Felsen. Sie wird auch als blonde Frau, die sich dauernd kämmt, beschrieben, wegen der aber heute niemand mehr Schiffbruch erleide.

Text 2: Die Loreley wird als wunderschöne Jungfrau beschrieben, die bei Abendsonnenschein auf dem Gipfel des Berges hoch überm Rhein sitzt, ihr goldenes Haar mit einem goldenen Kamm kämmt und dabei eine wunderbare, verführerische Melodie singt.

Aufgabe 4

ironisch

Aufgabe 5

Das Heldentum **hinterfragt weder die Gründe noch die Auswirkung** einer Handlung. Es wird bloß die **Tat als solche in den Vordergrund gestellt** und **bejubelt**; **wer** aber **unter der Heldentat zu leiden hat**, **spielt** für den Helden **keine Rolle**.

TEST 34

Aufgabe 1

3. Die Überwindung der eigenen Ängste

Aufgabe 2

Merkmale	Kommt im Text vor	
	ja	nein
1. Die Handlung setzt unmittelbar ein; es gibt keine Einleitung.	x	
2. Die Hauptperson ist kein Held, sondern eher ein Außenseiter.	x	
3. Die Geschichte wird aus der Sicht der Hauptperson dargestellt.	x	
4. Die Handlung umfasst eine sehr lange Zeitspanne.		x
5. Der Text handelt von einer Situation, in der sich eine oder mehrere Personen in einem Konflikt befinden.	x	
6. Es gibt sehr viele Handlungsstränge und Nebenhandlungen.		x
7. Es kommen viele innere Monologe vor.	x	
8. Es kommen keine direkten Reden vor.		x
9. Das Geschehen wird nicht in der tatsächlichen Abfolge erzählt, es gibt keine Chronologie.		x
10. Am Anfang der Geschichte ereignet sich der Höhepunkt.		x
11. Am Schluss gibt es eine überraschende Wendung.	x	
12. Das Ende ist offen – man hat das Gefühl, dass die Geschichte jederzeit fortgesetzt werden könnte.	x	

Aufgabe 3

(Pro „falschem" Bild werden 3 Punkte vergeben.)
Falsch: Bild Nr. 1 und Bild Nr. 3

Aufgabe 4

Saskia kämpft mit sich selbst, sie will ihre **Angst überwinden**. Sie möchte den anderen beweisen, dass sie jemand ist, der es verdient, **beachtet zu werden**. Sie will **nicht mehr** ständig **im Hintergrund stehen**. Aber sie will sich auch **selbst beweisen**, dass sie den nötigen **Mut** hat und diesen Sprung schafft. Im Besonderen wünscht sie sich, dass **Manuel**, der Junge, in den sie verliebt ist, **von ihrem Sprung erfährt**. Sie hofft, dass er dann von ihr **beeindruckt ist**.

TEST 35

Aufgabe 1

Merkmale	stimmt	stimmt nicht
1. Das Märchen erzählt von einer wahren Begebenheit.		x
2. Man erfährt genau, in welchem Zeitraum sich die Handlung abspielt.		x
3. Das Märchen beginnt mit einer für Märchen typischen Einleitungsformel.	x	
4. Die Charaktere sind sehr einfach dargestellt.	x	
5. Das Märchen enthält eine moralische Botschaft.	x	

Aufgabe 2

Punktegebung: Der Inhalt dieser Zusammenfassung soll sinngemäß auch in deinem Text vorkommen. Versuche, nicht mehr als zehn Sätze zu schreiben!

1. Beim Spielen fällt einer Prinzessin eine goldene Kugel in einen tiefen Brunnen.
2. Sie weint bitterlich wegen des Verlustes, doch plötzlich taucht ein Frosch aus dem Brunnen auf.
3. Er bietet ihr seine Hilfe an, doch die Prinzessin muss ihm versprechen, ihn mit auf ihr Schloss zu nehmen und ihn Tag und Nacht bei sich zu behalten.
4. Die Prinzessin bekommt die goldene Kugel zurück, doch sie will ihr Versprechen nicht halten und läuft dem Frosch einfach davon.
5. Der Frosch kommt jedoch in das Schloss und fordert das ein, was ihm versprochen wurde.
6. Der König ermahnt die Prinzessin, sich an ihr Versprechen zu halten.

7. Der Frosch darf nun vom Teller der Prinzessin essen und von ihrem Becher trinken, und sie muss ihn mit auf ihr Zimmer nehmen.
8. Der Frosch bittet nun die Prinzessin auch noch, ihn zu küssen und ihn somit von seinem Fluch zu befreien.
9. Sie überwindet sich, küsst ihn, und der Frosch verwandelt sich augenblicklich in einen wunderschönen Prinzen.
10. Sie verlieben sich und heiraten.

Aufgabe 3

1. Die Schlussformel lautet: „Und **weil** sie nicht gestorben sind", statt „Und **wenn** sie nicht gestorben sind".
2. Der Froschkönig ist der Königssohn, also womöglich der Bruder der Prinzessin.
3. Der Königssohn verwandelt sich in einen Frosch, und nicht der Frosch in einen Königssohn.
4. Es ist nicht klar, aus welchem Grund die Prinzessin den Prinzen an die Wand wirft.
5. Die Prinzessin trägt den Frosch zwar widerwillig die Stufen hinunter, aber sie ekelt sich nicht davor, dass er von ihrem Teller isst.
6. Die Königstochter wird nicht gezwungen, ihr Versprechen zu halten.
7. Der Frosch möchte wieder in seinen Brunnen zurück.
8. Der Frosch bringt der Prinzessin die goldene Kugel, ohne dass sie ihn darum bittet.

Aufgabe 4

Der Froschkönig:
Wenn man etwas verspricht, dann muss man es auch halten.
Wer mutig ist und seine Ängste (oder seine Abscheu) überwindet, wird am Ende belohnt.
Man darf sich nicht vom äußeren Eindruck täuschen lassen – der hässliche Frosch ist schließlich ein Prinz.
Der Froschkönig – rückwärts erzählt:
Man darf sich nicht vom äußeren Eindruck täuschen lassen – der Prinz ist eigentlich ein hässlicher Frosch.
Der Frosch bittet die Prinzessin, ihm die Tür aufzumachen, er möchte wieder zurück in seinen Brunnen – vielleicht ist er dort glücklicher.
Die Prinzessin lebt lieber alleine mit ihrer goldenen Kugel als an der Seite eines Frosches.
In der Welt der Märchen werden Wünsche erfüllt, in unserer Welt aber nicht.

TEST 36

Aufgabe 1

1. In Kroatien
2. Istrien ist eine herzförmige Halbinsel.
3. Ja.
4. Ja.
5. Die römische Arena in Pula, Rovinj, die UNESCO-Weltkulturerbe-Basilika in Poreč.
6. Pula oder Rijeka.
7. Ja, von Venedig aus.
8. Mit dem Auto.
9. In einem Landhaus.
10. Auf der Internetseite www.istra.hr

Aufgabe 2

Werbung

Aufgabe 3

1. Wiederaufleben, an Bedeutung gewinnen
2. Reiseziel
3. heimelig, wie zu Hause, kein Massentourismus
4. hier: nicht in der warmen Jahreszeit, außerhalb der Hauptreisezeit

TEST 37

Fahrplan

Aufgabe 1

1. Drei
2. Mit Variante 1 – InterCity
3. Variante 1 – InterCity
4. Variante 2
5. Variante 1 – mit dem InterCity
6. Variante 1 – InterCity
7. Variante 1 – InterCity
8. In allen
9. Bei Variante 3
10. In St. Pölten
11. Um 7:03
12. Von Gleis 1
13. Um 8:02
14. Ist nicht angegeben
15. In Richtung St. Valentin

TEST 38

Aufgabe 1

1. Drei Buben haben mit Treibstoff und Feuer experimentiert und sich dabei Verbrennungen zugezogen.
2. Drei Buben im Alter von elf und 13 Jahren.
3. In Rattenberg (Bezirk Kufstein, Tirol, Österreich)
4. Ist nicht angegeben, am „Samstag".
5. Die Buben haben den Treibstoff, den sie bei einer Tankstelle gekauft hatten, an einer abgelegenen Stelle auf dem Boden versprüht und ihn angezündet. Einer der Buben goss weiteres Ethanol in die Flammen, dabei entzündete sich der Behälter. Der Bub erschrak und entzündete dabei den Pullover seines Freundes. Einer der Buben verständigte seine Mutter.
6. Weil die Buben mit dem Feuer gespielt haben. Dadurch, dass ein Bub zusätzlichen Treibstoff in die Flamme goss, griff das Feuer über.
7. Alle drei Buben erlitten Verbrennungen und wurden in das Krankenhaus eingeliefert.
8. Die Informationen stammen von der Internetseite *www.nachrichten.at* (= Oberösterreichische Nachrichten).

Aufgabe 2

Merkmale	stimmt	stimmt nicht
1. Eine Schlagzeile macht neugierig.	x	
2. Eine Schlagzeile verrät alles über den Inhalt eines Berichts.		x
3. In einem Bericht werden nur tatsächlich vorgefallene Ereignisse mitgeteilt.	x	
4. Ein Bericht enthält hauptsächlich erfundene Informationen.		x
5. Die Zeitform des Berichts ist meist das Perfekt.		x
6. Die Zeitform des Berichts ist meist das Präteritum.	x	
7. Ein Bericht enthält viele direkte Reden.		x
8. Statt der direkten wird die indirekte Rede verwendet.	x	
9. In einem Bericht erfährt man die Meinung des Autors/der Autorin.		x
10. Ein Bericht ist sachlich und objektiv.	x	
11. Die Sprache eines Berichts ist gefühlsbetont.		x
12. Der Bericht wird in klarer, nüchterner Sprache verfasst.	x	
13. Der Bericht besteht größtenteils aus Hauptsätzen und Hauptsatzreihen.	x	
14. Der Bericht besteht größtenteils aus Satzgefügen (Hauptsätze und Gliedsätze), weil so die Sätze schöner ausformuliert werden können.		x

TEST 39

Checkliste zur Selbstbeurteilung – beurteile deinen Text mithilfe der folgenden Anregungen:

A. <u>Inhalt (18 Punkte):</u>

In deinem Text sollten folgende Fragen unbedingt beantwortet sein:

1. Was ist die neue Influenza? (1 Punkt)
2. Wie erkenne ich sie? (= Krankheitszeichen) (5 Punkte)
3. Wie kann ich mich und andere davor schützen?
   - Händehygiene (3 Punkte)
   - Husten/Niesen (4 Punkte)
   - Regelmäßig lüften (2 Punkte)
   - Krankheit zu Hause auskurieren (3 Punkte)

B. <u>Stil und Ausdruck (12 Punkte):</u>

Dein Text darf nicht wortwörtlich abgeschrieben sein, sondern er soll so formuliert sein, dass ihn ein Volksschüler/eine Volksschülerin gut verstehen kann.

1. Sind die Fremdwörter erklärt? (3 Punkte)
2. Sind die Sätze einfach und verständlich formuliert? (3 Punkte)
3. Ist der Inhalt mit eigenen Worten wiedergegeben? (3 Punkte)
4. Ist der Sachverhalt so dargestellt, dass er auch von einem Volksschüler/einer Volksschülerin verstanden wird? (3 Punkte)

C. **Beachte:** Bei mehr als 15 Sätzen gibt es einen Punkt Abzug pro Satz!

Lösungsvorschlag – Influenza

1. Die neue Influenza ist eine sehr ansteckende Grippe, das ist eine Krankheit.
2. Du bekommst plötzlich hohes Fieber, Husten, Schnupfen, Halsschmerzen, alles tut dir weh und dir kann auch schlecht sein oder du kannst Durchfall haben.
3. Du kannst dich und andere vor dieser Krankheit schützen, wenn du auf folgende Dinge acht gibst:
4. Wasche dir die Hände ein paar Mal täglich mit Seife und greife dir nicht ins Gesicht.
5. Wenn du husten oder niesen musst, dann halte dir ein Papiertaschentuch oder deinen Ärmel vor.
6. Das Taschentuch musst du immer sofort in den Müll werfen.
7. Huste oder niese nie in Richtung anderer Menschen, sondern dreh dich weg.
8. Einige Male am Tag sollte jemand in deinem Zimmer das Fenster öffnen, damit frische Luft hereinkommt.
9. Wenn du krank bist, musst du zum Arzt gehen.
10. Bleib so lange zu Hause, bis du wieder gesund bist.

TEST 40

Aufgabe 1

Beachte: Die folgenden Lösungen sind Musterlösungen und sollen dir helfen, deinen eigenen Text besser beurteilen zu können. Deine Lösungen müssen nicht genau so ausgefallen sein, und können trotzdem richtig sein. Wichtig ist, dass du für jeden Abschnitt einen inhaltlich passenden Titel gefunden hast! Punktevergabe: Pro inhaltlich richtigem Titel 1 Punkt.

Abschnitt 1 Der Mann mit dem Turban / Die Verbeugung
Abschnitt 2 Der neue Chemielehrer / Ein neuer Chemielehrer aus Kairo / Ein schwieriger Name
Abschnitt 3 Achmed / Die Abkürzung des Namens / Wir finden einen Namen für unseren Chemielehrer
Abschnitt 4 Spannende Experimente / Unsere Lieblingsstunden / Experimentieraktionen
Abschnitt 5 Die Prüfungen / Prüfungen, einmal anders / Aktion: „Gut Blick!"
Abschnitt 6 Unsere letzte Chemiestunde / Das Abschiedsgeschenk / Der Rest des Tafelschwamms / Was aus unserem Tafelschwamm wurde
Abschnitt 7 Ein neuer Chemielehrer / Ein neues Schuljahr beginnt
Abschnitt 8 Post von unserem Freund und Lehrer / Ein Päckchen aus Kairo / Post aus Kairo / Achmed hat uns nicht vergessen

Aufgabe 2

Checkliste: Beurteile nun selbst deine Nacherzählung anhand der folgenden Kriterien:

1. Hast du die acht Abschnitte aus Aufgabe 1 sinngemäß eingegliedert? (8 Punkte)
2. Ist deine Nacherzählung inhaltlich nachvollziehbar und zusammenhängend? (4 Punkte)
3. Sind deine Formulierungen frei (nicht vom Original abgeschrieben) und gut verständlich? (4 Punkte)
4. Hast du die Erzählperspektive und die Zeitformen (Präteritum und Perfekt) des Originaltextes beibehalten? (2 Punkte)
5. Hast du den Stil des Originals fortgeführt? (2 Punkte)
6. Hast du dich an die vorgegebene Länge gehalten? (2 Punkte)

Musterlösung

Als der Mann mit dem türkisgrünen Turban und dem weißen Doktormantel zum ersten Mal unsere Klasse betrat, waren wir alle sprachlos. Wir – und auch er. Er stellte sich vor uns hin, sah uns lange an und verbeugte sich wortlos.

Deshalb verbeugten wir uns auch – einer nach dem anderen. Kurze Zeit später stellte sich heraus, dass dieser Mann aus Ägypten unser neuer Chemielehrer war. Sein Name war so kompliziert, dass wir ihn weder aussprechen noch uns merken konnten. So durften wir unseren neuen Lehrer Achmed nennen, damit waren alle zufrieden.

Die Chemiestunden mit Achmed wurden sehr schnell zu unseren Lieblingsstunden. Er war begnadetet darin, Chemieexperimente durchzuführen, und wir liebten seine Experimente. Wenn Achmed „Aktion" sagte, packten wir schnell unsere Sachen zusammen und wanderten in den Chemiesaal. Achmeds Experimentieraktionen waren beeindruckend – einige davon gingen sogar in die Schulgeschichte ein. Bei der „Aktion: Blitzlicht!" gab es eine so große Explosion, dass ein Spiegel zerbrach und alles rundherum verrußt war. Die Aktionen „grünes Gift" und „blaues Gift" ließen unseren Tafelschwamm beträchtlich schrumpfen.

Bei den Prüfungen war unser neuer Lieblingslehrer sehr mild – er nannte das „Aktion: Gut Blick!".

In unserer allerletzten Chemiestunde steckten wir den Rest unseres Tafelschwamms in eine Zündholzschachtel und banden eine türkisfarbene Schleife darum – das war unser Abschiedsgeschenk für Achmed.

Nach den Sommerferien freuten wir uns schon wieder auf unseren Chemielehrer, doch leider mussten wir erfahren, dass er nun Professor an einer Universität in Ägypten war. Aber Achmed hatte uns nicht vergessen: Für unsere Klasse war ein Päckchen aus Kairo angekommen, mit einem neuen Tafelschwamm darin und mit einer Ansichtskarte. Darauf stand: „Aktion: Gut Freund! Achmed." Wir hatten zwar unseren liebsten Lehrer verloren, aber einen Freund dazugewonnen. (275 Wörter)

TEST 41

Aufgabe 1

1. falsch
2. falsch
3. richtig
4. falsch
5. richtig
6. falsch

Aufgabe 2

Punktevergabe: 12 x 2 Punkte
Überprüfe, ob du Folgendes erwähnt hast:

1. Absender (dein Name, deine Adresse, deine Telefonnummer)
2. Empfänger (Frau/Herrn ....)
3. Firmenname
4. Anschrift
5. Datum (nötig bei Briefen, nicht bei Mails)
6. Betreff (kurz und durch Unterstreichen hervorgehoben)
7. Anrede (hier: Sehr geehrte Frau ..., bei unbekanntem Namen: Sehr geehrte Damen und Herren! Komma oder Rufzeichen möglich; nach Komma Kleinschreibung, nach Rufzeichen Großschreibung des Brieftextbeginns)
8. dein Interesse an der Stelle, weil ..., deine Schulausbildung, deine Arbeit mit Kindern, die Kinder- bzw. Jugendorganisation
9. zwei weitere eigene Qualifikationen
10. Grußformel (Standard, immer passend: Mit freundlichen Grüßen)
11. deine Unterschrift
12. Anhang

Wichtig: Bewerbungsschreiben vor dem Absenden immer genau auf Sprachrichtigkeit (Grammatik, Rechtschreibung) überprüfen (gegenlesen lassen)!

TEST 42

Aufgabe 1

1. erlernen (wählen)
2. aufmerksam
3. erkundigt (umgehört)
4. bekannt (geläufig)
5. klar (bewusst)
6. vorstellen
7. beinhaltet (umfasst)
8. benötigt
9. Tätigkeit (Arbeit)
10. beschreiben (erläutern, erklären, schildern)
11. beinhaltet (umfasst)
12. Bereiche
13. Prüfung
14. Ausbildung
15. Kenntnisse (Vorkenntnisse)
16. Fall
17. Voraussetzungen
18. abgeschlossene
19. alt
20. Worin/Wodurch/Inwieweit/Inwiefern/Wie
21. zum
22. geeignet (ideal, günstig)
23. gefragt (erwünscht, nötig, möglich)
24. arbeiten
25 abgestimmt
26. schauen (sehen)
27. dauert (beträgt, hat, umfasst)
28. im
29. Wie viel
30. monatlich (im Monat)

TEST 43

Diskussion

Aufgabe 1

PRO (+)

1. Viele Mädchen spielen schon in Fußballvereinen.
2. Mädchen können Fußball genauso gut lernen wie Buben.
3. Mädchen sollten sich mehr trauen und Fußball spielen.
4. Mädchen, die in Vereinen spielen, können locker mit den Buben mithalten oder sogar besser spielen. Leider werden zu wenig Fußballmannschaften für Mädchen angeboten.
5. Mädchen, die Fußball spielen, werden manchmal bewundert.
6. Mädchen sollen selbst entscheiden können, ob sie das Fußballspielen lernen wollen oder nicht – Jungs dürfen auch frei entscheiden, welchen Sport sie lernen möchten.
7. Bevor Jungs ein Mädchen kritisieren, sollen sie erst mal sehen, wie das Mädchen Fußball spielt.
8. Fußball ist nur ein Spiel – jeder kann mitspielen!

KONTRA (–)

1. Mädchen stellen sich beim Fußballspielen dumm an und schießen daneben.
2. Mädchen denken selbst, dass Fußball ein Sport für Jungs sei – deswegen glauben das auch die Buben.
3. Mädchen, die Fußball spielen, haben es schwer und werden manchmal schief angesehen.
4. Mädchen sollen sich lieber mit „Mädchensachen" beschäftigen, wie reiten, einkaufen und Ähnliches.
5. Mädchen werden in Fußballvereinen für Jungs benachteiligt und für misslungene Spielzüge verantwortlich gemacht.

Aufgabe 2

Punktevergabe: Prüfe folgende Fragen und beurteile danach deinen Diskussionsbeitrag selbst:

1. **Inhalt:** Geht aus deiner Argumentation deutlich hervor, welchen Standpunkt du vertrittst? (je 3 Punkte für Pro/-Kontraargumente) (6 Punkte)
2. **Stil/Ausdruck:** Hast du dich klar und deutlich ausgedrückt? Sind die Sätze verständlich? Hast du Wortwiederholungen vermieden? (2 Punkte)
3. **Sprachrichtigkeit:** Sind die Sätze richtig geschrieben? Hast du sie auf Grammatik- bzw. Rechtschreibfehler überprüft? (2 Punkte)

1. Auflage 2010

ISBN 978-3-7058-8587-5